KB140535

민속문화 기반의

문화콘텐츠 기획론

이윤선李允先

전남 진도 출생
전남대학교 국악과 졸업
목포대학교 대학원 졸업, 문학박사
현재 목포대학교 도서문화연구소 연구교수

주요 저서로는 『도서 · 해양민속과 문화콘텐츠』(민속원, 2006), 『구술진도민속음악사1』(이소북, 2003), 『담양군의 민속문화』(공저, 담양군, 2003), 『문화콘텐츠입문』(공저, 북코리아, 2006) 외에 다수의 논문이 있다. '진도군립민속예술단 초대 및 2대 연출단장'을 역임하면서, 150여 회 이상의 민속공연 및 <아리아리랑 날 다려가요> 등의 민요창극을 기획, 연출, 제작하였다. 한국문화콘텐츠진흥원의 문화원형 사업 중에서, 2004년 『어구어법의 디지털콘텐츠화』, 2005년 『바다문화의 뿌리 당제의 문화콘텐츠화』 등을 기획하고 제작하는 등 주로 전통문화를 문화콘텐츠화 하는 일을 하고 있다.

민속문화 기반의 **문화콘텐츠 기획론**

초판1쇄 인쇄 | 2006년 6월 1일
초판1쇄 발행 | 2006년 6월 10일

지은이 이윤선
펴낸이 홍기원
펴낸곳 민속원

총 괄 홍종화
편 집 오경희 · 조정화 · 오성현 · 오경미
표 지 전영랑
영 업 서채윤 · 김보철

주 소 서울 금천구 시흥5동 220-33 한광빌딩 B-1호
전 화 02) 805-3320, 806-3320
팩 스 02) 802-3346
등 록 제18-1호
이메일 minsok1@chollian.net
홈페이지 www.minsokwon.com

값 13,000원
ISBN 89-5638-357-× 93380

민속문화 기반의

문화콘텐츠 기획론

이윤선

민속원

‖ 머리말 ‖

디지털시대, 참다운 민주주의의 조응

디지털시대를 부르는 다양한 이름들이 있다. '컨버전스', '퓨전' 등의 융합 현상을 말하는 것에서부터, 지식 혹은 정보의 중요함을 강조하는 'IT', 문화적 맥락을 강조하는 'CT' 등이 대표적인 사례들이다. 디지털시대를 이루는 요소들이 무엇인지를 직간접적으로 말해주는 증거가 아닌가 생각된다. 그만큼 디지털 기반이 강고하게 자리를 잡은 시대라는 뜻이다. 디지털시대의 배경은 물론 IT에 있다. IT의 발전이 디지털시대를 있게 한 직접적 원인이었기 때문이다.

그러나 인류역사가 끊임없이 진보해왔다는 관점에서 디지털시대를 바라보게 되면 또 다른 해석이 가능하게 된다. 장구한 민중의 투쟁과 열망이 만들어낸 민주와 평등의 시대가 바로 디지털시대인 까닭이다. 디지털시대를 "다수의 시대, 참다운 민주주의를 실현해야겠다는 민중의 결집된 열망이 사회적 동인이 되어 촉발된 기술사적 조응"이라고 말하는 이유가 여기에 있다. 이것은 디지털의 속성이 바이트에 있다기보다 네트워크에 있다는 점을 강조하는 이유이기도하다. 디지털 네트워크는 기본적으로 정보의 공유와 개방을 전제하고 있고, 이것은 참다운 민주주의 시대의 소통과 상생의 의미로 이어질 수 있다.

문화콘텐츠와 문화자원

특히, 디지털시대에 가장 주목할 만한 이슈는 디지털 기반에 담긴다는 의미로 이해되어 온 내용물 즉, 콘텐츠contents에 관한 것이다. 디지털기반의 배경에서 출발한 것이 콘텐츠인 까닭에 큰 이의 없이 수용되는 개념정의이기도 하다. 다만, 의미상의 콘텐츠가 역사 이래 존재해 온 개념임을 전제한다면 비디지털적 콘텐츠에 대해서도 주목할 필요가 생긴다. 콘텐츠는 정보나 그 정보의 매개역할까지를 포함하는 총체적 문화 내용물인 까닭에 디지털과 비디지털을 망라하여 존재하는 개념으로 인식해야 한다는 뜻이다. 이것은 콘텐츠라는 용어가 탄생하기 이전까지, 흔히 '문화자원'이라는 용어를 사용했음을 주지할 필요를 말해 준다. 이 시기까지 콘텐츠는 문화자원이라는 의미로 인식되어오다가 1990년대 중반에 이르러 OSMU(One Source Multi Use)의 개념으로 보통명사화 되었기 때문이다.

따라서 문화콘텐츠는 디지털기반의 콘텐츠와 비디지털기반의 콘텐츠가 있다고 말할 수 있다. 협의의 콘텐츠와 광의의 콘텐츠로 나눌 수 있다는 뜻이다. 협의의 콘텐츠는 디지털 기반의 모든 내용물을 지칭하는 것으로 주로 IT 기반의 콘텐츠들을 포함할 수 있을 것이다. 광의의 콘텐츠는 현 단계에서 애매하게 사용하고 있는 전반적인 '문화콘텐츠'를 지칭하는 것으로, 온라인, 오프라인, 에어라인을 망라한 문화적 내용물을 뜻한다고 할 수 있을 것이다. 다만 향후 전개될 컨버전스 현상 및 퓨전현상을 감안한다면, 디지털기반과 비디지털기반의 융합콘텐츠를 상정해볼 수 있겠고, 이 전체를 총괄해서 문화콘텐츠라는 이름으로 규정할 수 있다고 본다.

디지털시대의 패러다임 그리고 문화원형

디지털시대는 웹1.0의 시대를 지나 이제 웹2.0의 시대로 진입하고 있다. 웹2.0은 정보의 공유와 공개를 기본으로 하는 본래의 디지털네트워크 정신을 표방하고 있다. 그만큼 우리 사회가 정보의 공유와 공개를 요구하고 있다는 반증이기도 하다. 따라서 웹2.0은, 반디지털적 현상의 하나로 제기되고 있는 정보격차의 문제를 해결할 패러다임이라고 말할 수 있다.

디지털시대의 패러다임은 네트워크 및 커뮤니티를 기반으로 하는 소통과 상생에 있다. 그러나 증가하는 정보의 격차 문제가 디지털기반의 민주주의 이행에 걸림돌이 되고 있음이 주지의 사실이다. 이것은 디지털시대의 소통과 공유라고 하는 근본적 패러다임에 맞지 않는다. 진정한 디지털시대가 열리기 위해서는 디지털기술의 공유는 물론 정보격차의 문제들을 시급히 해결해가야 함을 말해주는 증거인 셈이다.

디지털시대를 부르는 또 하나의 이름은 '컨버전스'이다. 하나의 기기에 모든 것이 융합되어 용해되는 현상을 말하는 용어다. 그러나 융합현상이 디지털시대의 패러다임 중의 하나이긴 하지만, 융합의 전제는 원본 소스, 즉 문화원형에 있음을 간과할 수 없다. 이것은 KOCCA(한국문화콘텐츠진흥원)에서 제기하고 있는 문화원형과 문화콘텐츠와도 밀접한 관련이 있다. 문화콘텐츠를 구성하는 밑바탕에는 문화원형이 자리 잡고 있기 때문이다. 문화원형은 대개 세 단계의 층위로 나누어 해석할 수 있다. 지역문화원형, 우리문화원형, 글로벌문화원형 등이 그것이다. 바꾸어 말하면 모든 것이 융합되는 컨버전스시대의 가장 중요한 점이, 콘텐츠의 바탕이 되는 문화원형에 있음을 의미한다. 문화원형이라고 부르는 작은 원본들이 모여 상호 유기적인 네트워크와 융합을 통해 새롭고도 다양한 문화콘텐츠를 만들어낸다는 뜻이다. 새롭게 만들어낸다는 것은 영국처럼 문화콘텐츠산업을 크리에이티브산업이라고 부르는 맥락과 연결되어 있고, 서로 네트워킹된다는 것은 인체의 신진대사처럼 상호 유기적인 관계망의 커뮤니티와 연결되어 있다.

신해양시대의 패러다임과 민속문화

웹2.0 기반의 디지털네트워크는 도래한 신해양시대의 패러다임이기도 하다. 대개 내륙적 사고는 위계적 질서를 중시하는 수직사관으로 해석되고 있으며, 해양적 사고는 호혜적이고 민주적인 수평사관으로 해석되는 경향이 있다. 이것은 디지털시대의 패러다임과도 서로 상통하는 것이며, 인류역사의 발전과도 맥락을 같이 하는 것이다. 그간의 우리 역사가 수직적이고 내륙적인 지향성을 지니고 있었다면 신해양시대는 보다 민주적이고 수평적인 호혜평등의 디지털시대를 지향하고 있다는 해석이다. 물론 내륙과 해양을 이분법적으로 양단할 수 있는 것은 아니지만, 적어도 조선시대 이후 강고한 이데올로기로 작용해왔던 내륙적 질서, 다시 말하면 해금[海禁政策]의 닫힘을, 다시 열어젖힌다는 시대사적 의미로 대입할 수는 있다고 본다. 적어도 한반도에 있어서는, 신해양시대가 열어젖힌 빗장과 디지털시대가 열어젖힌 빗장이 시대적으로 동일하다는 뜻이고, 그것은 다름 아닌 장구한 세월동안 민중들이 조응해 온 민주적이고 호혜적인 네트워크 지향의 패러다임에 있다는 뜻이다.

수직적 사고는 상하 위계질서를 중시하며 권위를 중시하는 패턴을 지닌다. 수평적 사고는 위계질서보다는 민주적이고 평화적인 상호성을 중시하며 호혜평등의 패턴을 지닌다. 민속학의 입장에서도 이러한 수직적 사고와 수평적 사고는 비슷한 양상으로 설명되곤 한다. 수직적 사고는 대개 의식이나 의례 절차를 중시하는 성격이 강하고, 수평적 사고는 대동놀이 등의 민속놀이에서 나타나듯이 평등의 성격이 강하다는 의미이다. 이것을 개방과 공유라는 맥락에서 신해양시대의 패러다임과 연관하여 해석해보고자 하는 것이 본 글의 방향이기도 하다.

이 공유와 개방의 시대에 일어나고 있는 가장 주목할 만한 현상 중의 하나는 전통적인 문화들이 디지털 혹은 비디지털이라는 새로운 옷을 입고 전면에 다시 등장하고 있다는 점이다. 영화나 드라마에서 하나의 트렌드를 형성하고 있는 신화 신드롬, 게임 등에서 보여주고 있는 전통 기반의 양식들, 컨버전스 기기에 나타나는 복고적 경향들을 비롯해 디지로그 현상으로 불리는 전반적인 현상들이 이를 증거 해 준다고 본다.

물론 이같은 현상들을 설명하는 데는 다양한 장르만큼이나 다양한 입장이 있을 수 있다. 문화콘텐츠 개념을 놓고 IT분야가 CT분야가 서로 다른 견해를 갖고 있다는 점만 보아도 가장 간명하게 드러나는 현상이기 때문이다. 문화원형에 대한 해석이 구구한 것도 이를 반영해준다. 결국 해석하는 사람의 배경에 따라 입장을 달리하는 것으로 보이는데, 본 글에서 필자는 민속문화적 기반에서 디지털사회를 읽고 해석하고자 하였다. 필자의 전공인 까닭도 있지만, 신해양시대의 패러다임과 민속民俗(백성의 풍속) 곧, 민중의 문화가 디지털시대의 패러다임과 가장 유사한 맥락이라고 판단했기 때문이다.

민속은 자연시대 혹은 전통시대에 민중들의 삶 그 자체로 기능하였지만, 산업혁명을 거쳐 현대사회에 이를수록 점차 옛것이란 누명을 쓰고 잠복한 바 있다. 이것을 흔히 잔존의 문화라고 표현하곤 했다. 그러나 디지털시대라고 하는 현대에 이르러 그 잔존의 문화가 다시 소생하는 현실을 우리고 보고 있다. 소위 전통에 기반한 문화콘텐츠가 다양한 옷을 입고 부상하는 현실들을 전방위적으로 목도하고 있는 것이다. 이것은 단순하거나 우연하게 일어나는 현상은 분명 아니다. 디지털시대의 개방과 공유라고 하는 패러다임, 그리고 신해양시대의 시대사적 패러다임, 민중의 열망이 조응해 낸 평등과 민주의 패러다임 등이 전혀 무관한 것이 아닌 까닭이다.

이 책의 구성과 의도

이 책은 문화콘텐츠 기획을 처음 시도하는 사람들에게, 특히 전통문화 혹은 민속문화를 기반으로 문화콘텐츠 기획을 시도하는 사람들에게 작은 도움이나마 드리고자 기획되었다. 필자가 문화콘텐츠 기획을 하면서 겪은 고초가 심했기 때문이다. 도대체 문화콘텐츠가 무엇인지, 그리고 문화원형은 무엇이며 이를 기획하는 의도와 의미는 무엇인지 분간하지 못하고 좌충우돌했던 경험을 공유하자는 의미에서 출발했다는 뜻이다. 그도 그럴 것이, 문화콘텐츠라는 용어가 탄생한지 10년도 채 되지 않은 상황에서, 코에 붙이면 코걸이 귀에 붙이면 귀걸이식의 담론만 형성되었지 정확한 지침서들을 참고할 수 없었기 때문이었다. 물론 현 단계에서는 소수의 지침서들이 나와 있어 도움을 주기는 하지만, 큰 맥락에서 보면 아직도 명료하게 밝혀진 것은 아니라고 할 수 있다. 이것은 '문화콘텐츠학'이 아직 제 자리를 잡지 못했다는 증거일 수도 있다.

그러나 이 책이 문화콘텐츠 기획에 대한 명료한 답을 제공해주고 있는 것은 아니다. 앞서 밝혔듯이 민속문화기반의 콘텐츠 기획에 초점이 주어져 있기 때문이다. 아직 문화콘텐츠에 대한 사회적 합의가 성숙되지 않은 상태라는 점을 전제하면, 문화콘텐츠에 대해 그리고 그 기획에 대해 가타부타 이야기하는 것 자체가 두렵고 떨리는 일임에 틀림없다. 그럼에도 불구하고 이 책을 기획하는 의도는 필자의 경험이 이러한 담론과 논의를 숙성시켜가는 데 일말의 보탬이 될 것이라는 점을 확신하기 때문이다.

이 책은 크게 4부로 나뉘어져 있다. 1부에서는 디지털시대의 의미와 문화콘텐츠의 의미를 신해양시대의 패러다임과 민속학적 입장에서 고찰하고 해석한 글이다. 위에서 언급했듯이 디지털시대의 진정한 패러다임은 사람들의 네트워크, 그 대동정신과 소통의 시스템에 있다고 판단했기 때문이다. 예를 들어 강강술래나 대동놀이의 다양한 메커니즘이 사람과 사람을 유기적으로 연결해주는 네트워크 정신에 있음을 제시하였다. 2부에서는 실제 문화콘텐츠 기획을 하면서 필자가 겪었던 경험을 토대로 기획 방법론을 제시하였다. 현 단계에서 문화콘텐츠의 담론을 주도하고 있는 문화콘텐츠진흥원의 개발과제들을 분석해 보았다. 특히 문화콘텐츠에서 가장 중요한 부분인 발상법을 민속학적 입장에서 3단계 구성으로 제시해보았다. 3부에서는 PPT를 활용한 문화콘텐츠 기획에 대해 서술하였다. 필자가 관여한 실제 사례들을 제시했기 때문에 반면교사의 자료로 충분히 활용될 수 있을 것으로 판단한다. 4부에서는 오프라인에서 이루어지는 민속문화기반의 문화콘텐츠 활용방안을 분석적 차원에서 제시한 글이다. 이 또한 필자가 직접 기획하고 연출한 분야이기 때문에 광의의 문화콘텐츠 활용면에서 충분히 참고 가능하다고 판단하고 있다.

아무튼 이 책이 민속문화 기반의 문화콘텐츠를 기획하거나 고민하는 사람들에게 작은 보탬이 될 수 있기를 바라는 마음 간절하다.

2006년 6월 10일
다시 영산강 출구에 서서
이윤선

‖ 차례 ‖

I부 문화원형과 문화콘텐츠 트렌드

문화원형과 문화콘텐츠 트렌드

1. 문화콘텐츠 트렌드와 시대적 패러다임

1) 디지털시대와 문화콘텐츠

'디지털시대'라 함은 이제 식상할 만큼 일상적인 용어가 되었다. 그만큼 우리가 디지털기반에 노출되어 있으며 디지털기술 혹은 디지털문화를 향유하며 살아가고 있다는 뜻이다. 이유야 어떻든 우리시대가 디지털의 한복판에 놓여 있음을 부인할 사람은 없어 보인다. 그러나 별로 신선할 것도 없는, 어떤 측면에서는 진부하기 짝이 없는 디지털시대라는 화두로 글을 시작해야 하는 이유는 이 디지털시대가 '문화콘텐츠'라는 용어를 탄생시킨 배경이기 때문이다.

미국의 경우, 문화콘텐츠 산업이 군수산업에 이은 2대 산업으로 자리잡아가고 있다는 점은 이제 상식이 되었다. 이러한 발전의 경로를, 소프트웨어(1980년대) → 네트워킹(1990년대) → 콘텐츠(2000년대)로 파악하기도 한다. 또는 하드웨어 → 소프트웨어 → 콘텐츠(또는 Culture)웨어 → 아트웨어(또는 디자인웨어) → 라이브웨어 등으로 파악하기도 한다. 이 과정에서 하드웨어, 소프트웨어, 네트워킹의 발전을 주도했던 것은 두말 할 필요 없이 공학적 기술이다. 그러나 날이 갈수록 기술 기반의 콘텐츠들이 점차 기술 외 영역으로 그 외연을 확대하고 있음을 주목하게 된다. 특히 이 기술 중에서 인터넷은 가장 특징적이며 유형적이다. 인터넷 콘텐츠는 정보 및 엔터테인먼트, 통신, 거래 서비스를 목표 고객에 맞게 패키징packaging하는[1] 방향으로 발전해 오다가 현재는 웹 2.0으로 발전 중에 있다. 또 컴퓨터와 통신 및 방송 산업의 융합이, 미디어 산업으로 대변되던 개개의 산업들 대신 오프라인과 대조되는 온라인 콘텐츠 산업이라는 새로운 복합기업이 자리를 잡은 지 오래되었으며, 점차 기술과 경영을 비롯한 문화부분까지 융합되고 있는 실정이다.

한편, 공통적인 디지털사회의 특징은 기술이든 콘텐츠든 산업화를 전제로 하고 있다는 점이다. 지금을 문화산업시대, 혹은 지식기반사회라고 부르는 것도 비슷한 맥락이다. 잘라 말하면 문화자원이 산업이 된다는 점을 전제한 용어들이다. 이 중심에 서 있는 것은 물론 디지털 기술인데, 이것이 마치 농업혁명이나 산업혁명처럼 인류의 삶이나 사유방식에 지각변동을 초래한다고 해서 디지털혁명의 시대라고 부르기도 한다. 선형적이고 분석적이던 아날로그시대의 사유방식을 비선형적이고 통합적인 사유의 방식으로 전환해 간다는 의미를 내포하고 있다. 곧, 인터넷과 유비쿼터스로 대변되는 디지털망 속에서 필연적으로 통합될 수밖에 없는 정보의 다층성 혹은 중층성을 함의하고 있는 것이다. 이것이 근래에 IT기술의 전반에 나타나는 현상들이다. 기술과 기술이 융합하고, 정보와 정보가 융합되는 현상인데, 이를 흔히 기술의 융합이라는 관점에서 컨버전스라고 표현한다.

1) package에서 packaging으로 변화된 용어로, 단순히 포장의 의미만 있는 것이 아니라, 재료와 제품 또 마케팅, 경영요소까지 포함하고 있는 용어이다.

다만, '한 점으로 모인다는 뜻'의 컨버전스는 문화적 맥락에서의 상호 다중성의 의미를 내포하고 있지는 않다. 하나의 플랫폼에 모든 것을 연결시킨다는 맥락이 강하기 때문이다. 문화적 융합현상을 가리켜 '퓨전'이라고 표현하는 것과는 약간의 차이가 있다. '퓨전'은 음악이나 음식 등에서 이질적인 것들이 합쳐지는 현상을 말하는 것인데, 동양과 서양의 음악이 만난다든지, 동양음식과 서양음식이 만나는 것을 두고 이르는 용어다. 이것은 개체와 개체가 동등한 자격을 가지고 융합하여 새로운 문화현상을 창출시킨다는 의미를 내포하고 있다. 그러나 컨버전스는 '상호성' 보다는 '집중성'이라는 맥락의 '수렴'의 의미를 더 강하게 갖고 있는 까닭에 디지털기술의 융합현상을 표현할 때 주로 사용되고 있는 편이다. 어쨌든 기술과 기술이 합해지고, 콘텐츠와 콘텐츠가 합해진다는 의미로 이해되고 그렇게 사용되고 있다는 점에서는 유사한 용어라고 말할 수 있다.

문화콘텐츠라는 용어도 진부할 만큼 익숙한 용어가 되었다. 이 또한 우리가 문화콘텐츠를 대량으로 향유하거나 소비하면서 살아가고 있다는 반증일 것이다. 이미 알려진 대로, 문화콘텐츠라는 용어는 '내용물'이라는 뜻에서 출발했다. 기왕에 범주화되어 있던 문화자원이라는 개념에 가깝다고 할 수 있다. 그런데 이 문화자원이 시대를 거치면서 디지털시대를 맞아 문화콘텐츠라는 새로운 용어로 탄생된 셈이다. 문화자원이 디지털적 사유방식을 포함하는 개념으로 정착되어 왔다는 뜻이다. 곧, 디지털이라는 그릇에 담길 내용의 의미를 넘어, 디지털콘텐츠를 규정하는 토대로 구축되어 왔던 것이다. 그래서 정보・기술분야에서는 '문화-콘텐츠'라는 용어보다는 '디지털-콘텐츠'라는 용어를 고집하고 있는 것으로 보인다. 문화라는 수식어를 달고 다니는 콘텐츠라기보다는 '디지털에 담기는 어떤 내용물'이라는 뉘앙스가 강하다. 한편, 문화콘텐츠를 함의하는 '콘텐츠'에 대해 '디지털콘텐츠', '콘텐츠', '컨텐츠' 등으로 다르게 부르기도 했다. 이것은 용어의 문제이기에 앞서, 환경과 맥락상의 문제를 전제하고 있었기 때문이라고 본다. 그러나 외래어 표기법상 '콘텐츠'라고 표기해야 맞지만 이들 모두 동일한 현상을 정의하는 동의어라는 사실에는 변함이 없다. 콘텐츠라는 용어가 가진 본래의 의미가 '내용물'에서 나왔기 때문이다.

용어 사용을 어떻게 하든, 디지털기술이 콘텐츠라는 내용물을 담는 그릇임을 부정할 사람은 없어 보인다. 바꾸어 말하면 문화콘텐츠는 디지털이라는 그릇에 담기는 내용물이라는 뜻이다. 이런 측면에서는 콘텐츠와 디지털은 쌍두마차라고 할 수 있다. 같이 날아야 할 양 날개이고, 같이 굴러 가야 할 양 바퀴인 셈이다. 이것이 컨버전스 환경에서 뚜렷하게 부각되고 있음을 본다. 기술이 기술로만 승부할 수 없고, 콘텐츠 또한 콘텐츠로만 승부할 수 없음을 콘텐츠 개발자들이 먼저 수용하고 있는 것이다.

이제 디지털을 전제한 문화콘텐츠라는 용어가 문화산업이라는 맥락에서 생성되었다는 점을 면밀하게 짚고 넘어갈 필요가 있다. 문화콘텐츠라는 용어를 국가적 맥락에서 사용하기 시작한 문화콘텐츠진흥원의 사례도 산업적 차원에서 이를 표명하고 있기 때문이다. 우리 정부가 문화산업이 부상하는 시대환경에 주목한 것이 그 단초가 되는데, 먼저 1999년에 문화산업진흥기본법을 제정하여 문화콘텐츠를 국가경쟁력의 핵심적인 전략산업으로 육성시킨다는 전략을 세우게 된다. 그래서 문화산업진흥 5개년 계획을 수립하고 한국문화콘텐츠진흥원을 설립하는 등의 문화콘텐츠 관련 사업들을 추진해오게 된다. 이것은 문화를 향유하게 하거나 고양시키겠다는 취지에서 출발한 것이 아니라 문화를 '산업화하겠다'는 국가적 의지에서 비롯된 것이다. 전략적 시장과 '문화콘텐츠라는 상품'으로 대표되는 산업을 필연적으로 전제하고 있는 셈이다. 여기에는 당연히 원소스멀티유즈(OSMU)를 지향하는 머천다이징(MD)이[2] 내포되어 있다. 문화콘텐츠의 부가가치를 그만큼 확대해보겠다는 의도가 들어 있음을 알 수 있는 용어들이다. 이를 전제로 해서, 콘텐츠(Content+s)라는 용어가 콘텐트content의 복수형이라는 점으로 해석하기도 한다. 하나의 콘텐트가 아니라 멀티유즈의 복합적 콘텐츠라는 풀이인 셈이다.

그러나 디지털기술이 문화콘텐츠라는 용어를 탄생시킨 배경이기는 하였으나, 근래에 문화콘텐츠의 범주가 비디지털로 확대되는 경향을 보이고 있다. 다시 말해 문화콘텐츠의 외연을 온라인, 에어라인을 포함한 오프라인의 다양한 형태로 확장시키고 있다는 것이다. 이는 각종 축제나 오프라인 콘텐츠들을 문화자원이라고 불렀던 1980~1990년대를 돌아보게 한다. 이것은 디지털 기반의 생산물이라는 개념으로 한정되었던 것이 기왕의 문화자원이라는 의미로 확대되고 있음을 말해 준다. 다시 말해서 근래 들어 탄생한 문화콘텐츠라는 용어가 문화자원의 의미로 확대 사용되고 있다는 것이다. 이를 이해하기 위해서는 두 가지 전제가 필요하다.

첫째, '의미상의 콘텐츠'는 역사 이래 존재해 온 개념임을 인식할 필요가 있다. 물론 시대에 따라 부르는 이름이 달랐을 것으로 이해된다. 그 이름들이 어떻게 달랐는지에 대해서는 고를 달리해서 살펴봐야 하겠지만 한 가지 분명한 것은 시대에 따라, 그리고 문화권에 따라 어떤 미디어나 플랫폼에 담길 내용물이 있었을 것이고, 이를 부르는 명칭이 있었을 것이라는 점이다. 이를 맥락상으로 보면 콘텐츠라고 할 수 있다.

예를 들어 '청어'를 잡아서 엮는 노동행위가 민속놀이의 하나인 강강술래에 차용되면서 '청어엮기 놀이'가 되었다. 이것은 강강술래라는 플랫폼에 담긴 콘텐츠가 된 셈이다. 여기서 강강술래나 민속놀이를 미디어 혹은 플랫폼으로 전제할 수 있는 까닭은 각종 민속놀이의 '의례기원설' 등에서 볼 수 있듯이 이 민속놀이를 통해서 신과 사람이 소통할 뿐 아니라, 다양한 사회적 시

2) 시장조사와 같은 과학적 방법에 의해서, 수요 내용에 적합한 상품 또는 서비스를 알맞은 시기와 장소에서 적정가격으로 유통시키기 위한 일련의 시책을 말한다. 대개 제품계획부터 상품의 생산량, 판매량, 생산시기, 판매시기, 가격에 관한 모든 결정을 기획하는 총체적 기획이라고 할 수 있다.

스템으로 기능했던 매개체였기 때문이다. 이렇듯 청어를 엮는 행위 자체는 노동이지만, 이를 모사한 놀이는 '의미상의 콘텐츠'라고 할 수 있다. 사람이 죽어서 메고 가는 '상여 운구'는 의례행위이자 노동행위다. 이 또한 '다시래기'라는 의례에 차용되면서 '가상제놀이'라는 콘텐츠로 연행되었다. 이렇듯 미디어나 플랫폼으로 해석할 수 있는 모든 문화현상 속에서 소스로 차용되었던 것들을 의미상의 콘텐츠라고 말할 수 있다.

둘째, 1990년대 초반까지는 문화콘텐츠라는 용어가 사용되지 않았기 때문에, 이 용어와 유사한 당시의 맥락적 용어를 들라고 하면, 응당 '문화자원'이라는 용어를 들 수 있다는 점이다. 이 당시에는 축제 등의 오프라인 콘텐츠들이 활성화되면서 문화를 활용한다는 전제들이 있었기 때문에 문화자원이라는 용어가 보편적으로 사용되고 있었던 것으로 보인다. 그러다가 1990년대 중반부터 유럽에서 '멀티미디어콘텐트'라는 용어가 사용되기 시작하면서 우리도 '문화콘텐츠'라는 신조어를 탄생시키게 된 것이다.

물론 1990년대의 콘텐츠는 주로 '디지털 기반의 콘텐츠'를 의미했다. 따라서 '문자, 영상, 소리 등의 정보를 제작하고 가공해서 소비자에게 전달하는 정보상품'이라는 뜻으로 개념화되었는데, 이는 결국 '각종 미디어에 담을 내용물'을 포함하는 것으로 해석할 수 있다. 그러다가 1999년 E-비즈니스 열기가 고조된 이후, 이른바 3C(commerce, Community, Content) 범주를 통해 콘텐츠라는 용어가 보통명사화 되었다.[3)]

이 전제를 통해서 보면, 대개 문화에서 문화자원으로 그리고 문화콘텐츠로 용어와 의미가 전이되었음을 알 수 있다. 즉, 청어를 엮는 노동행위나 상여운구의 의례는 삶이자 문화 자체였다. 이것이 강강술래나 다시래기라는 문화적 장치 곧, 놀이나 의례 미디어에 담기면서 문화자원화 된 셈이다. 그런데 이

3) 김기덕 · 신광철, 「문화 · 콘텐츠 · 인문학」, 『문화콘텐츠입문』(인문콘텐츠학회, 2006), 14쪽.

문화자원은 디지털이라는 기술이 발전하면서 다시 '문화콘텐츠'라는 이름으로 재창조될 수 있는 원형성을 가지게 된 것이다. 뒤에서 밝히겠지만 문화원형의 개념도 사실은 이러한 맥락 속에서 파악되고 정의되어야 한다고 본다. 이상의 용어선이현상을 아래와 같이 표현할 수 있다.

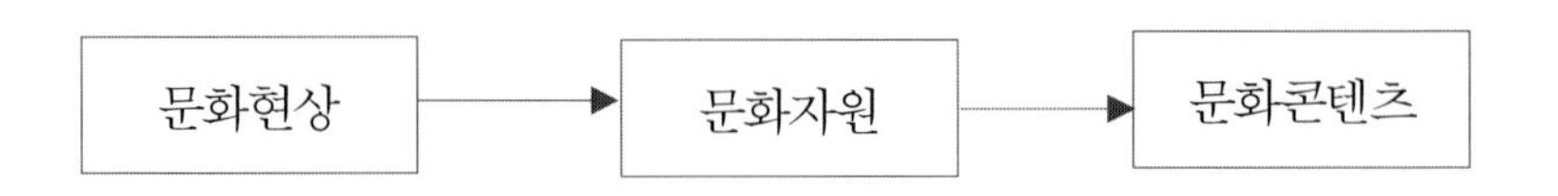

바꾸어 생각해보면, 문화 자체는 향유적 개념이 강하다고 볼 수 있다. 고대의 놀이나 의례가 삶 속에서 진행되었기 때문이다. 이런 전통은 흔히 전통시대라고 부르는 산업화 이전의 시기까지 장구한 세월동안 전승되어 온다. 그러나 '문화자원화' 되면서 콘텐츠는 대상화되기 시작한다. 콘텐츠가 대상화되었다는 것은 향유적 기능보다는 감상적 기능이 강화되었다고 볼 수 있다. 직접 노래 부르고 뛰어 노는 것이 아니라, 예를 들어 춘향전을 연기하는 광대를 통해 판소리를 감상하거나 누군가 행하는 연희행위를 감상하는 단계에 접어들게 된 것이다. 민속학에서 사용하는 자족적 '연행'의 단계를 벗어난 '관람자'의 위치 혹은 '연기자'의 위치로 분화되고 변화하게 되었다고 볼 수 있다.

여기서의 '연행'은 연기를 하는 주체를 강조한 용어이다. 문화현상 자체를 스스로 생산하고 소비하는 이른바 프로슈머pro-sumer라고[4] 할 수 있다. 그러나 문화현상이 문화자원화 되면 그것은, 생산을 담당하는 자에게 소용되는 '생산 콘텐츠'와 그것을 소비하는 사람의 '소비 콘텐츠'로 분화된다. 즉,

4) 생산자(producer)와 소비자(consumer)를 합성한 말이다. 사이버공간을 통해서 이루어지는 모든 생산 활동과 소비활동의 습합을 말하는 확대 개념으로 사용되고 있기 때문에, 유비쿼터스 시대의 '유저'라는 의미로 이해할 만하다. 한편 프로슈머마케팅이라고 하는 것은, 기업이 신제품 개발을 할 때, 때 소비자의 직접적 요구에 의해서 개발을 하는 형태를 말한다.

콘텐츠가 대상화 된다. 본인이 생산적 향유를 하는 것이 아니라, 대상화시켜 놓고 감상하는 단계라고 할 수 있다. 이때의 문화자원도 사실은 생산자와 소비자가 분리되었다는 맥락에서는 문화콘텐츠와 동일하다. 우리가 알고 있는 민중기반의 예술을 포함해, 대다수의 전문예인들이 연행하던 연희물 등, 문화적 생산물 전체에 통용될 수 있는 논리라고 본다. 다만, 통상 우리가 축제 등의 '문화자원'이라고 부르는 용어 속에는 프로슈머 단계의 문화현상 자체를 함의하는 의미가 들어있기 때문에 향유와 소비의 중간 단계적 개념이라고 이해할 수도 있다. 이 문화자원이 문화콘텐츠라는 현 단계의 개념으로 치환된 것은 대상화된 문화자원이 특히 디지털이라는 배경에서 콘텐츠라는 이름으로 바뀌었을 뿐이다. 구매가 가능한 소비재의 개념이라는 점에서는 동일하다는 뜻이다. 즉, 상품이라는 개념으로 해석할 수 있다. 이를 민속학적으로 해석해보면 아래와 같이 나타낼 수 있다.

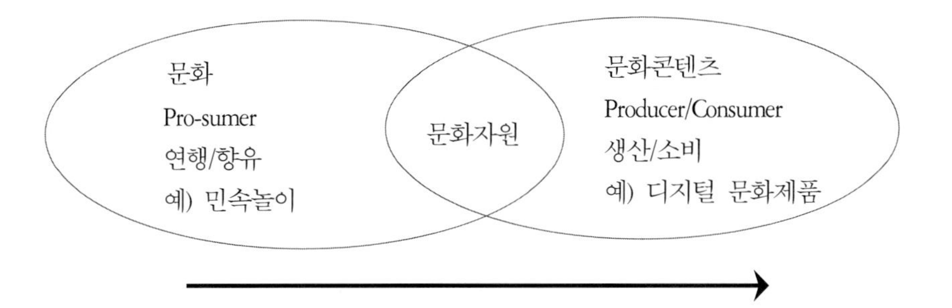

따라서 콘텐츠 자체가 향유되던 '문화'에서 콘텐츠가 대상화되고 객체화된 '문화자원'으로 이행했다가 그 문화를 사고파는 '문화콘텐츠'로 이행했다고 말할 수 있다. 물론 여기서의 '문화자원'은 양자의 교집합에 해당된다. 그런데 중요한 것은 현재의 문화콘텐츠가 '이미지 웨어' 혹은 '디자인 웨어'에서[5] 라이브 웨어live-ware로 이행하고 있다는 사실이다. 이를 일러 혹자는 디지로그라는 용어로 설명하기도 한다.[6] 상품의 구매단계에서 끝나는 것이 아니라, 문화 자체를 체험하거나 생산하는 프로슈머의 단계로 이행하고 있다는 뜻으로 이해할 수 있겠다. 이렇게 보면 위 그림은 상호 순환하는 시스템으로 전환된다고 볼 수 있다. 이런 성향들을 통해서 향후 전개될 문화콘텐츠의 이행과정을 추리해보면, 문화콘텐츠에 대한 개념을 다시 설정할 날이 머지않아 도래할 것으로 예측할 수 있다. 왜냐하면 '문화콘텐츠'의 의미가 상품의 의미에만 머물러있지 않을 것이기 때문이다.

어쨌든 현 단계의 문화콘텐츠의 소비는 판매를 전제로 하고 있기 때문에 문화산업이라는 맥락과 맞닿게 된다. 다시 말하면 문화콘텐츠라는 용어가 디지털기술을 통해 촉발된 것은 디지털이라는 그릇에 문화적 자원을 담기 시작하면서부터라고 할 수 있고, 이것이 산업적 차원에서 시작되었기 때문에 상품의 의미가 들어갔다고 말할 수 있는 것이다. 결국 문화콘텐츠라는 용어에서 가장 뚜렷한 맥락은 '문화를 활용한 상품'이라는 점에 있다고 할 것이다.

그렇다면 문화콘텐츠는 어떤 장르를 포함하고 있으며, 또 어떤 성격을 갖고 있는가? 먼저 유네스코에서 정의하는 문화콘텐츠산업의 정의를 보면, '형체가 없고 문화적인 콘텐츠를 창조, 생산, 상업화하는 산업'이라고 밝히고 있다. 문화콘텐츠에 상업적 개념 즉, 상품의 개념이 들어가 있다는 점과 창의성이 들어가 있다는 점 등을 알 수 있다.

산업적 개념은 위에서 살펴본 바와 같기 때문에 여기서는 '콘텐츠를 창조' 한다는 맥락에 주의를 기울일 필요가 있다. 흔히 문화콘텐츠산업을 일러 '크

5) 여기서의 웨어(ware)는 하드웨어, 소프트웨어, 콘텐츠웨어 등의 개념을 말한다. 사전적 정의로는 제품, 세공품, 제작품, 물품, 장식품, 기물 등의 용품을 말하는 것인데, 상품가치가 있는 무형 기술의 상품을 총칭하는 것으로 사용되고 있다고 할 수 있다.

6) 디지털과 아날로그의 합성어인데, 이 맥락에 대해서는 뒤쪽에서 다시 설명할 것이므로 여기서는 생략한다.

리에이티브산업'이라고 말하는 바를 전제하고 있는 까닭이다. 창의성을 기반으로 다양한 상품을 창조해낸다는 뜻으로 이해할 수 있다. 따라서 문화콘텐츠를 이야기할 때 흔히 영국의 크리에이티브산업을 예로 드는 것은 지식창조산업이 디지털산업을 궁극적으로는 이끌어갈 것이라는 기대가 전제되어 있다고 말할 수 있다. 기술이 중요하지만 그 기술을 진보시킬 창의성이 더 중요하다는 맥락을 강조하는 것이다.

창의성을 기반으로 하고 있는 문화콘텐츠 장르는 사실 문화콘텐츠 전반에 걸친 것이지만, 특히 애니메이션, 영화, 방송, 게임, 캐릭터, 음반 등이 거론되곤 한다. 하나같이 엔터테인먼트적 요소가 강한 장르들이다. 산업개발 효과가 그만큼 즉시적이고 폭넓게 일어날 수 있음을 말해준다. 이는 문화콘텐츠가 교육, 출판 등을 포함한 영역 전반에 훨씬 광범위하게 포진되어 있음을 반증해주는 사례라고 할 만하다. 문화 혹은 예술이라는 이름으로 유통되는 모든 단계의 산물이 문화콘텐츠인 까닭이다.

문화산업(Cultural Industry)또는 문화콘텐츠산업(Cultural Contents Industry)으로 정의되는 장르의 범주는 각 국가마다 다르게 정의되고 있다. 미국은 대중오락산업에 대한 관심이 높아 주로 영화, 비디오, 애니메이션, 음반, 게임, 방송산업에 테마파크를 포함시키고 있으며, 일본은 전술한 분야 외에 테마파크와 파친코산업을 포함시키고 있다. 우리나라도 문화산업진흥기본법을 제정하여 문화산업을 정의하고 있는데, 특히 대중오락산업에 비중을 두고 있다는 점은 익히 알려져 있는 사실이다.

그러나 나라별로 범주는 다르게 규정하고 있을지라도, 거의 모든 문화콘텐츠가 지식창조산업을 전제하여 규정되고 있음을 알 수 있다. 개인들의 창조성 및 기술력 곧, 지적능력을 통해 직업 및 부의 창출을 도모하는 까닭이다. 다시 말하면 모든 나라에서 문화산업이라고 부르는 영역은 크리에이티브라는 점에서 동일할 뿐만 아니라, 디지털과 비디지털을 아우르고 있다는 사실이다. 따라서 문화콘텐츠는 문화산업에서 소요되는 '크리에이티브적 내용물'을 지칭하거나 그 '내용물'을 토대로 산업화하는 것이라고 말할 수 있다. 바꾸어 말해, 디지털기술에 기반해 있는 콘텐츠와 그렇지 않은 콘텐츠가 있다는 결론을 얻을 수 있다.

이상을 정리해보면, 문화콘텐츠는 디지털기반의 콘텐츠와 비디지털기반의 콘텐츠가 있는 셈이고, 이를 다른 말로 표현하면 협의의 콘텐츠와 광의의 콘텐츠로 나눌 수 있다. 협의의 콘텐츠는 디지털 기반의 모든 내용물을 지칭하는 것으로 주로 IT 기반의 콘텐츠들을 포함할 수 있을 것이다. 광의의 콘텐츠는 현 단계에서 애매하게 사용하고 있는 문화콘텐츠를 지칭하는 것으로, 온라인, 오프라인, 에어라인을 망라한 문화적 내용물을 뜻한다고 할 수 있겠다. 다만 향후 전개될 컨버전스 현상 및 퓨전 현상을 감안한다면, 디지털기반과 비디지털기반의 융합콘텐츠를 상정해볼 수 있겠고, 이 전체를 총괄해서 문화콘텐츠라는 이름으로 규정할 수 있을 것으로 본다.

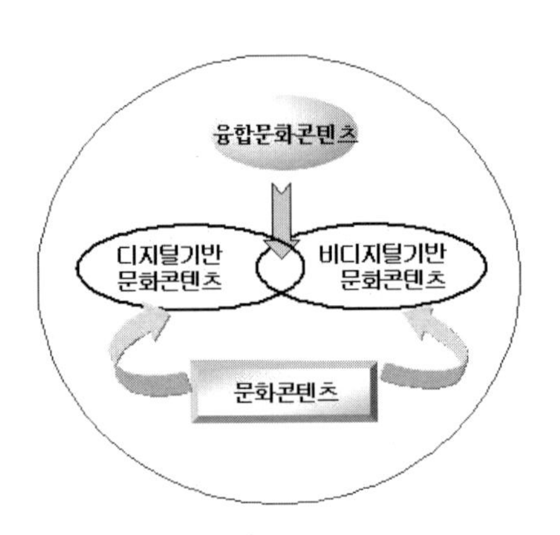

지식창조의 중요성은 도처에서 목격된다. 한류열풍의 영상콘텐츠들, 디지털공간을 중심으로 구현되는 신화적 신드롬, 블록버스터 영상들, 쌍방의

소통을 전제한 디지털스토리텔링의 적용, 체험을 중요시하는 관광 패턴의 변화, 속칭 '대박'으로 풍자되는 디지털게임 등 문화콘텐츠 전반을 아우르고 있다. 그런데 앞서 거론한 사례들을 통해서 이러한 지식창조의 양상들은 디지털이라고 하는 영역 속에서 필연적으로 대두될 수밖에 없는 예견된 과정에 지나지 않았음을 알 수 있다. 오래전부터 식상할 만큼 들어온 '굴뚝 없는 산업'이란 바로 지식창조산업의 다른 이름이었기 때문이다. 따라서 문화자원이라고 일컬어지던 다양한 소스들이 창조역량과 결부되어 문화화콘텐츠라는 이름으로 그 산업적 외연 혹은 이론적 토대를 구축해갈 것으로 기대된다.

2) 디지털시대의 패러다임, 소통과 상생

주목해야 할 것은 디지털시대 이전까지는 '가진자들'에 의해 독점되었던 고급정보들이 디지털시대에 접어들어서는 쌍방향적인 시스템을 통해 다수 대중에게 직접 네트워킹된다는 사실이다. 물론 극히 소수의 정보 독점자들이 이 세상을 지배할 것이라는 일부 미래학자들의 예견이 있기도 하다. 이것은 디지털시대의 패러다임에 대해서 보다 선명한 논의가 있어야 함을 직접적으로 상징하는 현상이기도 하다. 어쨌든 앞서 논의했던 상품적 가치로서의 문화콘텐츠라거나, 디지털의 산업적 역량만을 강조하는 현실을 전제하게 되면 자칫 놓쳐버리기 쉬운 부분에 속한다. 그러나 수세기에 걸쳐 응집되어 온 민주 역량이 디지털방식을 창조해낸 역사적 원동력임을 인식한다면, 디지털시대가 궁극적으로 나아가야 할 바를 암시해주고 있다고 말할 수 있다. 다시 말하면 디지털의 발달을 기술의 발전사로만 인식해서는 안 된다는 점이다. 인문콘텐츠학회를 이끌고 있는 김기덕은 그래서 다음과 같이 디지털시대를 정의하고 있다.

다수의 시대, 참다운 대중민주주의를 실현해야겠다는 대중의 결집된 열망이 사회적 동인이 되어 촉발된 기술사적 조응이다.[7)]

결집된 열망이 사회적 동인이 되어 디지털시대를 만들었다는 뜻이다. 디지털시대를 가장 잘 표현한 명구로 생각된다. 다만, 필자의 입장에서 보면, 여기서의 대중을 민중으로 치환하는 것이 가능하다고 본다. 지난한 역사 내내 투쟁하면서 역사에 조응해 온 집단은 다름 아닌, 그러한 열망을 가진 민중이었기 때문이다. '대중'이라는 용어가 '신분의 구별 없는 한 사회의 군중들'을 의미한다면 '민중'이라는 용어는 '나름대로의 아이덴티티를 갖는 피지배계급'을 가리키는 용어로 사용되어 왔다는 점에서 고려해볼만한 사항이다. 필자가 민속학을 전공해서인지는 모르겠지만, '사람들/民의 풍속/俗(manners and customs)' 혹은 문화(Culture)라는 관점에서, 이후 산업화의 장단점과 정보격차의 폐해들을 분석하는 데도 '민중'이라는 개념 설정은 유효하다고 생각한다. 물론 이러한 논의는 '문화콘텐츠학'으로 연결시켜 집중시켜야 할 필요가 있지만, 여기서는 이정도의 문제 제기로 그칠까 한다.[8)] 그러나 당분간 문화콘텐츠의 산업화논리에 적합한 것은 '대중'이라는 용어일 것이기에 필자는 시의 적절하게 이 두 용어를 혼용해서 사용하고자 한다.

어쨌든 그렇게 민중이 열망했던 디지털사회가 온전하게 그 의미들을 드러내고 있는가에 대해서는 보다 넓고 깊은 논의가 필요하다. 앞서 논의했던 문

---

7) 김기덕 · 신광철, 「문화 · 콘텐츠 · 인문학」, 앞의 책(2006), 11쪽.

8) 필자의 의도를 좀 더 파악하고자 하면, 민중과 민속의 의미를 천착한 아래의 글을 참고하면 도움이 된다.
엘리어트 오링 엮음, 나경수 옮김, 『민중과 민속의 장르』(전남대학교 출판부, 2004). 전반적인 내용 참고.
동양 혹은 한국의 民俗과 Folklore(민속)가 서로 일치하지 않는다는 것을 전제로 하여, Folklore가 역어로서 한국어가 아니라, 반대로 민속의 역어로서 영어를 찾게 되었고, 그러한 가운데 동양의 민속은 그 본의에 충실하자면 서양의 Culture로 번역되는 것이 옳다고 확신하게 되었다. -옮긴이의 말 중에서

화콘텐츠에 대한 정의를 '상품'이라는 산업적 개념으로만 한정하기에는 너무 많은 함정들이 도사리고 있기 때문이다. 지난한 역사 속에서 조응해 낸 디지털시대가 다시 소수의 정보 지배자들에 의해서 독점된다면 이는 올바른 역사 발전이라고 말할 수 없다. 그것은 가진 자와 가지지 못한 자들의 격차가 심했던 계급사회로의 환원을 의미하는 것일 뿐 아니라, 진정으로 디지털망(digital net) 혹은 디지털망으로서의 월드와이드웹(www)이 의미하는 상호 소통의 패러다임에도 맞지 않는다. 디지털 네트워크가 지향하는 것은, 하이퍼텍스트를 기반으로 한 쌍방향성, 혹은 허브를 통한 소통이라고 믿기 때문이다.

이같은 우려를 가장 선명하게 상징하는 것은 인터넷의 정보이용에 대한 격차라고 볼 수 있다. 2005년 말 현재, 국민의 30% 가량은 여전히 인터넷에 유리돼 있으며, 특히 장애인 중 34%가, 또 저소득층 가구의 47%가 컴퓨터조차 갖지 못하고 있다고 한다. 정보문화진흥원이 2005년 국정감사에 제출한 자료에 따르면 2004년 말 기준 우리나라의 7세~19세 저연령층의 인터넷 이용률은 96.2%인 반면 50세 이상 고연령층의 이용률은 19.3%에 불과해 76.9%의 격차를 보였다. 미국의 경우 저연령층 인터넷 이용률은 78.8%, 고연령층은 44.8%로 34% 격차였고, 영국과 일본은 각각 44%, 70% 격차였다. 성별간 인터넷 이용률 격차도 우리나라가 11.3%(남 75.9%, 여 64.6%)로 가장 컸으며, 일본이 11.1%(남 75.1%, 여64.0%), 영국은 7.0%(남 70.0%, 여 63.0%)였다. 반면 미국은 여성(59.2%)이 남성(58.2%)보다 인터넷 이용률이 1% 높았다. 장애 유무별 이용률 격차의 경우, 한국이 35.4%로 비교국 가운데 가장 큰 반면, 일본이 15.0%로 가장 적었고, 미국 19.6%, 영국 30%였다. 다행히 정보통신부가 2005년 12월에 발표한 자료에 따르면 정보격차 지수는 2004년의 55에서 2005년에는 46.7로 8.3 포인트가 감소했다고 한다. 그러나 접근 격차지수나 양적활용 격차지수는 각각 29.0과 57.8로 상대적으로 좋아졌으나 질적 활용 격차지수와 역량 격차지수는 62.3, 65.8 등으로 여전히 큰 상태다. 이는 전체적으로 정보화 물결

에 동참은 하고 있으나 그 실질적인 이용에서는 여전히 큰 격차를 보이고 있음을 의미한다.9)

이러한 격차는 벌어지면 벌어질수록 사회의 안정성을 해치게 된다. 역사적 경험을 통해서 우리가 알고 있는 것은, 빈부의 격차가 극대화되면 사회적 모순이 또한 극대화되고 이것은 예외 없이 민중의 봉기나 민란, 혁명 등으로 이어졌다는 점이다. 따라서 정보의 격차를 신분의 격차 혹은 경제력의 격차로 치환해보면, 디지털망의 정보를 소유하거나 공유하고 있는 집단은 가진 자들의 집단이라고 비유할 수 있으며, 그 정보를 소유하지 못하거나 접근하지 못하는 집단은 가지지 못한 자들의 집단이라고 비유할 수 있다. 물론 현대사회가 계급사회가 아닌 이상 사회구성원들을 지배계급과 피지배계급으로 양분할 수는 없는 일이지만 정보의 격차가 벌어질수록 빈부의 격차로 연결되는 현상은 우려하지 않을 수 없는 상황이라고 할 만하다. 이것은 민중들의 평등과 자유의지의 실천에 의해 조응된 디지털시대가 오히려 민중들의 평등을 해치고 있다는 결론에 다다를 수도 있는 것이다.

바꾸어 말해, 민중들이 디지털사회에 적절하게 조응하지 못하면, 정보 소외자, 혹은 가지지 못한 자로 전락할 위험을 말해주는 것이다. 이런 우려를 반영하듯, 정보격차의 폐해에 대해서는 다양한 목소리들이 나오고 있다. 1999년에 유엔개발계획(UNDP)이 발표한 인간개발보고서(Human Development Report)를 보더라도 이 문제는 분명해 보인다. 디지털혁명의 시대에 진입하고 글로벌화가 심화되면서, 국가 간 또 국가 내의 경제적 격차가 오히려 크게 벌어지고 있다고 보고하고 있기 때문이다. IT강국임을 자타가 공인하고 있는 우리나라의 경우도 위에 예로 든 자료와 보도들을 통해서 심각한 상황임은 주지하는 바와 같다.

9) 「아이뉴스」 2006. 1. 1일자.

정책적으로는 정보격차의 해소를 위한 다양한 방안들이 제시되기도 한다. 예를 들어 정보통신부에서 발표한 '제2차 정보격차해소 종합계획'을 보면 2006년부터 2010년까지 5년간 총 1조 8천 858억원을 들여 해소정책을 편다고 한다. 앞서 분석되었던 소외계층의 정보화수준을 80%선까지 올려놓겠다는 것인데, 정책적인 강력한 의지로 보인다. 그러나 주목해야 할 점은 이런 격차들의 해소에 대한 다양한 국가적 방안들이 제시되거나 추진되고 있음에도 불구하고, 그 격차가 심화될 기미를 보인다는 점이다. 디지털 정보에 대한 접근능력과 활용기술이 하루가 다르게 진보해가는 것도 한 요인으로 꼽을 수 있다. 이같은 현상은 네트워크 사회를 지향하는 디지털혁명의 시대라는 패러다임이 정보의 빈익빈 부익부에 의해 심각하게 훼손당하고 있음을 말해 준다. 더욱 심각한 것은 정보격차에 대한 유동성이 산업혁명 이후의 산업사회에서의 빈부격차보다 훨씬 낮다는 점이다. 일개 개인의 노력으로 해결할 수 있는 문제가 아님을 알 수 있다. 정보접근이 어려운 즉, 가지지 못한 자들의 집단에 소속되어 있는 사람들은 그야말로 다시 '소외된 변방'으로 남게 되는 셈이다. 무전유죄 유전무죄라는 경구를 다시 한 번 생각하게 하는 대목이다.

디지털사회가 미디어제국주의에 의해 종속되는 현상을 보이고 있다는 점을 눈여겨 봐야할 필요가 사실은 여기에 있다고 할 수 있다. 미디어제국주의론이, 종속이론의 근간이라고 할 수 있는 부등가교환체계로서의 '세계체제론적' 시각을 그대로 계승하고 있다고[10] 해석하는 경향을 무시해서는 안

10) 김승현·노광우, 「한국 애니메이션 산업과 생산구조에 대한 분석」, 『커뮤니케이션과학』 제20호(고려대학교 언론연구소, 2003), 107쪽.
먼저, 종속이론가들에게 있어서 분석단위는 세계체제다. 자본주의는 세계적인 교환체계 내에서의 이윤을 위한 생산과 일부 지역의 다른 지역에 대한 착취에 의해 특징 지워진다. 다음으로, 미디어제국주의론은 지배적인 중심 국가의 이익을 최대화시키는 세계 자본주의체제가 유지되고 강화되어 오는 과정에서 다국적 미디어가 매우 중요한 역할을 담당해왔다는 사실에 주목한다. 사실 국제커뮤니케이션 구조에 있어서 그 하부구조를 형성하는 주요 매개체는 바로 다국적 기

되기 때문이다. 여기서 수평적인 질서와 개방성을 지향하는 소통체계와 쌍방향성을 지향하는 디지털의 커뮤니케이션, 그리고 이를 장악하고 있는 미디어제국주의의 종속적 지배구조와의 이율배반성은 특히 중시하지 않으면 안 될 논점을 형성하게 된다. 바꾸어 말해 디지털의 기본적 속성을 쌍방향성이라고 전제하는 것은, 이를 담보로 하여 어떻게 정보기술을 보다 인간화시킬 것인가 즉, 종속되지 않게 할 것인가 하는 방향 모색과 직결되는 문제라고 할 수 있다.

따라서 이러한 문제 제기를 통해, 디지털 네트워크가 궁극적으로 지향해야 할 목적이 어떤 것인지 끊임없이 되물어야 한다고 생각한다. 이렇게 반문해볼 수 있다. 만약 이 디지털시대의 방향이 잘못된 것이라면 어떤 처방을 내놓을 수 있을 것인가? 이에 대한 답은 여러 가지가 잇을 수 있겠으나, 예를 들어 산업혁명 이후 우리에게 닥친 여러 가지 폐해들을 통해서 말해볼 수 있다. 산업화라는 명분으로 지구의 생태계가 파괴되고 지구온난화가 가속되어 심각한 재해를 경험한 사례들을 익히 경험했기 때문이다. 산업혁명이 일어난 시점에서는 산업화를 통해 '생활의 편리'와 '재화의 구축'이 확대될 것으로 기대했지, 이것이 치명적인 재해로 되돌아 올 것에 대해서는 크게 염려하지 않았다. 또 예를 들어, 대규모의 간척농지를 소유한 섬사람들이 알곡의 생산을 통해 부를 축적하게 된 것이 아니라는 점으로도 말해볼 수 있다. 비싼 농기계와 출하방법 등의 구조적 문제 때문에 오히려 종속적 삶을 강요당할 뿐 아니라 간척 자체의 폐해까지 극심해졌던 까닭이다. 이들도 간척을 시도할 때는 땅의 소유를 통해 삶의 질을 높여 주리라는 기대를 의심하지 않았다. 디지털 혁명의 시대를 맞은 지금, 우리는 똑같은 질문을 다시 할 수 있다고 본다. 그래서 디지털망의

업인 것이다. 마지막으로, 미디어제국주의론은, 국제커뮤니케이션의 흐름을 결정하는 유통체제가 불균형적으로 이루어져 있다는 사실에 주목하고 유통체제의 새로운 질서를 요구한다. 이른바 신 국제 정보 질서 운동의 역사적 전개 및 논리에 근본적으로 일치하고 있다.

속성에서 드러나는 수평적이고 민주적인 네트워크가 중단 없이 수행되어야 한다는 점이 끊임없이 강조되어야 할 필요가 있다는 것이다.

그러나 디지털기반과 문화콘텐츠가 고도의 산업적 부가가치를 창출해낸다는 측면이 강조될 뿐, 그 외의 상황에 대해서는 크게 염려하지 않는 현상들이 도처에서 목격되는 것은 우리를 안타깝게 한다. 이러한 현상들은, 디지털시대를 가능하게 하고 또 견인해 가는 패러다임을 사회 스스로 망각하고 있기 때문이라고 본다. 따라서 네트워크 사회를 지향하는 소통의 패러다임이 디지털사회의 본질적인 질서임을 우리 스스로 다시 한 번 천명해야 하는 것은 그렇게 하지 않으면, 열망을 통해 디지털시대를 조응해온 '민중'들에게 오히려 피해를 주기 때문이다.

한편, 네트워크를 기반으로 하는 디지털, 그 기술을 유형적으로 보여주는 영상 매체는 인쇄 매체가 수행했던 역할을 대신하면서 인간이 지니고 있었던 모자이크적 감각과 인지 방식, 그리고 사고방식을 회복시켜준다고 해석되기도 한다.[11] 여기서 말하는 선형적 사고논리는 구텐베르크 이후 고착되어 온 이성 중심의 합리성을 가리킨다. 그러므로 모자이크적 감각과 인지방식은 상호 유기적으로 소통되는 하이퍼텍스트 관계, 즉 상호긴밀하게 소통되는 관계(network relation)를 전제하고 있는 셈이다.

인터넷이 가지고 있는 네트워크는 사실 이런 맥락에서 해석될 수 있다. 이러한 네트워크는 쌍방의 교감을 전제로 하여 이루어지기 때문이다. 쌍방의 교감과 네트워크를 실행하는 데는 허브 내의 작동원리가 중요하다. 이 작동원리의 생리는 인체 내의 신진대사 기능에 비유하여[12] 설명되기도 한다. 인체의 구조가 그만큼 유기적으로 연결되어 있는 까닭이다. 다시 말하면, 디지털공간의 소통구조가 인체 내의 신진대사와 같은 소통의 구조를 닮는다는 뜻

11) 박상천, 「Culture Technology와 문화콘텐츠」, 『한국언어문화』 22(한국언어문화학회, 2002), 21쪽.
12) 심상민, 「콘텐트에 매혹된 영혼, 꿈과 현실 사이」, 『인문콘텐츠』(인문콘텐츠학회, 2003), 173쪽.

이고, 신체의 유기적 관계처럼 상호 공생의 틀 속에서 소통해야 함을 암시해 주고 있다고 말할 수 있다.

그러므로 네트워크의 대명사인 인터넷의 진정한 가치는 비트나 바이트, 대역폭 즉, 정보 보다는 그것을 창출하는 커뮤니티에 있다고 보기도 한다.[13] 다시 말하면 가상공간은 정보의 미디어라기보다는 커뮤니티의 미디어라는 것이다. 예를 들어 애니메이션의 정의를 낱개의 그림에 두는 것이 아니라, 프레임과 프레임의 움직임으로 정의하듯이,[14] 인터넷의 정의는 낱개의 정보가 아니라 정보와 정보가 소통하는 데 진정한 가치가 있다는 뜻이다. 전통적인 지적 재산 모델이 개인 한 사람의 아이디어에 기본을 두고 있는데 반해, 인터넷 환경이 커뮤니티로 정의되는 이유가 여기에 있다. 바로, 관계(relation)가 성립하기 때문이다. 더불어 새로운 종류의 네트워크들이 사람간의 새로운 관계를 아울러 창출한다. 친밀성, 신뢰성, 개방, 접근, 열정, 교섭, 계급, 조정, 협력 등의 수많은 관계들이 비트를 전송하도록 디자인된 네트워크들을 통해 중재되고 관리된다.

이 커뮤니티는 곧, 온라인상의 공동체로서[15] 상호 커뮤니케이션활동을 통해 소통한다. 인간의 커뮤니케이션 활동은 개인・내적(intra-personal) 커뮤니케이션에서부터, 개인과 개인 사이에서의 대인 커뮤니케이션, 소집단 내에서의

13) 쉬라게(Michael Schrage)는 세계가 통신 진보로 추진되는 관계혁명(relationship revolution)에 처해 있다고 주장한다. 관계혁명은 인터넷의 성장, 대역폭의 수요 급증, 거래 서비스의 진전, 디지털 유통망인 광대역 네트워크 및 다양한 대역폭을 필요로 한다.

14) "애니메이션은 움직이는 '그림을 다루는' 예술이 아니라, 그려진 '움직임을 다루는' 예술이다. 프레임에서 보이는 것보다 각 프레임들 사이에서 일어나는 작업이 더 중요하기 때문이다. 노만 맥래런, 1995년."
이용배, 『애니메이션의 장르와 역사』(살림, 2003), 9쪽.

15) 이견이 없는 것은 아니지만 전통적으로 공동체(communitiness)임의 정도에 비추어서 공동체에 관한 세 가지 입장이 있을 수 있다. 첫째는, 사적집단(Private Society)이고 둘째는, 사회연합(Social Union)이며 셋째는, 구성적 공동체(Constitutive Community)이다. 황필홍, 『자유와 공동체』(도서출판 고원, 2001), 46쪽.

집단(intra-group) 커뮤니케이션, 그리고 집단과 집단 사이의 집단간(intra-group) 커뮤니케이션, 매스 미디어를 통한 사회적 커뮤니케이션의 수준에 이르기까지 다양하다.[16] 필자의 입장에서 이것을 민속놀이 강강술래에 비유하여 온라인으로서의 사이버공간과 오프라인 공간으로 나누어 해석한 바 있다.[17] 사람과 사람, 그리고 마을과 마을을 연결하는 공동체로서 확산구조에 의해서 소통하는 것과 동일한 맥락이기 때문이다. 이러한 커뮤니티는 사실 다양한 포털사이트를 통해 관계 맺기가 시도되어 왔었고, 싸이월드의 일촌맺기 등을 통해 폭발적으로 일어나기도 했다. 2006년 1월 현재 싸이월드의 가입자 수가 1,700만 명을 넘어섰다는 보도를 보면, 우리 전체인구 비례로 봤을 때, 가공할만한 숫자라고 말하지 않을 수 없다. 더불어 이 관계망이 만들어낸 산업적 부가가치의 하나로 얘기되는 싸이월드 도토리의 판매수가 한국 전역의 숲에 있는 도토리의 수보다 많다고 하는 것은, 이제 새삼스레 놀라울 일도 아니게 되었다.

공동체를 다른 말로 하면 상호 작용의 연결망이라고 할 수 있다. 이것은 문화 심리적 단위로서의 공동체로 보려는 것인데, 공동체 성원들 사이에서 공동의 유대나 연대가 존재한다는 생각을 강조하는 입장이다.[18] 이 공동체 즉, 커뮤니티의 문화를 한편으로 바라보면, 문자와 인쇄매체에 의해 무너졌던 구술적, 부족적 인간관계를 서서히 회복시키고 있다고 해석되기도 한다. 이것은 영상의 시대에 구현되는 시공간 감각이 강조되는 현상을 해석하는 방법론이다. 왜냐하면 구어口語가, 청자가 적극적으로 화자의 말하기에 개입함으로써 커뮤니케이션을 이루어가는 방법이라고 한다면 문자 또는 인쇄매체에는

16) 서해옥, 「멀티미디어 커뮤니케이션 요소로서의 애니메이션 역할에 관한 연구」, 『시각디자인연구』 제9호(2002), 45쪽.

17) 졸고, 「강강술래의 디지털콘텐츠화에 대한 민속학적 연구」(목포대학교대학원 박사학위 논문, 2004), 전반적인 내용 참고.

18) 신용하 편, 『공동체 이론』(문학과 지성사, 1985), 35~41쪽 참고.

청자의 개입 여지가 거의 있을 수 없기 때문이다.[19)]

결국, 디지털 네트워크는 공동체의 복원이라는 맥락에서 보면, 오히려 오래된 전통을 회복시켜가고 있다고 말할 수 있다. 이 전통은 연대를 통해 통합되는 공동체 전통과 맥을 같이 한다. 온라인과 오프라인을 망라하여 디지털 기술이 융합의 방향으로 나가고 있는 데서 이것은 확인된다. 예를 들어, 강강술래가 손잡음과 원무놀이를 통해 신명으로 하나가 되듯이, 네트워크를 통해 통합되고 있다는 것이다. 기존의 아날로그방식과 비교했을 때 디지털 콘텐츠가 '융합화(fusion)'로 특징지어지는 것은 이런 점들을 전제하고 있는 까닭이다.

디지털 콘텐츠산업의 경우, 융합(fusion)의 구체적인 모습은 다양한 형태의 정보를 동일한 네트워크로 전달 가능한 '네트워크의 융합', 전화, TV, PC, 가전과 같은 사용자 단말기가 하나의 단말기에서 수행되는 '단막의 융합', 유무선, 통신, 방송 서비스의 통합인 '서비스의 융합', 그리고 인수합병(M&A)이나 전략적 제휴(strategic alliance) 등과 같은 '산업의 융합' 등 다양한 모습으로 전개되어 왔다.[20)] 기존의 수직적 분업 형태에서 수평적 분업의 형태로 나가고 있는 것도 동일한 맥락이다. 근래 들어 기술과 기술이 컨버전스화되는 일련의 트렌드를 통해 확인되는 현상들이다.

그러나 디지털망에서 구현되는 융합의 문화콘텐츠가 단순히 공학적인 기술의 발전만으로 이루어질 수 있는 것은 아님을 여러 사람들이 지적한 바 있다. 오히려 공학적인 기술과 문화적 혹은 인문학적인 지식, 나아가 예술적인 감수성과 상상력이 결합하여 발전되고 있음을 주지할 필요가 있다는 것이다. 이 또한 융합의 개념을 증거하고 있으며, CT(Culture Technology) 개념이 나온 것도 이

---

19) 마샬 맥루한, 박정규 역, 『미디어의 이해』(커뮤니케이션북스, 1999).
20) 손상희, 「디지털 콘텐츠산업의 커뮤니케이션 연구」, 『디지털디자인학연구』 vol.4(한국디지털디자인학회, 2002), 49쪽.

런 이유다.[21] 그래서 콘텐츠를 IT부문과 접목시키는 'Bridge' 전략을 통해 시장의 불확실성을 정복하는 방향이 '허브내 콘텐츠' 전략으로 대두되었던 것이다. 결국 기술과 문화, 지식과 예술(감성)의 연결, 즉 'Bridge' 전략을 통해 IT 허브의 이미지가 경직되고 건조하고 재미없는 기술의 집합소가 아닌, 자유롭고 재미있고 유연하며 활기찬 'CIT(CT+IT)'쪽으로 진행해 왔다고 볼 수 있다.

한편, 이러한 네트워크 즉, 소통의 문제는 '학제간 통합(interdisciplinary convergence)'의 문제로도 설명될 수 있다.[22] 디지털 콘텐츠의 본성 자체가 미디어기술과 정신적 가치, 문화이미지를 모두 아우르고 있기 때문이다. 단적으로 인문학과 자연과학이 상호 소통해야 함을 말한다. 예를 들어 대동놀이를 포함한 다양한 민속놀이들이, 연행되는 소재에 초점을 두는 것이 아니라 그것을 연행하는 사람들 간의 네트워킹에 초점을 두는 것과도 같은 이치라고 할 수 있다. 연희되는 예술이나 연행되는 기술(skill, 방법론)의 문제를 넘어 사람들 간의 소통에 본래의 목적이 있다는 것이다. 이것을 민속학 하는 사람들은 대동정신 혹은 공동체정신이라고 부르기도 한다.

디지털시대라고 하는 패러다임도 민속문화가 지니고 있던 소통의 정신, 또 대동의 정신에 접맥할 필요가 있다. 디지털의 본성이 네트워크에 있기 때문이다. 그러므로 IT든 CT든 디지털문화콘텐츠에 종사하고 있는 모든 사람들은 네트워크 정신, 예를 들어 강강술래의 문화적 컨텍스트를 추적하여 복원해야 할 의무가 있다고 본다. 이것은 한국전통문화의 현재적 재정립의 시도일 뿐만 아

21) 박상천, 「Culture Technology와 문화콘텐츠」, 앞의 책(2002), 13쪽.

22) KAIST에서 추진한 CT(Culture Technology) 학제전공 프로그램을 참고할 것. 이외에도 다음의 학교들을 참고할 필요가 있다. 미국 : California Institute of Arts, University of Southern California, School of Visual Arts (New York), Pratt Institute, New York University, MIT, Syracus University, Loyola Marymount University/ 영국 : Ravensbourne College of Design and Communication, National Filmand Television School, University of Warwick, Pmily Carr Institute of Art &Design, Vancouver Film School / 일본 : 동경 공예대학, 교토 세이카 대학 등.
고기정, 「대학원 커리큘럼」, 『인문사회대학 교수요원 심화과정』(한국문화콘텐츠진흥원, 2005), 144~153쪽 참고.

니라, '사람'으로서 살아가야할 당위성을 되찾아주는 일이기도 하다. 다시 말해서 디지털 혹은 문화콘텐츠는 산학연계 강화를 통해 상호 네트워킹하는 체제를 구축하는 기술적, 산업적, 그리고 학문적 통합으로 이어지는 시대정신이라는 점이다.

한 가지 반가운 것은 2002년 이후 젊은이들의 현실참여가 크게 증가하고 있다는 사실이다. 월드컵 거리 응원으로부터 시작하여 여중생참사 사건의 촛불시위 그리고 대통령선거, 탄핵반대 등 10대, 20대 청소년들과 30대의 청년들이 대거 운집하는 대규모의 사회참여가 있었기 때문이다. 물론 이들 현실참여자들의 대부분은 디지털망을 매개로 한 인터넷이나 게임에 치중해있던 네티즌들이었다. 이기적이고 독자적인 행동 양식을 특성으로 한다고 지적되어 왔던 사이버세대라는 것이다. 그런데 일련의 사건들에서 보듯이 이들은 열성적으로 사회참여에 앞장서게 되었다. 온라인의 네트워크가 오프라인으로 확장되는 실례를 우리는 경험한 셈이다.

이 현상이 디지털망과 전혀 무관한 것처럼 보이기도 하지만, 오히려 그 맥락은 디지털의 네트워크 정신에서 출발했음을 앞서 확인한 바 있다. 네트워크 주동 세력을 보면, 네티즌이라는 커뮤니티가 형성되어 있다는 점에서 그렇고, 공간감각의 영상문화의 세례를 받으며 자라온 세대라는 점에서 그렇다. 이들은 사이버 세상의 실질적 주역으로, 크고 작은 공동체(community)를 형성하고 있음이 주지의 사실이다. 자발적 참여와 친밀한 소통을 특징으로 하는 수많은 공동체를 축으로 하여, 삶의 소통과 실현을 이루고 있는 셈이다.[23)]즉, 문자문화의 시대를 지나온 기성세대와 달리 태어나면서부터 영상문화의 세례를 받으며 자라난 세대라는 점에 주목할 필요가 있다. 기대하건대, 이 네트워크 지향의 신세대들은, 우리가 '보수적'이라고 표현하는 기성세대와는

23) 신동흔, 「사이버 세상과 고전문학의 길」, 2001년 동계학술대회, 『국문학과 문화: 21세기 문화의 시대와 고전의 재창조』(한국고전문학회, 2001), 2쪽.

다른 감각 즉, 디지털사회의 본질적인 패러다임인 네트워크 감각을 향상시키게 될 것이라고 본다. 그 감각은 결국 자신이 직접적으로 사회적 참여를 하고자 하는 욕구로 이어지고 있다고 말할 수 있다.[24)]

이들이 사이버의 네트워크를 통해 오프라인 공간으로 그 연대를 확장시킨 것은 결국 '디지로그(digital+analog)'라는 새로운 경향으로 나타날 기반을 제공한 셈이다. 이것은 초기의 사이버공간 혹은 기존의 사이버공간이 디자인 감각에만 매몰되어있던 온라인에서 인문학적 활인성活人性 즉, 내면적 이미지를 끌어내지 못하고 있던 점을[25)] 극복해낸 것으로 평가할 필요가 있다. 역설적으로 들리기는 하지만, 디지털기술이 발전할수록 개별화된 디지털환경을 점점 오프라인으로 끌어내는 견인차 역할을 담당하게 된다고도 말할 수 있다. 현재 컨버전스 환경에서 일어나는 다양한 시도들, 예를 들어 복고풍의 선호라든지, 디지로그적 감각의 신매체들의 등장하는 점 등이 이를 말해준다.

이같은 현상을 반영하듯, 2006년 지금 세간에는 '디지로그digilog'라는 말이 유행한다. 이 용어는 이어령이 중앙일보에 연재한 칼럼을 통해서 구체화된 바 있다. 이른바 디지털digital과 아날로그analog의 합성어인데, 디지털현상과 아날로그적 현상이 합쳐진다는 의미를 담고 있다. 그러나 '디지로그' 현상은 분명하지만, 이 용어가 제기된 사회적 맥락과 용어의 의미가 상통하는 것은 아니라고 말할 수 있다. 용어를 제기한 맥락을 보면, 도래하는 디지털사회의 패러다임과 오히려 거꾸로 해석되고 있기 때문이다.[26)] 이것은 단적으로 '비인

24) 박상천, 「예술의 변화와 문화콘텐츠의 의의」, 『인문콘텐츠』 제2호(2003), 194쪽.

25) 도정일, 「인문학, 인문교육, 그리고 문화산업」, 『문화예술』 9월호(문화예술진흥원, 1999).

26) 이어령이 제기한 디지로그의 성격은, 엘리어트의 시를 인용한 다음과 같은 그의 말에서 확인된다. "이러한 식(食)문화의 공동체가 사이버 문화의 디지털공동체로 급속히 변해가는 것이 오늘의 정보사회다. 그래서 사람들은 아날로그 인간형과 디지털 인간형으로 분리되고, 그 생활은 비트와 아톰, 온라인과 오프라인으로 양극화해간다. 컴퓨터와 인터넷이 생기기 전에 이미 시인 T.S 엘리어트는 정보시대의 상황을 이렇게 노래 불렀다. '생활(living) 속에서 잃어버린 우리의 삶은 어디에 있는가/ 지혜 속에서 잃어버린 우리의 생활은 어디에 있는가/ 지식속에서 잃어버린 우리의 지혜는 어디에 있는가/ 정보 속에서 잃어버린 우리의 지식은 어디에 있는가' 그의 시 '바위'에

간적인 디지털'과 '인간적인 아날로그'로 이분화 하여 접근하고 있는 데서 나타난다. 이는 네트워크 지향이라는 본래의 지디털사회적 패러다임에도 맞지 않는 발상일 뿐만 아니라, 향후 첨단화될 디지털사회의 근본적 문제들을 풀어나가는데 도움이 되지 않는 해법이라고 할 수 있다. 다시 말하지만, 디지털사회는 오랜 세월동안 민중들이 염원해온 조응의 기술이 구현해낸 사회이고, 이 사회는 네트워크를 통해 열린사회를 지향하기 때문이다. 예를 들어 도처에서 인용되고 있는 사이버 공동체나, 지난 시기 촛불집회에서 보여준 자발적 공동체들은 사실, 인터넷이라는 디지털망을 매개로 한 것이었기 때문이다. 온라인 커뮤니티의 소통이 오프라인의 소통을 견인해 냈다는 뜻이다. 따라서 디지털은 오히려 잃어버렸던 아날로그의 비선형적 감각을 일깨워주는 도구로 기능하고 있는 셈이다.

하지만 이같은 소통과 네트워크에 대해, 디지털시대를 있게 한 패러다임으로써의 당위성임을 말하는 이는 많지 않다. 그렇기 때문에, 산업적 측면만이 크게 강조되는 것이라고 생각한다. 앞에서 지적했듯이 이것은 빈익빈 부익부 현상을 가속화시킬 수 있다. 사회의 통합을 저해하고, 불안정 요소를 증폭시키는 불온한 매체로 전락할 수도 있다는 뜻이다. 따라서 민중의 열망에 의해 조응된 디지털시대가 오히려 민중을 배제하는 결과를 초래하게 된다면, 디지털 정보에서 소외된 많은 민중들은 또 다시 투쟁의 깃발을 높이 들어야 할지도 모른다. 농업혁명과 산업혁명 이후에 빈익빈 부익부의 격차를 해소하기 위해 봉기했던 것처럼, 정보격차가 빈익빈 부익부로 이어지는 가난을 대물림하지 않기 위해서 말이다.

의하면 인간의 운명은 생명의 삶으로부터 끝없는 상실의 단계를 거쳐 오늘의 정보시대로 추락해 온 것으로 풀이된다. 그리고 당연히 오늘의 디지털 세대들은 정보 속에서 생생한 삶과 지혜, 그리고 지식을 씹을 수 있는 어금니를 잃어가고 있다는 이야기가 된다."
이어령, 「중앙일보칼럼」, 2005. 12. 31.

2. 해양의 컨셉, 수평과 공유

1) 웹2.0 그 안의 함수

필자는 웹2.0이나 시맨틱웹을 잘 알지 못한다. 이것은 필자가 웹2.0에 대해 문외한이어서라기보다는 아직 웹2.0에 대한 명확한 개념 정의가 되어 있지 않기 때문이기도 하다. 그러나 여기서 굳이 웹2.0의 의미를 따져 묻고자 하는 것은 웹2.0의 기본 정신이 본래의 웹 정신을 가장 잘 드러내는 것으로 평가받고 있기 때문이다. 웹world wide web정신이 기본적으로 링크, 즉 네트워크에 있기 때문에 개방과 공유를 가치로 내걸고 있는 웹2.0이야말로 디지털시대의 시대적 패러다임을 가장 극명하게 드러내 준다고 생각한다.

웹2.0은 팀 오렐 리가 2004년 10월 열린 컨퍼런스를 '웹2.0 컨퍼런스'라고 명명한데서 비롯되었다. 초창기 웹을 1.0이라고 생각하는 데서 출발한 것이므로 그 다음세대라는 뜻이다. 한편, 다가올 미래의 웹은 시맨틱웹이며 웹2.0은 시맨틱웹을 경제적 관점에서 본 말이라고도 한다. 웹2.0의 용어나 현상에 대해서는, 사람에 따라 조금씩 다르게 사용하고 있는 것으로 보인다. 웹2.0에 대한 정의에서부터 기본개념까지 편차의 크고 적음을 떠나서, 모두들 자기가 처한 입장에서 규정하고 있다는 생각이 들기 때문이다.

근래에 신검색엔진이라고 하는 '구글Google'에 세간의 이목이 집중되면서 웹2.0에 대한 논의는 더 달아오르는 듯하다. 2006년 초, 1700만 명이 가입해서 '싸이질'을 한다는 '싸이월드'를 비롯해, 많은 블로그, 미니홈피 등도 웹2.0과 유사한 성격을 가진 것으로 이야기된다. 특히 2001년 만들어진 '위키토피아'는[27] 네티즌들이 만든 백과사전으로 웹2.0의 철학을 충분히 드러내준다

27) 위키토피아는 '빨리'라는 하와이 말 위키(Wiki)와 백과사전(encyclopedia)의 줄임말인 '피디아'(pedia)의 합성어이다. 일반적인 오프라인 백과사전의 경우 제작기간이 길어 출간되는 순간

고 할 수 있다. 구글Google 이외 아마존, 이베이, 야후 등을 꼽기도 한다. 거론되는 사이트들의 전해방향을 보면, 본래 가지고 있던 웹정신으로의 환원이요, 디지털정신의 복원 현상이 일어나고 있음을 알 수 있다. 웹2.0은 상호성에 기반 해 있기 때문에 민주적, 사회적, 참여기반 기술을 기본으로 한다. 공개와 공유를 생명으로 삼는 기술인 셈이다. 공개와 공유의 패러다임은 디지털시대가 오고, 세상이 변하면서 대다수의 사람들 특히 디지털기술의 조응을 열망했던 민중이 바라는 것이었음을 누차 지적한 바 있다.

그러나 디지털시대가 정보의 공유, 혹은 공개를 시대 이념만큼 허용하지 않았던 것으로 보인다. 이제까지 대부분의 포털들이 대외적 경쟁력을 높이기 위해서 적용했던 방식은 폐쇄적 차별성에 있었기 때문이다. 예를 들어 독창적인 DB 구축에 의한 사업, 코드나 소스의 비공개, 서비스간의 낮은 호환성 등의 운영사례가 이에 해당한다. 이를 통해 정보의 독점력을 높여 대응하고자 했던 것이 웹1.0시대의 경향이었다는 뜻이다. 사실 어떤 측면에서는 앞서 예로 든 정보 격차의 본질적인 문제를 상징해주는 현상이라고 말할 수 있다. 그렇지만 개방과 공유를 기본 정신으로 하는 웹2.0시대를 맞이하면서 그간의 폐쇄적 방법론은 큰 딜레마에 부딪치게 된 것이 현실이다. 날이 갈수록 유저들의 요구가 커지고 있기 때문이며, 특히 단순한 소비자에 그치는 것이 아니라 프로슈머 즉, '생산자이자 소비자'로 재탄생하고 있기 때문이다.

웹의 기본정신은 '정보의 공개와 공유를 통한 인간의 행복'이다. 이것은 본래의 웹 창시자인 팀 버너스리가 꿈꾼 웹의 본래적 성격이기도 하다. 언제 어디서나 정보에 접근할 수 있는 '완벽한 정보의 연결'이 그가 주창했던 웹의 본질이기 때문이다. 즉, 웹의 본질은 '연결성'이며 이 링크정신이 웹정

'죽은' 내용이 실리거나 편집진의 성향에 따라 시각이 편향될 수 있다는 전제에서 전 세계 네티즌들의 지식을 모아 살아있는 사전을 만든다는 것이 기본 취지이다.

신임을 알 수 있다. 링크를 위해 필요한 두 가지 전제조건은 공개와 공유다. 공개되지 않은 정보에 연결할 방법이 없기 때문이다. 그래서 공개 정신과 공유정신은 웹의 기본 정신이자 웹 사용자에게 요구하는 기본조건인 것이다.[28) 웹2.0은 닫혔던 웹을 열고자하는 열망에서 비롯된 것이다. 웹2.0은 데스크톱이 아니라 웹이 지배적인 플랫폼이 되는 구조라고 한다. 플랫폼 환경의 최대 장점은 일단 만들어 놓으면 다른 사람들이 알아서 참여해 '콘텐츠'를 만들어내기 때문이다. 일단 유저들이 정보를 개방하게 되면 RSS(Really Simple Syndication) 등의 정보 콘텐츠 배포 서비스를 통해 정보를 공유하고, 서비스 사업자들이 제공하는 개방된 저작도구인 Open API(Open Application Programming Interface)를 통해 정보의 생산이나 보완, 재가공 등에 생산자로 참여할 수 있게 되는 것이다. 따라서 웹2.0은 아무도 데이터를 소유하지 않거나, 어떤 환경에 있건 데이터를 사용할 수 있는 플랫폼이 된다. 또 자유롭게 데이터를 이동시킬 수도 있게 된다. 기존의 웹사이트가 데이터를 이동시키거나 활용할 수 없었던 것에 비교되는 기술이다. 이런 이유 때문에, 웹2.0 플랫폼 중심 구조로 전환될 때는 정보 독점적 입장에 있는 포털들은 설자리가 없어질 것이라고 진단하기도 한다.

웹2.0에서 중요한 것은 온톨로지 개념이다. 온톨로지라는 분야는 어떤 낱말에 대한 뜻과 각 낱말 사이의 관계를 잘 설명한 것을 말한다. 그래서 단순한 정보의 하이퍼링크가 아닌 인공지능 정보검색을 하게 되는 것이다. 웹2.0이 활성화되면 컴퓨터가 스스로 알아서 정보를 찾아 검색해주는 역할을 하게 될 것으로 보인다. 웹2.0에서 더욱 중요한 것은 콘텐츠도 단순한 정보보기나 관리에 머무는 것이 아니라, 공유의 단계로 나간다는 것이다. 물론 초기의 형태이겠지만 2006년 4월에 웹2.0 전문기업인 오피니티의 아시아 지역 법인인

28) 김중태, 『시맨틱웹』(디지털미디어리서치, 2006), 45쪽.

'오피니티에이피'가 온라인 평판을 토대로 한 리뷰 전문 검색 서비스를 선보인 것 등이 하나의 사례가 될 것이다. 여기서는 웹2.0 기반 서비스로 국내 리뷰관련 사이트에서 제공하는 리뷰 작성자에 대한 평판 정보 분석과 이용자들의 평가 점수를 통해 노출된 평판지수에 따라 신뢰할 만한 검색 결과를 제시해주는 것이 특징이다.

그럼에도 불구하고 무작정 웹2.0을 찬송하지만은 않는 것으로 보인다. 확정적이지 않은 기술이기 때문에 불안요소가 많다는 것이다. 웹2.0의 기본적인 성격으로 말해지는 민주적 권력의 허용, 성과의 결정, 노력의 수준, 도구사용 비용과 같은 미지수들이 존재한다는 것이다. 그래서 '웹상에서 인기 있는 모든 것을 포괄하는 개념'으로 정의할 뿐 명확한 정의는 내려져 있지 않다고 말하기도 한다. 아예 웹2.0을 폄하하는 발언도 있다. 그러나 '마이크로소프트(MS)'가 '구글Google' 등에 긴장한다는 보도 등을 볼 때 웹2.0이 단지 허상이 아님을 알 수 있다. 실제로 우리나라에서도 웹2.0의 영향을 받아, 네이버NAVER, 다음DAUM 등에서 공개 API 서비스를 실시하거나 준비한다고 한다. API는 포털 서비스들의 주요 데이터나 서비스를 기반으로 데이터를 차용해서 사용할 수 있는 열린 서비스이므로 그간의 독점적이던 웹1.0의 한계를 벗어나는 형태라고 할 수 있다.

그러나 무엇보다 웹2.0을 주목해야하는 이유는, 웹1.0이 상거래를 위한 것이었다면, 웹2.0은 '사람 그 자체'라고 말하기 때문이다. 사람 한 사람 한 사람이 중요하다는 점은 디지털시대의 패러다임인 민주성 곧, 수평적 네트워크를 확보하는 것으로 볼 수 있다. 개별성이 강조되고 민중이 강조되는 그래서 그들의 연합이 거대한 힘을 발휘하는 시스템, 이것은 마치 디지털시대가 도래하면서 기대했던 진정한 네트워크의 본질이라고 할만하다. 참고로 최초 웹2.0에 대한 화두를 열었던 팀 오렐 리가 제시한 7가지 개념을 열거해보면, '플랫폼으로서의 웹', '지성, 지혜를 모으는 작업', '차세대 인텔

인사이드는 바로 데이터', '궁극적인 소프트웨어', '경량 프로그래밍 모델', 'PC를 벗어난 장비에서 작동하는 소프트웨어', '풍부한 사용자 경험' 등이다.

필자는 앞서 디지털시대의 패러다임을 소통과 상생이라고 전제한 바 있다. 웹2.0은 바로 이런 소통과 상생의 정신을 가장 극명하게 드러내주는 기술이라고 판단한다. 물론 아직 확정되지 않은 기술이고, 진보해가야 할 기술인 것은 분명해 보이지만, 진정한 디지털의 세계를 구축하기 위해서는 현재 논의되고 있는 웹2.0의 물꼬를 모두 힘을 합쳐 터나가야 하지 않겠는가 생각한다. 그것이 온라인 커뮤니티를 통해서 오프라인의 열기로 이어졌던 시대적 흐름을 잇는 길이고 공유와 상생의 패러다임을 구축해내는 일이겠기 때문이다.

2) 수평과 공유의 신해양시대

그렇다면, 디지털시대 특히 웹2.0 시대에 생각하는 문화콘텐츠와 해양문화의 의미는 무엇일 것인가? 이 논의를 위해서는 먼저 해양문화에 대한 개념 정의를 하고, 해양문화에서 해양문화자원, 그리고 해양문화콘텐츠로 이어질 맥락들을 정리할 필요가 있다. 지금의 시대가 신해양시대라는 점에서는 동의하는 사람들이 많지만, 그 개념과 성격에 대해 모두 이해하거나 동의하는 것은 아닌 까닭이다.

먼저 해양문화를 논의하기 위해서는 우선 도서島嶼문화와 임해 또는 연안문화와의 상관성을 살펴볼 필요가 있다. 이들 도서와 섬, 그리고 임해 혹은 연안이라는 규정들이 해양문화를 이루는 기저라고 생각하기 때문이다. 사전적 의미로 '도서'는 '크고 작은 섬들'이라는 뜻이고, '연안臨海'은 '하해河海 또는 호수에 연한 물가나 지방'이라는 뜻이며, '해양'은 '큰 바다'라는 뜻이다.

대체로 '도서'는 섬이라는 공간적 제약을 지닌 용어로 쓰이고 있으며, '연안'은 강이나 바다와 인접한 지역이라는 공간적 제약 속에 쓰이고 있다. 이에 반해 '해양'은 바다의 의미를 지니는 모든 개념들을 포함하는 더욱 큰 범주로 사용되고 있다. 다만, 이들 용어가 각각의 의미를 지니고 사용되긴 하지만, 사실 명료하게 구분되어 쓰이는 것은 아니다. 즉, 상호 중첩된 의미망으로 포착되는 경우가 많다는 것이다. 여기서 해양, 연안, 도서가 공히 육지와 대비되는 구조로 기능하고 있다는 점은 주지의 사실이다. 그러나 육지와 상호 중층적인 구조로 기능하고 있다는 점 또한 유의해야 할 필요가 있다. 확연한 이분법으로 나뉠 수 있는 것이 아니라는 뜻이다. 다만, 도서와 해양문화는 기존의 해양 배타적 논리를 고쳐 잡는 방향에 논의의 초점을 둘 필요가 있다고 본다. 도서와 연안臨海 그리고 강변을 포함하는 광의의 개념으로 해양문화를 규정하고 그간에 우리 역사를 지배해 온 내륙문화와 변별적 성격을 설정하는 데 그 초점을 두어야 한다는 뜻이다.

해양문화를 이해하기 위해서는 내륙성과 해양성을 비교한 논의들을 참고할 필요가 있다. 먼저 인류역사를 '대륙형 사고'와 '해양형 사고'로 부르면서 그 패턴을 나누고 있는 논의가 있다. 대륙형 사고는 고체적, 정착적, 권위적, 일원적, 공격적, 고착성, 폐쇄적, 정벌적, 파괴적 패턴을 지닌다고 하며, 해양적 사고는 액체적, 이동적, 민주적, 다원적, 화해적, 유연성, 개방적, 연대적, 생태적 패턴을 지닌다고 한다.[29] 또는 해양문화를, 바다를 통해서 나타나는 관습이나 제도, 또한 사회구성원들에게 공유되는 지식의 체계로 정의하고 있기도 하다.[30] 해양문화란 바다와 더불어 살아왔던 사회구성원들이 공유해 왔던 원시시대 삶의 형태로부터, 바다를 통한 현대과학에 이르기까지 광범위한

29) 김태만, 「해양문화의 의의와 역할」, 해양문화재단, 『해양과 문화』 5호(실천문학사, 2001), 257쪽.
30) 강상택, 「해양문화의 발전적인 변화를 위하여」, 해양문화재단, 『해양과 문화』 5호(실천문학사, 2001), 261쪽.

영역을 의미한다는 것이다. 한편, 해양문화가 기존의 육지적인 문화가 갖는 관념성, 남성우월성을 부정하는 자리에서 시작한다고도 한다. 해양이란 물의 부드러움에서 비롯하기 때문에 해양문화란 관념적인 문화의 배격에서 출발해야 한다는 것이다. 곧 기존 육지의 문화가 기득권층의 관념적이며 지배적인 문화의 특성을 지니고 있었다면, 해양문화는 그와 같은 관념적이며 난해한 남성적 우월주의가 아니라 지극히 여성적이며 사실적이고 민간적이라는 것이다.[31)]

이들 논의들은 디지털시대의 패러다임을 포함한 시대적 전망을 풀어내는데 시의적절함을 가지고 있다고 판단된다. 물론 앞서 전제한 바와 같이, 내륙과 해양을 이분법으로 나누어 획일적으로 정리하는 것은 옳지 못하지만, 디지털시대를 논함에 있어, 그 의미와 맥락만큼은 충분히 수용할 가치가 있다고 판단한다. 문화원형과 전통문화의 논리에서도 이 개념 설정은 중요하다고 본다. 디지털시대의 패러다임을 소통과 상생이라고 전제했던 이유를 해양성에서 찾아보자고 하는 것이 필자의 취지이기 때문이다.

주지하듯이, 조선시대 이후의 역사속에서 우리는 해양을 잊고 살아 온 것이 틀림없다. 이것을 14~15세기에 명나라와 조선에서 시행한 공도空島정책과 해금海禁정책의 영향이라고 보기도 한다. 같은 시기에 '대항해의 시대'를 활짝 열었던 서양사의 흐름과 너무나 대조적이라는 것이다. 조선에서의 해금정책은 중국문화 일변도의 편향적 문화 수용을 강요하여, 문화의 다양성보다는 획일성을, 개방성 보다는 폐쇄성을, 진취성 보다는 자존성의 방향으로 흘러가게 하는 주요 배경이 된 것이 사실이다. 이는 문화의 일관성과 자기 완결성에 기여한 바도 있지만, 한편으로는 쇄국정책이라는 극단적 폐쇄주의를 낳은 토대로 기능했던 것이다.[32)] 따라서 닫힌 바다는 물류의 교역과 문화의 소통

31) 전기철, 「해양문화에 대한 접근태도」, 해양문화재단, 『해양과 문화』 5호(실천문학사, 2001), 266~267쪽.

까지 차단해버리는 결과를 낳게 되었던 것이다.

실제로 고대부터 고려까지의 바다는 활발했던 교역의 루트요, 문화의 소통로였다고 말할 수 있다. 그래서 우리나라를 중심으로 한 고대의 교역 공간을 '동아지중해'라고 말하기도 한다. '동아지중해'는 지경학적(geo-economic)으로도 경제교류나 교역 등을 하면서 서로를 필요한 존재로 인식해 왔다고 한다. 자연환경이 워낙 다르므로 생산물의 종류가 색달랐기 때문이다. 농경 문화권에서는 삼림 문화나 유목문화, 해양 문화권의 생산물이 필요했고, 반대로 유목이나 삼림 문화권에서는 농경문화나 해양 문화의 생산물들이 절대적으로 필요했다. 정치적으로는 서로 적대 관계에 있더라도 교역을 할 수밖에 없었다는 것이다. 아프리카 북안의 카르카고와 그리스 본토 흑해 연안이 생산물이 서로 다르기 때문에 교류할 수밖에 없었던 것과 마찬가지다. 지리문화적(geo-cultural)으로도 동아지중해의 국가들은 의외로 문화의 공유 범위가 넓었다. 유교, 불교 등 종교뿐만이 아니라, 정치제도, 경제양식, 한자, 생활습관 등 유사한 부분이 많았음이 이를 증거한다. 사실은 종족과 언어의 유사성도 적지 않았다. 비농경 문화권이 중국의 영향을 많이 받았지만, 의외로 중국도 유목문화 등의 영향을 많이 받았다. 이러한 문화의 유사성 때문에 외부 세계에서는 이 지역을 하나의 문화공동체로 보기도 하였다.[33]

이러한 맥락에서, 흔히 우리는 고대의 바닷길을 '해양실크로드'라고 부르기를 주저하지 않는다. 해양을 통해 서로 오가며 소통했던. 해양 네트워크가 이루어졌음을 인정한다는 뜻이다. 따라서 여기서 주목할 것은 해양네트워크가 수평과 공존이라는 의미에서 차용될 수 있다는 점이다. 교류와 접변을 통해 끊임없이 소통해왔기 때문이다. 네트워크는 사전적 풀이로 보면 방송망을 말한다. 컴퓨터의 데이터 통신 시스템에서, 컴퓨터와 단말기를 접속하기 위

32) 강봉룡, 『장보고』(한얼미디어, 2004), 52쪽.
33) 윤명철, 『바닷길은 문화의 고속도로였다』(사계절, 2000), 21쪽.

하여 쓰이는 기기·선로 따위로 구성되는 일체의 전송 매체라는 뜻이다. 그러나 네트워크라는 말은 사물의 관계를 규정하는 것에서부터 사람과 사람 사이의 관계를 규정하는 데 이르기까지 다양한 용도로 사용되고 있다. 예를 들어 민속놀이의 관계성을 규정할 때도 '관계'라는 맥락의 네트워크라는 용어를 사용한다. 따라서 네트워크의 기본적 성격은 관계성(relations)라고 할 수 있으며, 다양한 연결기능(신축, 확산, 팽창, 가변, 재편성, 상호보완)을 분석하기 위한 기본 개념이라고 할 수 있다.[34)]

앞선 논의대로 풀이한다면, 내륙성은 경직과 고착, 그리고 권위적인 성격을 지녔다. 반대로 해양성은 액체적, 유동적이며, 민주적인 성격을 지녔다. 이것을 수직적 사고와 수평적 사고로 대비해 풀어볼 수 있다. 여기서의 수직적 사고는 상하 위계질서를 중시하며 권위를 중시하는 패턴을 지닌다. 수평적 사고는 위계질서 보다는 민주적이고 평화적인 상호성을 중시하며 호혜평등의 패턴을 지닌다. 민속학의 입장에서도 이러한 수직적 사고와 수평적 사고는 비슷한 양상으로 설명되곤 한다. 수직적 사고는 대개 의식이나 의례절차를 중시하는 성격이 강하고, 수평적 사고는 대동놀이 등의 민속놀이에서 나타나듯이 평등의 성격이 강하다. 가장 건전한 사회는 이 수직적 사고와 수평적 사고가 공히 균형을 이루는 사회라고 할 수 있다. 이 균형이 깨지면 사회적 불균형이 발생하고, 불균형의 간극이 극대화되면 혁명이나 변혁이 일어나, 불균형을 해소하고자 한다. 한편으로 보면 역사 이래 우리 사회는 이러한 자정작용을 통해 질서를 유지시키고자 변화와 혁신을 거듭해왔다고 말할 수 있다. 이를 표로 나타내보면 다음과 같다.

34) 오모토 케이치 외, 『바다의 아시아1, 바다의 패러다임』(2003), 111쪽.

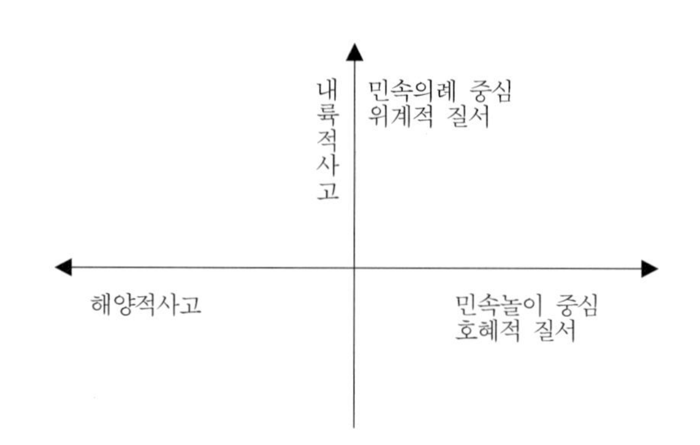

수직적 사고관과 수평적 사고관이 가장 적절하게 배합된 민속의례 중에는 도서해안 지역의 당제(堂山祭)를 꼽을 수 있다. 도서해안 지역의 당제는 대개 삼원구성을 취하는데, 의례절차와 민속놀이의 절차가 조화되어 있어, 위계와 호혜정신을 잘 드러내주기 때문이다. 신격은 대개 당할머니, 당할아버지, 그리고 용왕 혹은 잡신으로 나눌 수 있다. 신당은 흔히 당집이나 당목으로 모셔지는 경우가 많은데, 상당, 하당, 갯제터(堂) 등으로 나뉜다. 상 정상에는 잉태와 생산의 신격인 당할머니가 좌정하는 경우가 많고, 산 중턱이나 마을 부근에는 당할아버지가 좌정하는 경위를 볼 수 있다. 그러나 산정상이나 '윗당'에 당할아버지가 좌정하는 경우도 많기 때문에 상하의 관계나 남성성, 여성성의 관계를 일률적으로 재단할 수는 없다. 이외에, 갯제터(堂)나 헌석터(堂)라고 하는 바닷가에는 용왕신이나 잡신들이 있다고 믿는다. 이것을 천부지모天父地母형 신격에 용왕신이 겹해진 삼원구성이라고 할 수 있다. 대개 상당의 의례절차는 엄숙하고 경건하게 치르지만, 하당이나 갯당의 의식절차는 매우 호혜적이고 평등한 민속놀이식으로 지내게 된다. 예를 들어 완도 덕우도 당제의 갯제는 파방굿이라고 하여 온 마을 사람들이 갖가지 탈을 쓰고 나와 한바탕 난장을 벌인다. 여기서 특히 주목할 것은 뱃사람들이 금기시했던 여성들이 상당제에서는 절대 참여할 수 없지만, 하당제나 갯당제에서는 주도적인 위치를 점하고 있다는 사실이다. 진도 가사도의 도깨비굿에서는 아예 갯당제를 여성들만의 전유의식으로 치르면서 헛배띄우기를 하기도 한다. 이처럼 익히 알려져 왔던 내륙지역의 유교식 의례가 아닌 호혜적이고 평등한 놀이형의 의례들을 도서·해양의 의례를 통해 확인해볼 수 있다.

이 논의를 우리의 역사와 대비시켜보면 매우 흥미로운 사실을 발견할 수 있다. 앞서 논의한대로 해금海禁의 시대인 조선시대는 유교사상이 크게 강조된 신분제 사회였다. 상하의 위계질서가 강조되고, 의례와 의식 절차가 중요시되던 시기였다. 그러나 다소의 논란의 여지는 있지만, 고려 이전의 사회는 사실 위계질서 보다는 호혜평등이 더 존중되던 사회였다고 말할 수 있다. 이 논의를 좀 더 확장시키면, 민중들의 입장에서는 조선 초기까지만 해도 해양성에 근거를 둔 수평적 관념이 지배적이었다고 말할 수 있다. 예를 들어 서남해 도서해안 지역의 제사법이 『주자가례』의 이데올로기를 수용한 것이 조선 중기 이후라는 사실만을 통해서도 충분히 증거가 되기 때문이다. 따라서 해금 이전의 사회가 호혜적이고 수평적 사고가 지배적이었다고 하는 근거는 단순히 바다가 열려있었다는, 그래서 교역이 활발하고 문화의 이동이 빈번했다는 점만 들 수 있는 것은 아니다. 조선시대에 이르러 남녀상열지사로 낙인 찍혔던 고려 이전의 가요들을 통해서도 증명된다. 『쌍화점雙花店』, 『이상곡履霜曲』, 『만전춘滿殿春』, 『가시리』, 『서경별곡西京別曲』, 『청산별곡靑山別曲』 등이 남녀간의 사랑을 노래하거나 연정을 읊은 노래라는 사실은 익히 알려져 있다. 상례절차나 민속의례절차들을 통해서도 증거 할 수 있다. 현재 진도지역에 남아있는 상례 행렬 중에서, 사물악기를 치면서 즐겁게 상례를 치루는 의식절차는 사실 고려 이전의 전통이 전승된 것이라고 보는 견해가 많다. 단적으로 고려시대 이전의 해양네트워크가 활발했던 점과 우리나라가 Korea(고려)라는 이름으로 세계에 알려진 시대였다는 점을 들어 해석하기도 한다.

여기서 다시, 디지털시대가 도래한 패러다임과 비유하여 설명해보고자 한다. 수세기에 걸쳐 응집되어 온 민주 역량이 디지털방식을 창조해낸 역사적 원동력이라는 점을 전제했던 것은 마치 수직적이고 폐쇄적인 내륙의 시대를 지나 호혜적이고 평등주의적인 해양의 시대를 연 것에 비유할 수 있겠기 때문이다. 다시 말하면 선형적이고 획일적인 아날로그 시대를 지나 공간적이고 개방적인 디지털시대를 연 것이 마치 닫혔던 네트워크의 문고리를 열어젖힌 해양의 시대와 패러다임을 같이 할 수 있다는 뜻이다. 역사적으로 보면 잃어버렸던 바다의 복원이고, 문화적으로 보면 잃어버렸던 네트워크의 복원이라고 할 수 있다.

지금이 신해양시대임을 부정하는 사람은 없어 보인다. 그것은 바닷길이 다시 열렸다는 점에 있다기보다는 계급성이 강조되거나 상하서열이 중시되는 수직적 사고관념에 비해, 민주적이고 평등한 세상이 도래했기 때문임을 주지할 필요가 있다. 수세기에 걸친 민주역량이 디지털방식을 창조해냈다는 점에 대해서도 마찬가지다. 그러나 디지털의 속성이 네트워크에 있음을 주지하고 있음에도, 시대적 패러다임을 소통과 상생에 두고자 하는 사람들은 많지 않아 보인다. 더구나 해양성에 디지털네트워크를 비유하여 패러다임을 전개해 가고자 하는 사람들도 많지 않아 보인다. 그럼에도 불구하고 도서·해양의 컨셉을 디지털네트워크에 대입하는 것은 도래하고 있는 웹2.0의 디지털시대에 오히려 진취적이고 적극적인 패러다임으로 승부할 수 있는 것이 해양정신이라고 생각하는 까닭이다.

그러므로 농업혁명, 산업혁명에 이은 디지털혁명의 시대는 수평적이고 호혜적인 해양성이 강조되는 시대가 될 것으로 전망할 수 있다. 앞서 논의한대로 수직적 관념과 수평적 관념이 가장 잘 배합된 사회가 안정된 사회인 것은 분명하지만, 상당한 기간 동안은 이 수평성에 눈높이를 같이 할 것으로 보인다. 소통과 상생을 중시하며 다원적이고 연대적인, 그래서 개방적인 정신이 디지털시대의 정신이자 신해양시대의 패러다임이기 때문이다.

3. 문화원형과 전통문화

1) 컨버전스시대의 문화원형, 그 오래된 미래

우리시대를 부르는 다양한 이름들이 있다. 디지털시대가 그만큼 다양하다는 반증으로 보인다. 그중에서 웹2.0처럼 시대사에 한 획을 긋는 현상을 가리키는 용어는 단연 '컨버전스' 현상이라고 해도 과언이 아닐 것이다. 그만큼 기술과 기술뿐만 아니라 심지어 콘텐츠와 콘텐츠까지도 컨버전스 되는 시대이기 때문이다. 앞서도 지적했지만 이미 이같은 현상은 유비쿼터스 혁명이 일어나면서 예견되었던 일이기도 하다. 물론 이것은 단순한 유행이 아니라, 일정한 트렌드를 형성하고 있음이 주지의 사실이다. 컨버전스는 수렴을 통한 융합을 의미하기 때문에, 주로 IT분야의 융합을 이야기할 때 거론된다. 디지털컨버전스로 주로 거론되는 것은 유선과 무선의 통합, 통신과 방송의 융합, 온라인과 오프라인의 결합 등이다. 대체로 이것은 하나의 기기에 모든 것을 포함시키는 개념으로 이해된다.

그러나 필자는 문화콘텐츠라는 문화론적 관점에서 접근하는 것이기 때문에 개체와 개체가 상호 정체성을 가지고 융합되는 '퓨전'이라는 개념이 더 어울린다는 생각을 했던 것이다. 어쨌든 컨버전스 환경이 구축되는 현상은 그렇게 융합될 수 있는 원 소스 즉, 각각의 개체가 있어야 한다는 점을 전제로 하고 있다. 예를 들어 각각의 콘텐츠와 콘텐츠가 융합하여 새로운 어떤 콘텐츠를 창출해낸다고 할 때, 원본 소스는 그 각각의 콘텐츠라는 점에 주목할 필요가 있다는 것이다. 이것을 바꾸어 말하면 문화콘텐츠 제작 이전의 원천자료라 할 수 있다. 따라서 이런 원본 소스는 문화콘텐츠 제작에 가장 필수적이고도 중요한 부분임을 환기할 필요가 있다.

이렇게 연결시키는 이유는, 컨버전스 사회일수록 융합 이전의 개체 즉, 원형질이 중요하다는 맥락을 설명하기 위해서이다. 물론 개체와 개체는 서로 융합하여 하나의 새로운 문화콘텐츠를 창출하기도 한다. 이것은 각각의 개체가 용해되는 현상을 말하는 것이다. 그러나 각각의 개체가 독자적인 성질을 그대로 유지하고 있는 경우도 있다. 이것은 용해되지 않고, 각각의 개체 성질들이 유기적인 네트워크를 통해 새로운 문화콘텐츠를 창출하고 있는 경우다. 이 양자를 포함해 소스로 기능하는 요소들을 다른 말로 '문화원형'이라고 할 수 있다.

그러나 도처에서 문화원형이라는 용어를 사용하고 있기 때문에 사실 용어사용에 대한 논란이 많은 것이 사실이다. 아마도 문화원형이라는 용어가 지금처럼 흔하게 사용되는 시대도 없었던 듯하다. 학문적 논의과정을 거치지 않고 산업분야에서 먼저 사용하였기 때문으로 보인다. 그래서인지 일부 학자들은 현재 통용되고 있는 문화원형이라는 용어 자체에 회의를 갖고 있기도 하다. 굳이 학술적 용어이자 분석적인 용어인 문화원형이라고 명명하기보다는, '전통문화자원'이라고 명명하는 것이 적합하다는 등의 논의가 그것이다.[35]

문화원형에 대한 논의는 문화콘텐츠의 논의와 불가분의 관계에 있다. 문화콘텐츠화의 전제를 문화원형으로 삼아온 탓이다. 따라서 앞서 문화콘텐츠에 대한 개념 정의에서 활용했던 방법론을 빌어, 문화원형이라는 용어 정의를 할 수 있다고 본다. 예를 들어 판소리는 원래 무속문화에서 출발한 것이지만, 음악적 구성을 잘 추출하여 '판소리'라는 콘텐츠적 소재로 재창조되었다.[36] 이렇게 되면 무속문화는 판소리라는 문화콘텐츠적 소재에 대해 문화원형의 위치를 갖게 된다. 물론 여기서 문화원형은 전통문화와 연결된다. 또 강강술

35) 배영동, 「문화콘텐츠화 사업에서 '문화원형' 개념의 함의와 한계」, 『인문콘텐츠』 제6호(2005), 39~52쪽.
36) 이것은 '판소리 무가기원설'에 근거한 해석이다.

래놀이 중에서 덕석몰기놀이는[37] 원래 생업 자체, 혹은 생활문화였지만, 강강술래라는 놀이 미디어를 통해 덕석몰기놀이라는 콘텐츠적 소재로 재창조된 것이다. 당초의 알곡 건조와 관련된 멍석을 말거나 푸는 행위는 노동이자 생활이지만, 덕석몰기놀이라는 강강술래 콘텐츠적 소재에 대하여는 문화원형의 의미를 지니게 되는 것이다.

그러나 이런 민속놀이의 '원형元型(原型, 原形)'은[38] 무엇인가라고 말하게 되면, 문제가 달라진다. 아키타입archetype이나 오리지날리티originality, 혹은 패턴pattern의 개념에 충족해야 하기 때문이다. 사전적辭典的으로 원형은 세 가지 정도로 의미를 나누어볼 수 있다. 첫째, 역사적으로 가장 오래된 것 즉, 역사적 기원이 되는 '최초형'이다. 이것은 원형原形(originality)이라는 뜻에서 보면 그 고유성과 정체성에 초점이 맞춰지게 된다. 둘째, 다른 자료의 형성과 변화에 가장 영향을 많이 미친 '영향형'이다. 셋째, 유형의 요소들을 가장 잘 갖추고 있어서 완벽한 갖춘 꼴을 하고 있는 '규범형'이다. 이것을 원형元型(pattern)이라는 측면에서 보면, 도구를 똑같은 모양으로 찍어내는 주물과정의 '틀'을 말하게 된다.

본래 '원형(archetype)'은 융 학파의 분석적 심리학으로부터 나온 용어로서, 모든 문화에서 상징과 표상을 보편적으로 구조화하는 과정을 가리키는 용어다.[39] 이 원형 개념은 콘텐츠라는 내용물을 본질적으로 하나의 이야기(story)라고 볼 때, 서로 다른 문화배경에서 발생한 수많은 이야기는 원형설화(여행, 탐험, 원형인물-주인공, 대지, 어머니 등)가 인간의 존재방식을 규정하는데 있어서 유사

37) 전라도와 경상도 지역에서는 멍석을 '덕석'이라고 부른다.
38) 국어사전에는 세 가지의 뜻이 다음과 같이 나와 있다.
元型 : 발생적인 유사성에 의해 추상된 유형(생물학, 심리학, 성격학 등에서 생명현상을 유형화할 때 쓰는 말)
原型 : 제작물의 본보기
原形 : ① 본디의 형, 이전의 상태, ② 원시의 형상, 진화하지 않은 자연의 상태.
39) 앤드류 에드거 · 피터 세즈윅 엮음, 박명진 외 옮김, 『문화이론 사전』(한나래, 2003), 297쪽.

성(이를 집단무의식이라 함)이 있다는 가설을 말한다.[40] 이 가설을 이어받아 인구에 회자되는 수많은 이야기도 결국 단일한 이야기로부터 파생된 다양한 변이형태라는 주장이다. 이것은 민담이나 모험담에 관행적 정형(formula)이 있을 뿐 아니라, 인간 삶의 기본 패턴에 몇 개의 플롯Plot(탐험, 추적, 사랑, 모험, 복수, 경쟁, 희생, 탈출 등)이 존재한다는 주장으로 연결된다.

여기서 '우리문화원형'이라는 용어를 처음 사용하기 시작한 KOCCA(한국문화콘텐츠진흥원)의 개념을 살펴보지 않을 수 없다. '문화원형'이라는 용어를 국가적 차원에서 사용함으로써 사실상 문화원형에 대한 개념 논쟁을 촉발했다고 볼 수 있기 때문이다. KOCCA에서는 문화원형이 국제적인 콘텐츠 시장에서 국가경쟁력을 확보하기 위한 방안이며, 차별성 있고 지속적인 콘텐츠 개발의 기초가 된다는 점을 밝히고 있다.[41] 그러나 '우리문화원형'의 성격이 어떤 것인지 구체적으로 밝히고 있는 것은 아니다. 국제적인 콘텐츠 시장에서 국가경쟁력을 확보하는 것이 목적임을 명시했을 뿐이다. 이외에도 두 가지의 배경을 더 밝히고 있는데, '우리문화원형'을 디지털 기술을 활용하여 테마별로 디지털 콘텐츠화하고, 문화콘텐츠산업에 필요한 창작소재로 제공함으로써, 문화콘텐츠산업의 경쟁력을 향상시킨다는 점, 또 국내 문화콘텐츠산업은 세계적 수준의 디지털기술과 인터넷망, 숙련된 제작인력 등의 강점을 보유하고 있으나, 문화콘텐츠 상품의 기획, 시나리오, 디자인, 상품화에 필요한 독창적인 창작 및 기획소재가 부족하다는 점 등을 들고 있을 뿐이다.

대체로 이런 논의의 중심에는 문화콘텐츠 산업이 있다. 문화콘텐츠산업에 소요되는 원형적인 소스, 그것을 문화원형이라고 명명하고 있거나, 전제하고 있음을 말해주는 것이다. 다시 말하면, KOCCA에서 말하는 '우리문화원형'은 '디지털화를 전제로 한 문화원형'이라는[42] 의미로 받아들일 수 있다. 즉, 디

40) 칼 구스타프 융 지음, 한국융연구원 C.G. 융 저작번역위원회 옮김, 『원형과 무의식』(솔 출판사, 2003).
41) http://kocca.or.kr/ctnews/kor/index.jsp 한국문화콘텐츠진흥원 홈페이지 참고.

지털 콘텐츠의 재원이 될 수 있는 문화적 재료라는 의미가 강하다. 사실상 이런 맥락에서 문화원형에 대한 관심이 높아진 것으로 보인다. 그래서 문화원형은 KOCCA에서 시도하는 '문화원형 관련 디지털 콘텐츠개발사업'과 관련된 것들이 많다. 나아가 우리의 문화원형만이 아니라, 동북아 또는 전 세계의 문화원형을 콘텐츠화 하는 것으로 그 범주를 확대하고 있기도 하다.[43] 따라서 문화원형은 크게 민족문화의 고유성을 표출할 수 있는 '한국(우리)문화 원형'과 글로벌 차원의 선험적이고 역사적인 보편성을 담보하고 있는 '글로벌 문화원형'으로 유형화되기도 한다. 근래 '우리'라는 수식어를 빼고, 단순히 '문화원형'이라고만 부르는 데는 이같은 맥락이 작용한 것으로 보인다.

그런데, KOCCA에서 개발한 기왕의 문화원형 콘텐츠들을 보면, 디지털화 될 수 있는 낱개 단위의 원형적인 것들과 우리문화 고유의 원형적인 것들이 혼재되어 사용되고 있다는 사실을 알 수 있다. 이들을 통해서 원형을 재구해 내기는 사실 어려운 문제임을 전제하고 있는 셈이다. 한편, 이를 학문적 영역으로 끌어들여 논의하기는 하였으나 무엇이 고유한가에 대한 의견은 아직 민감한 문제로 남아있다. 여러 자리에서 논의되기는 하였으나 통일된 의견을 찾지는 못했다는 뜻이다. 그래서 원형에 관한 논의보다는 여러 유형의 자료가 어떤 방향으로 변이해 가는가를 주목하자는 제의와 함께 '목적형'에 관심을 기울이기도 한다. 이런 의미에서 보면 위에서 언급한 '우리문화원형'은 '원형'이라기보다 '목적형'인 셈이다.

민속학을 예로 든다면, 사실상의 원형은 존재하지 않는 것으로 인식한다. 민속현상에서 실제로 존재하는 것은 여러 가지 유형일 뿐이기에 그렇다. 유형이 다양하게 존재하기 때문에 비로소 문제된 것이 원형이다.[44] 결국 원형

42) 더 풀어서 말하면, '디지털화 할 수 있는 원형적인 성질을 가진 문화소재' 정도가 될 것이다.
43) 이와 관련하여 인문콘텐츠학회에서는 동북아의 문화원형을 검토하는 심포지움을 개최하기도 하고, 『인문콘텐츠』 제6호에 특집으로 다루기도 했다.
http://www.humancontent.or.kr/ 인문콘텐츠학회 홈페이지 참고.

을 문제 삼는 것은 우리 민족에게 고유한 문화와 디지털이라고 하는 보편적인 정서에 호소할 수 있는 열린 틀, 다시 말해 '원형성原形性'으로 갖는 이야기와 이미지를 제시하는 것이 중요하다고 생각된다.

이상의 논의를 정리해보면 현재 사용하는 문화원형이라는 용어는 디지털의 소재가 된다는 의미에서 '문화 기본형', '문화 기저형' 등으로 부르는 것이 타당하다고 본다. 이것은 '원형성原形性' 보다 '전형성典型性', '유형성類型性'에 초점이 있음을 말한다. 결국 맥락상에서 보면 학문적인 의미의 '원형'보다는 '목적형'의 의미를 지니고 있는 것으로 이해될 수 있다.[45] KOCCA에서 문화콘텐츠 개발 방안과 방향을 점검하는 프로토타입Prototype도 이런 맥락에서 이해할 수 있겠다.

그렇다면 왜 문화원형이 디지털시대의 한 복판에서 그렇게 중요성을 가지고 있는 것일까? 이에 대한 대답은 명료하다. 모든 문화콘텐츠의 원천이 되기 때문이다. 그 원천은 우리나라의 고유한 문화일 수도 있고 외래문화를 받아들여 변화된 문화일 수도 있다. 이 둘을 원형으로 삼기 위해서는 그 중에서 어떤 것이 원형일 것인가를 따져 묻기 전에, 문화원형의 개념 규정을 층위별로 나누어 규정할 수도 있다. 주어진 상황에 적응하는 편법처럼 보이지만, 필자가 보기에는 가장 현명한 원형성에 대한 대답일 수 있다고 생각한다. 대개 이 논의는 시간축, 공간축, 주제축, 종합축으로 나뉘는데,[46] 그간 KOCCA에서 개발된 문화원형 과제들을 분석한 결과에 의한 것으로 보인다.

따라서 문화콘텐츠 논의에서도, 협의의 문화콘텐츠와 광의의 문화콘텐츠로 나누어 살펴보았듯이, 문화원형에 있어서도 각각의 층위를 달리해 분석하

44) 임재해, 『한국 민속과 전통의 세계』(지식산업사, 1991), 221쪽.
45) 졸고, 「강강술래의 디지털콘텐츠화에 대한 민속학적 연구」, 앞의 논문(2004), 46~52쪽 참고.
46) 김기덕, 「문화원형의 층위와 새로운 원형 개념」, 『인문콘텐츠』 제6호(인문콘텐츠학회, 2005), 55~71쪽. 여기서 김기덕은 김태곤의 '원본사고', 우실하의 '2수분화 문화와 3수분화 문화론', 박재우의 '삼원론'으로 나누어 원형을 분석하고 있다.

는 방법이 유용하다고 생각한다. 대개 융을 중심으로 하는 원형(archetype)은 집단 무의식의 기조를 다룬 것으로 보편성 논의라고 할 수 있다. 문화원형의 논의를 촉발시킨 당사자인 KOCCA의 문화원형들은 우리문화원형 혹은 글로벌 문화원형이라는 의미에서 원형의 특수성에 대한 논의라고 할 수 있다. 앞서 살펴보았던 프로토타입(전형)으로의 원형은 시간축, 공간축, 주제축 등으로 나눌 수 있는 것으로 일반적 논의에 해당된다고 하겠다.

결국 문화원형(성)에 대한 논의를 세 가지 목적과 의미에 따라 구분하여 정리해 볼 수 있겠는데, 첫째는 민족성 혹은 지역성이고 둘째는 원형성 혹은 목적성이며 셋째는 원본성 혹은 글로벌성이라고 할 수 있겠다. 따라서 현재 사용하고 있는 '글로벌 문화원형'이 외국의 문화원형이라는 의미에서 사용되고 있다면 이는 마땅히 수정되어야 맞다. 예를 들어 '중국의 문화원형', '일본의 문화원형' 등으로 사용하는 것이 더 옳다는 뜻이다.

첫 번째의 '민족성'이나 '지역성'은 특히 전통문화 중에서 민족 및 지역의 특성을 잘 담고 있어서 다른 민족이나 지역과 구별되는 성질을 말한다. 분화된 현재형의 본래 모습이라고 할 수 있겠다. 이것은 '우리문화원형' 또는 '지역문화원형'이라고 불러도 합당하다고 본다. 여기에는 다른 민족 혹은 다른 지역과 변별되는 특수한 성격의 원형들이 자리할 수 있다고 본다. 예들 들어 남도문화권의 '귄'이나 '모정' 등은 다른 지역과 변별되는 특수한 문화원형에 속하는 셈이다.[47] 또한, 남도권역에서 '귄있는 소리'라고 이해되는 탁하면서 가래 끓는 듯한 판소리의 가창법은 북한지역에서는 허용되

47) 남도문화권이라고 정의되는 호남지역에서는 흔히 '귄있다', '귄지다'라는 말을 자주 사용한다. 다른 지역에서는 전혀 사용되는 않는 남도문화권역의 미학인 셈이다. 이것은 '아름답다'거나 '귀엽다'는 뜻과는 사뭇 다르다. 어떤 일을 잘 처리한다거나, 연행하는 자태가 매우 마음에 든다는 뜻으로 사용하는 말이다.
'모정' 또한 충청도 이남 지역과 경상도 이서지역에 주로 집중되어 있는 '정자'를 말한다. 이 '모정'은 대개 논 한 가운에 서 있거나 마을 앞에 위치해 있는데, 농사기간에 휴식공간으로 사용되기도 하고, 두레꾼들의 회합 장소 등의 다양한 용도로 쓰인다.

지 않는 소리라고 할 수 있다. 물론 세계무형유산으로 지정된 민족적 정체성을 포함한다는 점은 또 다른 논의의 문제이기 때문에 이 둘이 상반되는 견해인 것은 아니다.

둘째, '원형성'과 '목적성'은 문화콘텐츠로 변형되기 이전의 가공되지 않은 상태 즉, 원천자료를 말한다고 할 수 있다. 특히 이것은 문화콘텐츠화를 목적으로 하는 원질료를 말하는 것으로 특수한 목적을 가지고 있기 때문에, '목적형'이라고 부르는 것이 합당하다는 생각이다. 혹은 '문화콘텐츠화를 전제로 하는 원형'이라고 부를 수 있겠다. 세 번째 원본성, 글로벌성은 세상의 근본질서와 운행 원리를 말하는 것으로, 사람이라면 누구나 가지고 있을 법한 그런 원형에 해당된다고 하겠다. 따라서 '인류보편성'이라고 표현하거나, '글로벌문화원형'이라고 표현하는 것이 합당하다고 생각한다. 이상을 세 가지 층위로 표시해 보면 아래와 같다.

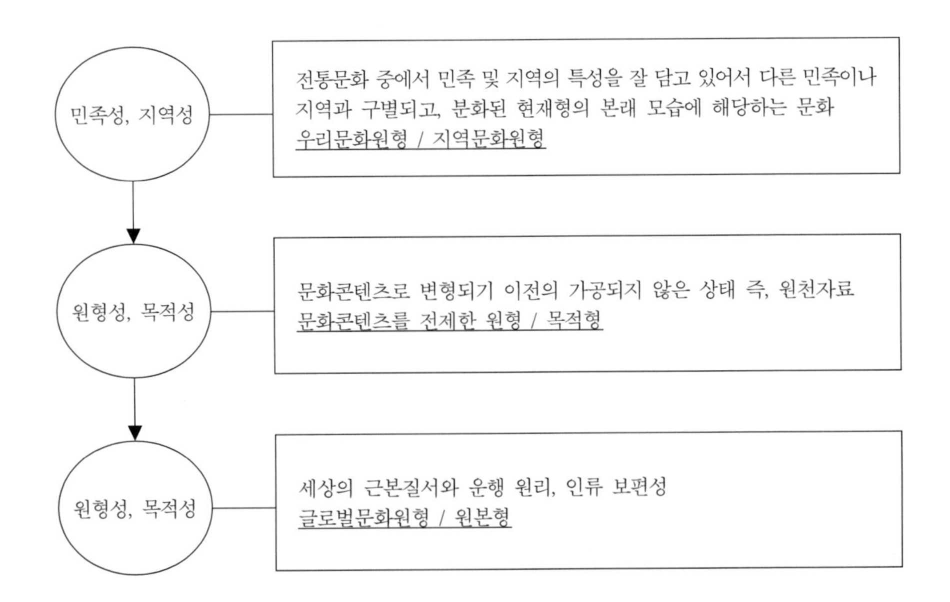

이 문화원형들은 각각의 변별적 특징을 지니고 있기도 하고, 또 공통된 성질을 지니고 있기도 하다. 또 하나의 원형성에 머무르는 것이 아니라 상호 순환한다. 문화원형 자체가 '문화'를 전제하고 있는 것이고, 이 문화는 항상 변화하기 때문이다. 우리가 영화 <헤리포터>나 <반지의 제왕>을 보고 감동하는 것은 인류보편의 '글로벌문화원형성'이 그 안에 담겨져 있기 때문일 것이다. 그러나 영화 <태극기 휘날리며>를 보고 인류 모두가 우리처럼 감동하기를 기대하지는 못한다. 그것은 <태극기 휘날리며>가 우리 민족 고유의 원형질을 건드린 것이라고 생각하기 때문이다.

다만, 여기서 짚고 넘어가야 할 점은 이 세 층위의 전개 방향에서 볼 수 있듯이, 가장 기초가 되는 문화원형은 민족성 더 나아가 지역성이라고 하는 점이다. 지역성과 민족성 속에 고유한 성격이 들어 있기 때문인데, 이 고유함이 보편성을 갖게 되면 글로벌문화원형성이 된다고 본다. 위에서 예로 든 <반지의 제왕>이 북유럽의 지역성을 가지고 있다는 점은 익히 알려진 바다. 그러나 이 북유럽의 신화가 인류 보편의 감성을 움직일 수 있는 '원형성'이 있었기 때문에, 동양권에 속한 우리도 그것을 보고 감동할 수 있었다는 점이다. 그러나 예를 들어, 조상의 시신을 토막 내서 새들에게 주는 장례법을 가지고 있는 티벳의 경우에는 그것이 그들 고유의 장례 원형일 수는 있어도 인류 보편의 가치를 지니고 있지 않기 때문에, 지역성 혹은 민족성이라고 하는 문화원형성으로 분류될 뿐이다. 따라서 기왕에 개발되었거나 향후 개발될 '우리문화원형' 중에서도 지역 고유의 특성을 지니고 있는 지역성으로서의 원형과, 한민족 고유의 민족적 특성을 지닌 민족성으로서의 원형, 그리고 인류보편의 원형질을 담은 글로벌성으로서의 원형이 있다고 말할 수 있으되, 가장 기본적인 단위인 지역성으로서의 문화원형이 중요하다는 점을 정리할 수 있다. 결국 민속학적 관점에서 보면, '문화의 원형'은 존재하지 않으나, '문화원형'은 문화콘텐츠시대의 걸출한 '문화브랜드'로 존재하는 셈이고, 이것은 헬레나노호베르호지가 얘기했던 바의 '오래된 미래'로 기능하고 있는 것이다.

2) 문화원형과 전통문화의 디지털화 방안

지금까지 문화콘텐츠와 문화원형을 정리하면서 두 주제 모두 양면성이 있음을 알아보았다. 또 문화원형의 기초적 토대가 사실은 지역문화원형에 있음을 알 수 있었다. 그런데 실제로 문화원형에 대해서 개념 규정은 했지만, 그것에 해당되는 테마들을 선정하라고 하면 머뭇거려진다. 우리문화원형 혹은 지역문화원형, 그리고 문화콘텐츠를 전제한 원형, 글로벌문화원형이 존재한다고 인정한다고 하더라도 그 각각에 해당되는 원형이 막연해지기 때문이다. 그래서 기왕의 개발된 과제들을 대상으로 살펴보는 것이 가장 현명한 방법이라고 할 수 있을 것 같다. 그 근거를 KOCCA 문화콘텐츠닷컴 사이트에서 확인해 볼 수 있다. 먼저 2006년 5월 9일자 인기검색어에 올라와 있는 항목을 보겠다.

> 중수무원록, 고려복식, 공작, 춘향, 문화재, 궁중, 봉황문, 탈, 전통문양, 전우치, 공작문, 공작새, 목란, 동물문, 당초, 놀이, 남사당, 궁중문양 목란, 궁중문양 목, 한류, 전통무늬, 외대, 목란당초문, 전통주, 궁중문양 공작, 마문, 민란, 상례, 술, 원천소스

모두 하나같이, 전통과 관련되어 있음을 알 수 있다. 이것은 소비자들이 문화원형을 전통성과 유사하게 생각하고 있다는 하나의 단서라고 해도 틀림이 없다고 말할 수 있다. 일단은 문화콘텐츠 닷컴에 들어와 검색한 것 중에서 가장 인기 있는 테마일 것이니 말이다. 그렇다면 소비자들만 그렇게

생각하고 있는 것일까? 우선, 문화콘텐츠나 문화원형 사업에 대해 사전지식이 없는 불특정한 사람을 붙들고, 다음 항목들을 예시한다면 어떤 콘텐츠라고 대답할 수 있을까?

의식주 : 전통고기잡이, 사냥-전통수렵방법과 도구, 전통머리모양과 머리치레거리, 한국전통가구, 죽음의 전통의례와 상징세계, 조선시대 동물화첩, 길상 이미지

건축 : 서울의 근대공간, 궁궐의례와 공간, 조선시대 수영의 디지털 복원, 목조건축 부재별 조립체험, 사찰 건축 디지털세트-절집, 한국의 고인돌, 디지털 한양

의례/신앙 : 한국의 굿, 불교설화, 건국설화 이야기, 궁궐의례와 공간, 강릉단오제, 우리문화 상징 아이콘-부적, 죽음의 전통의례와 상징세계

교통/통신 : 문화와 산업의 대동맥 옛길, 상인과 상업활동, 대동여지도, 한국의 배, 고선지 실크로드 개척사, 디지털 한양

군사/외교 : 한국의 산성, 택견의 이야기와 동작, 조선시대 수영의 디지털 복원, 한국무예 원형 및 무과시험 복원, 상인과 상업 활동, 한국의 배, 진법

역사/민족 : 천하명산 금강산, 조선시대 아동교육, 전통놀이와 춤, 해동성국 발해, 백두산 문화상징 디지털 콘텐츠화, 1910년-과거로 가는 시간 여행, 기생사랑

예술 : 예술종합학교 저작권, 국립국악원, 자수문양(국립민속박물관 저작권위탁관리), 한국의 전통 장신구, 한국 근대의 음악원형 디지털화, e조선궁중여성, 전통놀이와 춤

과학기술 : 전통 한의학 및 한약재, 한국의 풍수지리, 조선 궁중 과학기술관-천문, 한국의 천문 우리하늘 우리별자리, 대동여지도, 디지털 한양, 화성의궤

문학/문헌 : 한국고서의 표지문양 및 장정, 조선후기 여항문화, 전통 한의학 및 한약재, 새롭게 펼쳐지는 신화의 나라, 인귀세상, 조선시대 형구와 형벌 이야기, 중국 집대성문학의 환타지－태평광기

틀림없이 '아, 전통문화 콘텐츠이군요!'라고 대답하던지, '역사나 민속 콘텐츠'라고 대답할 것으로 보인다. 실제로 초등학교 5학년 학생에게 이 항목들을 열거하면서 이것 전체를 무엇이라고 부르겠냐고 물어보았다. 대답은 '우리나라 민속'이었다. 개인차를 감안한다고 하더라도, 한두 개를 빼고 나면 모두 전통문화와 관련되어 있음을 삼척동자라도 알 수 있다는 뜻이다. 전통문화콘텐츠라고 해도 전혀 이상할 것이 없는 항목들이다. 이것은 KOCCA 문화콘텐츠닷컴의 문화원형 과제별 분류와 그 첫 화면만을 예시해본 것이다. 그렇다면 일단 '문화원형은 전통문화다'라는 공식이 성립한다고 말할 수 있다.

문화원형＝전통문화

여기서의 전통문화가 가지고 있는 시대적 배경은 다양할 수 있다. 실제로 KOCCA에서 문화원형 콘텐츠를 개발한 것을 분석한 결과가 있다. 18~19세기에 그 전형성을 갖춘 콘텐츠들이 상당수 포함되어 있다는 진단이다. 이것을 우리가 볼 때는 한국적 정체성과 고유성을 갖는 것으로 평가한다는 것이다. 물론 이 이전에도 전형성을 갖춘 형태가 있었을 테지만, 구체적인 자료 확보가 어렵기 때문에 실제 연구자들이 원천자료로 삼은 것이 거의 18~19세기의 것이 될 수밖에 없다[48]는 논리다. 이 시기에 우리나라 문화가 큰 변혁기

48) 배영동, 「문화콘텐츠화 사업에서 '문화원형' 개념의 함의와 한계」, 앞의 책(2005), 39~52쪽.

에 있었음을 인정한다는 점에서 수긍되는 측면도 많다. 그러나 각각의 문화원형 테마에서 시대를 확정하지 않은 이상, 18~19세기로 추정하기보다는 각각의 양식들을 보다 면밀하게 분석하는 것이 선행되어야 보다 근접한 시대배경이 나올 수 있을 것으로 본다.

지금까지의 과정을 통해서 문화원형 사업은 전통문화를 디지털화하는 사업이라는 점을 다시 확인할 수 있었다. 그렇다면 이렇게 디지털화된 문화콘텐츠들은 어떤 용도로 사용하게 되는 것일까? 물론 국가에서 KOCCA라는 전담기관까지 만들어 전통문화를 토대로 하는 문화원형콘텐츠를 개발하는 것은 문화콘텐츠 산업화를 위해서였다. 이렇게 만들어진 원형 소재들이 다양한 문화콘텐츠 장르에서 널리 활용되도록 한다는 것이 목표였기 때문이다. 그러나 일부 개발 자료들의 활용도가 높다는 점 외에는 산업적 부가가치를 크게 느끼지 못하는 것이 현실임을 부인하지 못한다. 왜냐하면 속된 말로 '컨셉'이 맞지 않았기 때문이다. 문화원형을 개발하는 사람들과 그것을 실제로 콘텐츠 산업의 현장에서 사용할 사람들의 코드가 맞지 않았다는 뜻이다. 코드가 맞지 않았다는 것을 다른 말로 하면, 코드를 찾지 못했다고 할 수 있다. 여기서 말하는 코드는 사실, '검색'의 문제와 상당부분 연결되어 있다. 개발자들이 결국 '검색'을 통해 다양한 문화원형들을 접할 수 있을 것이기 때문에 그렇다. 곧, '검색 시스템의 강화'를 한편으로 암시해준다고 말할 수 있다.

이것은 향후 전개될 문화원형 사업의 로드맵과 긴밀하게 연결되어 있다고 볼 수 있다. 즉, 문화원형사업이 어떤 로드맵을 가지고 진행시켜나가야 할 것인가 하는 점이다. 물론 향후 전개방향과 전략에 대해서는 이미 『문화원형 창작소재 개발 중·장기 로드맵 수립』이라는 이름으로 2006년 상반기에 KOOCA에 보고된 바 있다. 필자가 참여한 것은 아니지만, 대체로 문화원형에 대한 세밀한 분석에서부터 중장기 로드맵까지 제시했다는 점에서 훌륭한 보고서라고 생각된다. 문화원형에 대해 보다 세밀한 정보를 원하는 독자는 이 보고서를 참고하면 많은 도움이 될 것으로 본다.

문화원형을 포함한 전통문화가 우리에게 '오래된 미래'로 기능하고 있음을 부인할 사람은 없을 것으로 본다. 흔히 온고지신이니, 법고창신이니 하는 것은 옛것의 유용성을 두고 하는 말이기 때문이다. 예를 들어, 산업시대의 어떤 기술들이 하늘에서 떨어져 새롭게 만들어진 것은 아니다. 전혀 새롭게 보이는 기술일지라도 전 단계인 농업시대에 그 기반을 둘 수밖에 없기 때문이다. 보는 사람에 따라서 '전통+1'을 전혀 새로운 것으로 말하기도 하고, 전통의 재창조라고 말하기도 하겠지만, 필자의 입장에서는 전통의 재창조라고 보는 입장을 고수하고 있다. 마찬가지로 디지털시대의 IT기술이 전혀 새롭게 나타났다고 보지 않는다. 대부분의 기술이 융합을 통해서 새로워진 것은 사실이지만, 그 토대를 산업사회의 기술에 두고 있음을 여러 사람들이 지적하고 있는 까닭이다. 특히 문화콘텐츠의 방향이 하드웨어에서 소프트웨어로, 그리고 콘텐츠웨어로 진행하다가 이미지웨어 혹은 라이브웨어로 진행한다는 사실, 나아가 디지털과 아날로그가 융합되는 트렌드를 통해서 증거가 된다고 할 수 있다.

결국, 국가적 관심을 기울여가면서 문화원형 사업을 진행한데는 이것이 가치 있는 일임을 자타가 공인했다는 뜻이다. 또한 디지털시대에 진입했으니, 이 시대에 알맞은 옷으로 갈아입는 것이 당연한 이치라고 하겠다. 비유하면, 농업시대의 콘텐츠가 산업시대에도 농업시대의 형식이나 형태로 존재한 것은 아니라고 보기 때문이다. 따라서 디지털시대가 되었으니, 당연히 우리의 문화도 디지털이라는 새 옷으로 갈아입어야하지 않겠는가? 특히 우리의 전통문화는 앞서 분석했던 문화적 원형들을 고스란히 담고 있는 소중한 것들이어서 그 유용성은 이루다 말할 수 없다고 본다. 따라서 일부에서 지적하듯이 산업적 활용도가 떨어진다고 해서, 전통문화 자체의 의미가 떨어지는 것은 아닐 것이다. 활용도가 떨어진다는 것은 디지털시대에 알맞은 오브젝트로 변화가 덜 되었다는 뜻이지, 전통문화 자체의 유용성이 훼손된다는 뜻은 아니기 때문이다.

따라서 필자 나름대로 전통문화를 디지털화하는 방향을 다섯 가지 단계로 나누어 제시해본다. 이 다섯 가지는 국가적 시책으로 병행해서 시행하는 것이 바람직하다고 생각한다.

첫째, 기존의 문화원형 사업을 장르별 사업자 중심으로 전환하는 것이다. 기왕의 개발된 문화원형 콘텐츠들이 문화적 활용성이 떨어진다면, 장르별 사업자들은 그 활용에 알맞은 방안을 감각적으로 익히고 있을 것이기 때문이다. 물론 진행하는 데는 몇 가지 단계와 기술이 필요할 것이다. 일단, 대학 등의 전문가 그룹 등을 통해서 소규모의 소재 제안 용역을 실시한다. 소재 제안은 애니메이션, 게임, 캐릭터, 만화, 영화, 드라마 등의 모든 범주를 망라하되, 해당 장르를 적시한 소재 제안을 채택하면 될 것이다. 이 안을 공고하여 업체를 선택한다. 업체는 해당 제안을 보고, 개발 의사가 있거나 가능성이 있다고 여겨지는 소재에 응모하게 될 것이다. 이 업체는 제안된 소재를 통해서 어떤 콘텐츠를 개발할 것인가에 대해 기획을 하고 주관기관, 예를 들어 KOCCA와 계약을 맺고 개발을 실시한다. 개발은 문화원형 개발보다는 해당소재를 통한 콘텐츠 개발에 중점을 두되, 소재 제안 전문가그룹을 자문 및 감독 등으로 활용한다. 이 업체를 통해 개발된 문화원형은 주관기관과 공동으로 소유하게 하고, 개발된 장르별 콘텐츠, 예를 들어 애니메이션, 게임, 만화, 캐릭터 등은 업체가 소유하게 한다. 이 안은 개발업체가 문화원형 개발에 그치는 것이 아니라, 이것을 활용하여 해당 장르의 콘텐츠를 직접 개발한다는 의미가 있다. 이것을 그림으로 간단하게 나타내면 다음과 같다.

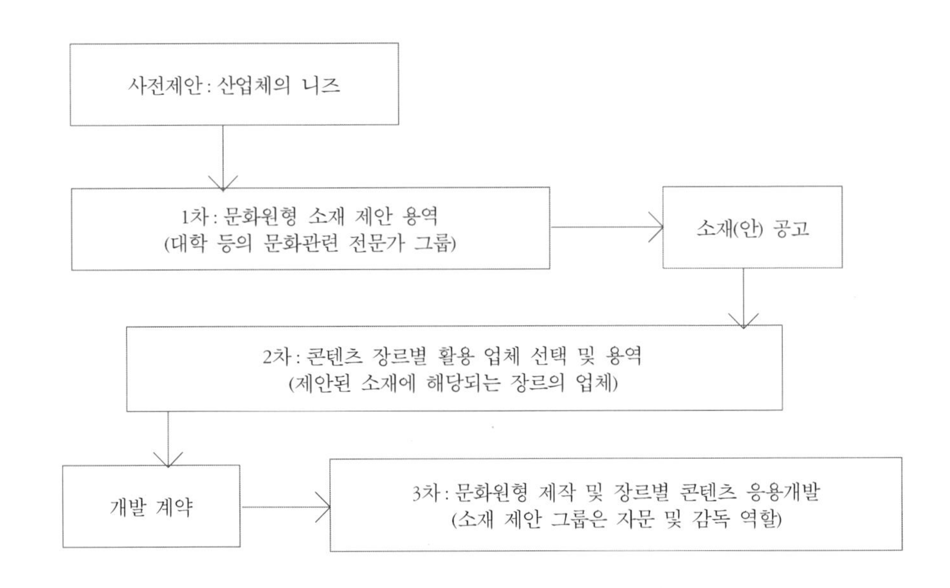

둘째, 전문가 그룹에서 제안하는 것을 전제로, 망실된 전통문화자원을 디지털로 복원한다. 이것은 공공재적 성격이 강한 것이므로, 문화재 보호법에 준하는 일정한 틀을 만들어야 할 것으로 본다. 예를 들어 『디지털 문화재 개발법』 등 여러 가지 대안이 나올 수 있다고 생각한다. 문화재법은 전통시대의 유·무형 문화재의 손실을 막기 위해, 사라져갈 위험에 처해 있는 전통문화자원을 문화재로 지정하여 보호하는 제도다. 그러나 '가칭 디지털 문화재 개발법'은 이미 없어져버린 전통문화자원을 디지털로 복원해서 가상공간에서 향유할 수 있게 한다는 것이다. 소비자들의 입장에서도 소문으로만 듣던, 혹은 문자자료로만 보던 전통문화재를 직접 눈으로 보거나 체험할 수 있다면 가슴 설레지 않겠는가? 전문가들의 고증을 통해 선별된 망실 문화재들을 디지털로 복원하는 것은 대단히 의미 있는 작업이 될 수 있다고 본다. 사실 디지털시대의 장점이 이것이지 않겠는가? 우리가 잃어버렸던 역사적 공간, 역사적 순간, 역사적 사람들을 복원해서 시뮬레이션하고, 그것을 통해서 살아

있는 교육으로 연결시키는 작업이, 시대정신에 알맞은 작업이라고 생각한다. 이를 위해서는 각 박물관이나 대학 등의 교육기관 및 공공재적 성격을 갖는 기관에 용역을 맡기고, 그 결과물들을 모두가 공유하는 방향으로 나가는 것이 디지털시대의 패러다임이자 순리라고 본다.

셋째, 실물로 존재하고 있지만 강탈당했던, 그래서 강압에 의해서 외국에 있거나, 우리 문화적 전통을 지니고 있는 해외 소재의 다양한 문화재들을 디지털로 복원하는 사업이다. 물론 강탈 문화재의 경우에는 반환 노력이 계속되어야 하고 꼭 반환해 와야 하지만, 우리 국민들이 그때까지 마냥 기다릴 수만은 없기 때문이다. 그렇다고 해당 문화재를 보러 외국에 나간다고 할 수도 없을 것이다. 필자의 경우에는 일본 정창원에 있는 신라금을 꼭 한 번 보고 싶었다. 그러나 그럴 기회를 평생에 한 번 가질 수 있을지 의문이다. 이런 경우에 다양한 절차들을 고안해서, 해당 문화재들을 디지털로 복원한다면 충분히 의미 있는 일이 될 것으로 생각한다. 이 또한 디지털시대이기에 가능한 일이지 않겠는가?

넷째, 기왕의 문화원형 결과물들을 포함해 향후 이어질 문화원형사업의 결과물들을 디지털 아카이브화한다. 이것은 여러 차례, 그리고 많은 사람들에 의해서 제기된 사안이다. 특히 디지털아카이브는 단순한 DB작업이 아니기 때문에, 영상시대에 알맞은 창작 리소스로 기능하게 될 것으로 본다. 『문화원형 창작소재 개발 중·장기 로드맵 수립』에 의하면, 향후 DPS(Digital Production System)에 의한 사용자 연계, 활용, 재가공, 창작 등이 시스템 상에서 구현되면 창의적인 문화콘텐츠 기반이 될 것이라고 제안하고 있다.

다섯째, 기왕의 문화원형 작업들과 향후 축적될 문화콘텐츠들을 지역교육과 문화교육에 연계시킨다. 특히 제7차 교육과정 이후부터는 지역문화와 향토교육이 그 중요성을 더해갈 것으로 기대된다. 문화콘텐츠는 전통문화콘텐츠와 동의어라는 맥락에서도 충분히 고려 가능한 사안이라고 본다. 향토교육과 전통교육은 자라나는 미래의 주역들에게 꼭 상속시켜야 할 자산이자 꼭 획득해야 할 지분이기도 하다. 연계의 방안은 다양한 IT기술을 통해 구현시킬 수 있다. 단일콘텐츠의 활용도 중요하지만, 다양한 교육적 여건과 수요를 충족하는 솔루션 및 시대적 이념을 구현하는 솔루션들을 창안해 내고 그에 알맞은 콘텐츠들을 탑재시킨다면 획기적인 문화콘텐츠 활용방안이 될 수 있을 것으로 판단된다. 콘텐츠 이용의 방법으로는 기왕의 개발콘텐츠를 그대로 이용하는 방법, 재가공을 통해 이용하는 방법, 새로운 기획아이디어를 통해 재창조된 콘텐츠로 융합하여 이용하는 방법 등이 있을 것이다. 이 방안은 대체로 활용에 목적을 둔 방안이라고 할 수 있는데, 전제한 방안들과 긴밀하게 융합시키면서 대응해나갈 수 있을 것으로 본다.

II부 문화콘텐츠 기획 방법론

문화콘텐츠 기획 방법론

1. KOCCA 개발 문화원형 트렌드

1) 과제 검색과 분류의 검토

문화원형 과제는 2002년부터 시작해서 2005년까지 총 141건의 과제를 이미 개발했거나 마무리단계에 있다. 이 사업 자체가 5개년 계획에 의해 진행되는 사업이므로 2006년 올해가 그 마지막 해가 되는 셈이다. 그러나 이후 지역문화산업지원센터(CRC) 및 문화콘텐츠기술분야(CT기술)로 확대 재생산될 전망이므로, 본질적 사업은 지속되거나 확장된다고 볼 수 있다.

개발과제들의 유형은 몇 가지로 나누어 분류된다. 그러나 이 분류의 기준이 어디에 있는지 공개된 바는 없는 듯하다. 분류의 문제가 중요한 것은 누구나가 공감하고 있는 사실이다. 그러나 현 단계에서 문화콘텐츠닷컴을 통해서 제공되는 분류의 체계 혹은 검색의 방향이 합당한지에 대해서는 더 많은 논의가 필요할 것으로 보인다. 나아가 문화콘텐츠 기획이나 제작에 있어 이 분류와 검색의 문제는 더욱 심도 있는 논의를 통해서 결과들이 도출되어야 할 것으로 보인다.

웹에서의 분류 문제는 검색의 문제와 맞닿아 있다. 검색이 된다는 전제에서 그 콘텐츠가 유효하기 때문이다. 그래서 다가오는 시대는 Know-how의 시대가 아니라, Know-where의 시대가 될 것이라고 전망하기도 한다. 어쨌든 문화원형을 문화콘텐츠 제작으로 응용하고자 하는 업체가 있다면 당연히 검색을 통해서 문화원형의 요모조모를 살펴보게 될 것이다. 예를 들어 홈페이지 제작에서 단계별 댑스depth를 가능한 줄이고자 하는 이유도 검색의 용이함을 위해서이다. 그러나 학문적 혹은 문화적 분류라고 한다면, 유형과 성격에 따라 분류를 심도 있게 해야 한다. 그래서 흔히 웹 개발자들과 학문만을 업으로 삼아 온 학자들이 컨소시움으로 콘텐츠 제작을 할 때는 다투는 경우가 많다. 서로의 입장이 다르기 때문이다. 이것을 얼마만큼 적절하고 용이하게 조절하는가의 문제도 중요하다. 콘텐츠 제작시 시장조사와 소비자 조사가 선행되기는 하지만 유저들의 입맛에 맞는 분류와 검색의 틀을 내놓는다는 것이 그렇게 쉬운 일이 아님은 주지하는 바와 같다.

앞서 살펴보았듯이, 문화콘텐츠닷컴의 일반 유저들은 감각적으로 전통문화자원이라는 상식적인 검색을 한다. 만약 이 감각에 초점을 맞춘다면 전통문화자원의 분류법을 따라야 맞다. 그러나 정작 문화원형의 실제 소비자는 개발업체 등일 것이므로, 이 감각에 초점을 맞춘다면 해당 장르 혹은 소스별 분류체계를 따라야 할 것이다. 그러나 각각의 문화원형들은 사실상의 이론적 배경을 가지고 있는 것이므로, 이 감각에 맞춘다면 학문적 분류법을 따라야 할 것이다. 이 경우, 인문학적 분류법을 따를 것인지, 자연과학적 분류법을 따를 것인지 난해해진다.

현 단계에서 가장 보편적인 분류법은 20세기 지식정보의 분류법이라고 할 수 있는 듀이 십진분류법을 따른다.[1] 대학의 학과편성, 각 급 학교의 교과편성, 학술단체의 학문분류표에 두루 응용되고 있는 분류법이다. 한편 21세기 정보의 분류법은 인터넷 검색 시스템을 통해서 이미 구현되고 있다. 메인분류와 서브분류의 단계적 적용을 통해, 소비자들이 쉽게 정보에 접근할 수 있도록 하는 분류법인 셈이다. 문화콘텐츠닷컴의 분류도 여기에 속한다고 할 수 있다. 2006년 들어 국내의 주요 포털 중의 하나인 다음Daum과 연결하여 그간 구축했던 문화원형들을 링크시킨 것도 이런 유저의 편의를 도모하는 배려라고 할 수 있다. 또 디자인 전문닷컴인 DISO와 개발콘텐츠를 연결한다고도 한다.

그러나 하이퍼링크에 의해 모든 콘텐츠들이 검색되는 단계에 이르지는 못한 것으로 보인다. 여기서의 하이퍼링크는 하이퍼텍스트라고 표현하는 링크기술인데 모두 비슷한 말이다. 사람의 생각이 가는 방향대로 콘텐츠들이 연결되어 있는 기술을 말한다. 꼬리에 꼬리를 물고 연결되는 태그라고 볼 수 있다. 여기서 진보한 것이 웹2.0에서 말하는 온톨로지다. 단어와 관계들로 구성된 일종의 사전인 셈이다. 그 속에는 특정 도메인에 관련된 단어들이 계층적으로 표현되어 있고, 추가적으로 이를 확장할 수 있는 추론 규칙이 포함되어 있어, 웹 기반의 지식 처리나 응용 프로그램 사이의 지식 공유, 재사용 등이 가능한 방식이다. 온톨로지 언어(ontology language)는 웹2.0 즉, 시맨틱웹 응용의 가장 중심적 개념으로서, 이를 표현하기 위해 스키마와 구문 구조 등을 정의

---

1) 듀이십진분류법의 분류방식은 문헌정보관련 글들이 많이 나와 있으므로 단행본이나 논문들을 참고하면 된다. 우리 연구소에서 발행한 『도서문화콘텐츠D/B 표준안』(목포대학교 인문과학연구원, 2004)에 정리한 내용을 보면 다음과 같다.
전체 출발점으로 개념을 축소하는 방식, 이성적 논리에 의해 개념단위로 분류하는 방식, 개념의 범주를 대개념에서 점차 소개념으로 축소 분류하는 층서구조, 논리적 개념체계에 의해 우주와 사물을 파악할 수 있다는 인간의 이성에 대한 강한 신뢰를 전제하는 분류방식, 인류역사의 보편적 발전법칙에 입각한 이념에 대한 강한 믿음의 분류방식, 선형적 사고에 기반한 분류방식 등이다.

한 언어라고 한다.

현 단계에서는 물론 KOCCA의 콘텐츠가 이같은 웹2.0 기반의 검색에 노출되어 있다고 보이지는 않는다. 그러나 시대적 추이를 감안할 때, 머지않아 이러한 경향을 좇아갈 것이라는 점은 명백하다고 하겠다. 향후 전개될 DPS 등의 창작리소스 검색을 포함하여 미래지향적 검색을 전제한다면 충분히 고려해야 될 사항일 것이기 때문이다.

어쨌든 문화콘텐츠닷컴에서는 문화원형이라는 이름으로 4년 동안 개발된 과제 141건 중에서 현재 106건이 일정한 분류 틀 속에서 유저들에게 공개되고 있는 셈이다. 이 과제들은 향후 개발될 과제와 더불어 문화콘텐츠 기획의 방향을 설정하는 데 매우 유용한 자료라고 할 수 있다. 예를 들어 용역과제 기획서를 준비한다면 동일한 과제를 피해야 할 것이고, 응용콘텐츠 개발 기획서를 준비한다면 이 과제들을 적극 활용해야 할 것이기 때문이다. 따라서 이 과제들을 제공되는 형태별로 분석해보는 것이 필요하다.

현 단계의 분류로는 '글로벌 네비게이션바'와 좌측 '메뉴바'를 통해서 나타난다. '글로벌 네비게이션바'에는 구매자를 겨냥한 소스별 분류로 나뉘어져 있고 오른쪽 끝단에 과제별 문화원형이 자리하고 있다. 따라서 문화콘텐츠기획에서 소스별 분야를 선택하기 위해서는 이 분류항목이 참고가 된다.

디자인 소스 : 일러스트, 포토, 문양

멀티미디어소스 : VR(가상체험), VOD(동영상), 플래시 애니메이션, 셀 애니메이션

오디오소스 : 음악, 음향, 음원

도큐먼트소스 : 시놉시스, 번역서, 해설/분석서, 실화/기록서, 이야기, 시나리오, 창작/소설

'글로벌 네비게이션바' 오른쪽 끝단의 문화원형과제는 좌측 메뉴 바와 연

동되어 있다. 이 메뉴 바의 항목이 과제별 분류의 대상이 되는 셈이다. 여기에는 의식주, 건축, 의례/신앙, 교통/통신, 군사/외교, 역사/민족, 예술, 과학기술, 문학/문헌 등으로 분류되어 있다. 문화콘텐츠 기획의 분야를 구상하거나 정할 때, 이 분류 항목이 참고가 된다. 각 분야별 첫 화면에 나오는 몇 개의 과제를 골라보면 다음과 같다.

의식주 : 우리문화 상징 아이콘, 부적, 화랑세기 속의 신라 화랑, 죽음의 전통의례와 상징세계

건축 : 근대 서울의 공간, 궁궐의례와 공간, 조선시대 수영의 디지털 복원.

의례/신앙 : 한국의 굿, 불교설화, 건국설화 이야기, 강릉단오제, 우리문화 상징 아이콘 부적.

교통/통신 : 문화와 산업의 대동맥 옛길, 상인과 상업활동, 대동여지도, 한국의 배.

군사/외교 : 한국의 산성, 택견의 이야기와 동작, 한국 무예 원형 및 무과시험 복원.

역사/민족 : 천하명산 금강산, 조선시대 아동교육, 전통놀이와 춤, 해동성국 발해.

예술 : 한국의 전통장신구, 한국 근대의 음악원형 디지털화, e조선궁중 여성.

과학기술 : 전통 한의학 및 한약재, 한국의 풍수지리, 조선 궁중 과학기술관—천문.

문학/문헌 : 한국고서의 표지문양 및 장정, 조선후기 여항문화, 새롭게 펼쳐지는 신화의 나라.

분류의 문제는 전제했듯이 개발콘텐츠들이 하이퍼미디어로 연결되어 검색되어야 한다는 전제가 있어야 한다. 아주 짧은 기간에 이것은 현실화 될 것이고, 하이퍼검색이 전제되지 않은 콘텐츠들은 유저들로부터 외면당할 것이 뻔하다. 한편, 기왕에 개발된 과제들의 총 목록은 문화콘텐츠닷컴 사이트(http://www.kocca.or.kr)에서 제공해주고 있으므로 더 이상 언급하는 것은 불필

요하다고 본다. 특히 과제에 대한 간략한 소개를 곁들이고 있으므로 소정의 참고가 될 것으로 생각한다.[2)]

2) 과제 개발 경향

개발 과제들의 경향은 분류체계에서 이미 상당부분 드러나 있는 셈이다. 앞장에서도 분석했듯이, 대부분 전통문화를 기반으로 하고 있다는 뜻이다. 따라서 새로운 신규과제를 발굴하거나 개발하기 위해서라도 전통문화자원에 관심을 기울일 필요가 있다. 물론 과제 개발의 경향은 일률적으로 말하기는 어려운 측면이 있다. 그만큼 분야가 다양하고 세분화되어 있다는 뜻이다. 또 개별 과제당 소재개발의 편차가 적은 편이 아니기 때문에 분석의 틀을 고정하기도 어렵다. 다만, KOCCA에서 제공하고 있는 개발과제 총람의 분류방향을 통해 이를 짐작해볼 수 있다.

개발과제 총람은 『문화원형총람』이라는 이름으로 제공되는데, 분류는 상상, 감동, 역동, 지혜 4종으로 나뉜다. 일종의 대분류인 셈이다. 그러나 이 대분류가 어떤 의미를 가지고 있는지, 타겟을 어디로 삼고 있는지에 대해서 자세한 설명이 없기 때문에 그 의도를 얼른 파악하기가 쉽지 않다. 대분류의 항목만으로 본다면, 구매자를 타겟으로 삼았다고 보기는 어렵다. 물론 웹사이트와는 다른 체계로 되어 있기 때문에 홍보 전략의 하나로 이같은 컨셉을 취했을 가능성이 높다. 대개 이야기형 소재를 상상이라는 대분류로, 예술형 소재를 감동이라는 대분류로, 경영 및 전략형 소재를 역동이라는 대분류로, 기술형 소재를 지혜라는 대분류로 나누었다. 2003년부터 2005년까지 3권이 출판되었는데, 2005년 과제들을 예로 보면 다음과 같다.

---

2) 문화콘텐츠진흥원 홈페이지 글로벌 네비게이션 바의 사업안내 서브 메뉴 문화원형 화면에서 제공하고 있다.

상상	신화, 전설, 민담, 역사, 문학 등의 이야기형 소재
	근대 토론문화의 원형인 독립신문과 만민공동회의 복원 한국 인귀설화의 원형 콘텐츠 개발 구전신화의 공간체계를 재구성한 판타지 콘텐츠 원소스 개발 고대국가의 건국설화 이야기 한국 근대 여성교육과 신여성 문화의 디지털콘텐츠 개발 고려인의 러시아 140년 이주 개척사를 소재로 한 문화원형 디지털콘텐츠 개발 민족의 영산 백두산 문화상징 디지털콘텐츠 개발 불교설화를 통한 시나리오 창작소재 및 시각자료 개발 조선왕조 아동교육 문화원형의 디지털콘텐츠화 조선의 궁중 여성에 대한 디지털콘텐츠 개발 조선 후기 여항문화의 디지털콘텐츠 개발 천하명산 금강산 관련 문화원형 디지털콘텐츠 개발 한국 무속 굿의 디지털콘텐츠 개발
감동	서예, 복식, 문양, 음악, 춤 등 예술형 소재
	중요무형문화재 제13호 강릉단오제 문화원형 디지털콘텐츠 개발 암각화 이미지의 재해석에 의한 캐릭터 데이터베이스작업 및 창작 애니메이션 전통음악 음성원형 DB구축 및 디지털콘텐츠웨어 기획개발 한국 전통 머리모양새와 치레거리의 디지털콘텐츠 개발 백두대간의 전통음악 원형지도 개발 고구려 고분벽화의 디지털콘텐츠 개발 무형문화재로 지정된 한국의춤 디지털콘텐츠 개발 아리랑 민요의 가사와 악보채집 및 교육자료활용을 위한 디지털콘텐츠 개발 전통놀이와 춤에서 가장(假裝)하여 등장하는 인물의 콘텐츠 개발 한국 고서의 능화문 및 장정의 디지털콘텐츠 개발 한국 근대의 음악원형 디지털콘텐츠 개발 한국의 전통장신구-산업적 활용을 위한 라이브러리 개발
역동	전투, 놀이, 외교, 교역 등 경영 및 전략형 소재
	유랑예인집단 남사당 문화의 디지털콘텐츠 사업 조선시대 수영의 디지털 복원 및 수군의 생활사 콘텐츠 개발 맨손무예 택견의 디지털콘텐츠화 근대 초기 한국문화의 변화양상에 대한 디지털콘텐츠 개발 발해의 영역 확장과 말갈 지배 관련 디지털콘텐츠 개발
지혜	건축, 지도, 농사, 어로, 음식, 의학 등 기술형 소재
	한국전통 목조건축 부재별 조합에 따른 3차원 디지털콘텐츠 개발 한국석탑의 문화원형을 이용한 디지털콘텐츠 개발 조선시대 흠휼전칙(欽恤典則)에 의한 형구 복원과 형 집행 사례의 디지털콘텐츠 한국전통가구의 디지털콘텐츠개발 및 산업적 활용방안 연구 옛길 문화의 원형복원 콘텐츠 개발 조선후기 궁궐 의례와 공간 콘텐츠 개발 전통수렵(사냥)방법과 도구의 디지털콘텐츠 개발 전통 어로방법과 어구의 디지털콘텐츠화

	조선시대 궁중기술자가 만든 세계적인 과학문화유산의 디지털원형복원, 원리이해 풍수지리 콘텐츠 개발 한국산성 원형의 디지털콘텐츠 개발 한국인 얼굴 유형의 디지털콘텐츠 개발 서울의 근대공간 복원 디지털콘텐츠 개발 옛 의서를 기반으로 한 한의학 및 한국 고유의 한약재 디지털콘텐츠화

위 과제들에서 알 수 있는 것은 분야는 다양하지만 대부분이 전통문화분야가 주종을 이루고 있다는 사실이다. 물론 2004년 이후 자유공모의 경우 아예 '전통문화'라는 개념하에 공모하고 있기 때문에 개발의 대 전제는 전통문화임이 틀림없다. 그러므로 이 전통문화 속에서, 이야기형 소재, 예술형 소재, 전략형 소재, 기술형 소재 등이 개발 방향에서 우선시되고 있다고 말할 수 있다. 한편, 문화원형 사업이 시작되던 2003~2004년에는 '시나리오 소재 개발 분야', '시각 및 청각 소재 개발 분야', '전통문화, 민속자료 소재 콘텐츠 개발 분야'의 3개 분야로 나누어 공모한 바 있다.

그러나 2006년 이후 공모의 방향이 수정되고 있음을 KOCCA 홈페이지를 통해서 확인할 수 있다. 이미 개발된 문화원형 창작 소재 중 추가 개발이 필요한 과제 중심으로 규모를 축소하되, 독창적인 핵심 창작 소재만을 엄격히 선별하는 문화원형 디지털콘텐츠화 사업을 추진한다는 것이다. 응용콘텐츠 개발의 본선 경쟁력을 높이자는 취지가 발동한 것으로 생각된다. 시나리오 소재 개발과 핵심 창작 소재 선별 개발이 그 대상이다. 또 문화콘텐츠 산업별 특성에 따른 맞춤형 서비스를 통한 이용환경을 개선해서 기존 문화원형 메타데이터의 활용성을 높인다고 한다. 따라서 애니메이션, 만화, 캐릭터, 에듀테인먼트 등 주요 우수 파일롯을 개발하여 문화원형을 활용한 문화콘텐츠 창작을 활성화시키겠다는 것이다. 특히 문화원형 사업이 2006년 마감되는 해이므로, 방향 전환은 이미 예견되어 있었다고 해도 과언이 아니다.

2006년 상반기에 공모된 자유공모의 경우, 문화콘텐츠산업의 시나리오에 필요한 창작소재로 활용 가능한 문화원형 이야기 소재를 발굴한다는 취지로 아예 시나리오 부분을 명기하였다. 이후 공모될 지정공모의 경우에는 산업적 수요도는 있으나 아직 개발되지 않은 분야를 중심으로 창작소재를 집대성하겠다는 취지를 밝히고 있어서 분야별 해당 업계의 의견을 청취하겠다는 의도가 있다고 생각된다. 특히 지역문화원형 콘텐츠개발 지원을 지역문화산업지원센터(CRC)로 통합하게 된다. 이것은 앞서도 언급했듯이, 문화콘텐츠기술분야(CT기술)와 함께 핵심콘텐츠만을 엄선해서 개발시키겠다는 의도로 보인다.

지금까지 문화원형사업과 관련된 KOCCA의 개발 경향과 방향에 대해서 알아보았다. 주로문화콘텐츠닷컴을 중심으로 관련 과제들을 살펴본 것은 그동안의 과제들을 통해 앞으로의 과제들을 예상할 수 있다고 생각했기 때문이다. 물론 문화콘텐츠 기획의 범주가 문화원형에 국한되는 것은 아니지만, 이 글에서 전통문화와 관련하여 가장 핵심적인 부분으로 전제했기 때문에 주요 분석 대상이 된 셈이다.[3)]

어쨌든 전통문화를 기반으로 한 문화콘텐츠 기획을 하기 위해서는 현 단계에서 두 가지 방향을 설정할 수 있겠다. 하나는 콘텐츠 분야별 소재 원형 찾기에 대한 기획이고, 또 하나는 문화부 및 정통부 등의 전통문화관련 프로젝트에 응모 기획을 하는 방법이다. 전자는 응용 콘텐츠 개발이 전제되어야 하기 때문에 펀드조성에서 마케팅까지 콘텐츠개발 전반을 아우르는 노하우를 축적해가야 할 것이다. 그것이 머천다이징을 포함하는 온전한 기획의 방향일 것이기 때문이다. 후자의 경우도 마찬가지로, 정부기관 및 지자체 등의 문화관련 사업들을 어떻게 리드하고 개발해나가야 할 것인지, 그리고 그것이 이

3) 이 글에서 간략하게 언급한 부분들에 대해서 더 자세한 내용을 알고 싶다면, KOCCA의 「문화원형 창작소재 개발 중 · 장기 로드맵 수립」이라는 보고서를 참고하기 바란다. KOCCA의 비전이나 향후 사업 로드맵이 비교적 잘 정리되어 있기 때문이다.

시대와 사회구성원들에게 어떤 의미를 주는지 면밀한 검토가 있어야 할 것이라고 생각한다. 다만, 문화원형 자체에 대한 기획 보다는 그것을 활용하고 응용하는 단계의 기획이 더 요청될 것이므로 그에 대한 마인드를 키워나가는 것이 중요하다고 하겠다.

2. 문화콘텐츠 기획의 발상과 준비

1) 민속학적 발상의 3단계

문화콘텐츠 기획을 하는 데 우선적인 일은 발상이다. 발상이야말로 크리에이티브의 원천이기 때문이다. 영국에서 문화콘텐츠산업을 크리에이티브산업이라고 명명하는 것도 사실은 이같은 아이디어 창출의 맥락을 전제한 것으로 볼 수 있다. 그만큼 발상은 중요하고 의미 있다는 뜻이다. 블록버스터 영화라고 해도, 작가나 개발자의 작은 아이디어, 그 발상을 단서로 해서 출발한다. 무엇보다 콘텐츠 분야는 참신한 아이디어를 소재로 상품을 개발하는 분야이기 때문에 발상법을 중요시 생각한다. 그래서인지 발상법에 대한 많은 책들이 국내에 소개되어 있다. 또 문화콘텐츠 강좌가 열리는 곳이면 한 챕터 정도는 발상법에 할애한다. 발상이 기획의 단서가 된다는 점을 모두 인정하고 있는 까닭이다. 그러나 『창조력사전』[4]을 포함한 대부분의 발상법들이 그 방대한 처방에 비해 그렇게 참신하다는 생각이 들지는 않는다. 체계적으로 너무 잘 정리되어있어서인지도 모르겠다. 그런데 책의 내용에는 뒤집어보라고 설명한다. 거꾸로 보아야 새로운 아이디어가 생긴다는 것이다. 그래서일까? 거

4) 다카하시 마코토 편저, 조경덕 옮김, 『창조력사전』(매일경제신문사, 2003). 이 책에는 88가지의 발상법이 분야별로 나뉘어 설명되어 있다.

꾸로 생각하니까 발상법 책들이 참신하지 않다고 느껴지는 모양이다. 어쨌든 우리조상들도 수천 년을 이 땅에서 살아오면서 수많은 창의력을 발휘했을 텐데, 우리식으로 발상법을 정리한 문헌을 아직 보지 못했다. 필자가 과문한 탓일 것이다.

따라서 본 글에서는 민속학적 입장에서 세 단계의 발상법을 소개하고자 한다. 물론 기왕의 발상법에 나와 있는 내용을 응용하여 필자 나름대로 세 단계의 규칙을 정한 것이다. 이 아이디어 기법을 통해 전통에 기반한 '오래된 미래'의 아이디어들을 끊임없이 창출해 낼 수 있기를 바란다.

(1) 1단계 : 지게작대기 발상법

> 말도 안 되는 엉뚱한 발상을 하라.
> 하나에 모든 것을 연결시켜라.

2006년 초에 한국 야구가 미국 야구를 이겼을 때, 필자는 이렇게 생각했다.

'오랜만에 조상 덕 좀 봤군.'

지게작대기로 농사짓던 우리 선조들의 덕을 봤다는 뜻이다. 엉뚱하다? 그렇다. 매우 엉뚱할 수도 있다. 박세리를 필두로 근래 들어 세계의 골프계를 장악하고 있는 한국여성들을 보면서도 똑같이 생각했다.

'조상 덕이 크긴 크군.'

지게작대기가 야구나 골프하고 어떤 연관이 있다는 것일까? 우선은 같은 막대기라는 점이 같다. 또 작대기는 지게를 괴는 데만 사용하는 것이 아니라, 돌부리를 걷어차는데도 사용된다. 심사가 뒤틀리면 길바닥의 돌부리를 작대기로 걷어차기 때문이다. 들일을 하러 갈 때는 좁은 풀숲을 이리저리 헤치는 가이드역할도 한다. 우거진 콩밭 고랑을 이리 저리 젖히고 보는 잠망경 역할도 한다. 그러나 무엇보다 지게통발을 두드리면서 들노래를 부르는 악기 역할을 한다.[5] 이때는 신명의 악기가 되는 셈이다. 또 지게작대기를 들고 우죽우죽 춤을 추기도 한다. 이런 춤을 속된 말로는 '막춤'이라고 하지만, 민속학적 용어로는 '보릿대춤'이라고 한다. 자유자재로 아무렇게나 추는 춤을 이르는 말이다. 진도지역에서 강강술래 여흥놀이를 할 때는 허수아비춤을 추기도 한다. 이때의 허수아비 춤은 막대기에 헌 옷가지 등을 이용해 허수아비로 치장해서 춤을 추는 즉, 인형을 만들어 추는 춤을 말한다. 지게작대기는 그야말로 만능이다.

사실, 지게는 우리 민족 고유의 농기구이다. 우리나라의 대표적인 운반연장의 하나로 양다리방아와 더불어 우리가 발명한 가장 우수한 연장의 하나이다. 지게를 우리말에 가깝게 적은 최초의 책은 1766년에 간행된 『증보산림경제』인데 여기에서는 '부지기負持機'로 표현되어 있다. 지게를 의미하는 '지기'에 진다는 뜻의 부負를 덧붙인 것이다. 따라서 지게를 지고 작대기를 받치거나 이리저리 치는 행위는 우리 민족 고유의 노동행위이자 아주 오래된 생활패턴인 셈이다. 이 문화원형이 오랫동안 후손들에게 상속되어 왔다는 것이다.

그러나 지게작대기와 야구 혹은 골프가 직접적인 인과관계가 성립되지는 않는다. 단지 심증을 가지고 있을 뿐이다. 그래도 지게작대기가 야구를 만들었다고 주장한다면? 혹은 골프를 만들었다고 주장한다면? 너무 나간 괴변인가? 그러나 이것은 괴변이 아니다. 논리가 아니라, 즉흥적인 아이디어일 뿐이기 때문이다. 발상의 단초는 이런 심증에서부터 시작한다. 심증이 물증을 만들어낼 수도 있기 때문이다.

물증? 그렇다면, 이렇게 주장할 수 있다. 골프는 지게작대기에서 출발했다. 지게작대기는 민속놀이 '짱치기'와 연결된다. 짱치기는 현대의 '필드하키'와

5) 전라북도 익산지역의 지게목발 노래가 전북 무형문화재 제1호로 지정되어 있다.

유사한 민속놀이이므로 경기방식도 이와 유사하다. 짱치기의 도구는 '짱꽁'과 '짱채'이다. '짱채'는 두 가지를 사용하는데, 나무를 둥글게 깎아서 만들기도 하고, 소나무 간솔 중에서 둥근 부분을 잘라내서 사용하기도 한다. 끝이 많이 굽은 것과 조금 굽은 것을 사용한다. 안으로 뿌리 끝이 굽은 것을 '옥굽은 짱채'라고 하고 덜 굽은 것을 '뻗굽은 짱채'라고 한다. '짱꽁'은 나무를 둥글게 깎은 '나무공'을 사용하기도 하고, 짚과 새끼줄을 사용해서 만들기도 한다. 바로 이 민속놀이의 문화원형이 골프로 이어진 것이다?

여기서 논리적・인과관계를 따지면 그때부터는 이 단계를 이미 지난 것이다. 지게작대기 발상법은 이렇듯 엉뚱한 단서를 가지고 시작한다. 이것을 직관이라고 말할 수 있다. 추리 등의 간접 수단을 통하지 않고 직접적으로 이해하는 힘이다. 직관이 의미하는 범위는 느낌, 번뜩임, 통찰, 연상, 상상, 직감, 예감, 제6감, 천리안, 영감, 계시, 접신 등도 포함하는 광대한 개념이라고 할 수 있다. 이러한 개념의 공통항에서 직관이란 '직접적으로 느끼는 것'이고, 직관력이란 대상의 본질, 진리를 이론에 의존하지 않고 인식하는 능력이라고 할 수 있다.[6] 상식에 얽매이게 되면 직관이 생기지 않는다.

이처럼 지게작대기 발상법은 영감을 얻는 발상법이라고 할 수 있으며 자유연상법 중에서 으뜸이라고 할 수 있다. 지게작대기로 모든 현상을 연결시키기 때문이다. 영감은 논리적인 마인드를 말하는 것이 아니다. 최고의 영감은 놀이, 장난감 활용, 미술작품 만들기, 텔레비전 시청을 하는 시간에도 떠오를 수 있다. 모두 놀이일 뿐 일이 아니라고 생각한다.[7] 재미있으면 된다. 또 마인드맵이나 창조력관련 문헌에서 흔히 '거꾸로 생각하기', '뒤집어 보기' 등으로 표현되는 역발상법이다. 뒤집어 보고 거꾸로 생각해야 참신한 아이디어가 떠오르기 때문이다.

6) 다카하시 마코토 편저, 조경덕 옮김, 『창조력 사전』(매일경제신문사, 2003), 608쪽.
7) 제이슨 리치 지음, 정명진 옮김, 『브레인스토밍 100배 잘하기』(21세기북스, 2003), 96쪽.

일단 아이디어가 떠오르면 '억지이론'을 만들어 본다. 예를 들어 결점도 개성이라고 '억지이론'을 내세워 스스로를 긍정적으로 평가하면 그 결점을 장점으로 바꿀 수 있다. 발상의 전환의 기본은 '억지이론'에 있다.[8] 또 떠오른 아이디어를 조합해 본다. 상식적인 아이디어에서 탈피해 누구도 생각하지 못한 의외의 조합을 만드는 것은 폐색적인 상황을 타파하는 결정적인 방법이 된다. 그러기 위해서는 평소부터 '이런 조합은 어떨까?' 하고 발상하는 훈련이 필요하다.[9]

여기서의 지게작대기는 발상하는 사람에 따라 모든 만물로 둔갑할 수 있다. 지게작대기 발상법이 엉뚱한 주장으로 이어지는 경우도 허다하다. 예를 들어 기독교에서 '아멘'이라는 대답이 있다. 원래 이것은 유대인들의 제례 의식 때 사용하던 말이다. 그런데 이 말이 전라도의 '아믄(감탄사 '암'의 전라도말)'에서 수출되어 간 말이라는 주장을 한다면? '아멘'이라는 용어가 긍정적 답변을 가지고 있다는 점에 착안한 주장이다. 또 진도지역에서는 여자 아이들의 이름을 '~단'이라고 짓고 남자 아이를 '~바'라고 짓는 풍속이 있다. 그래서 춘향전의 '향단'이 이름의 '~단'을 근거로, 향단이는 틀림없이 진도지역의 아가씨일 것이라고 주장하는 사람이 있다. 중국 주산군도의 '심가문'이라는 항구에는 우리의 심청이가 팔려간 곳이라고 하여, 심청전 창극을 만들어 공연하기도 하고, 많은 예산을 들여 심청가深青家(심청의 집)를 짓고 있다. 한국관광객을 겨냥한 의도적인 사업들인데, 한국의 여러 학자들과 심청의 고장이라고 하는 곡성의 유지들이 공동으로 참여하고 있기도 하다. 그러나 이 모두 근거가 없는 엉뚱한 주장들이다.[10] 이처럼 엉뚱한 발상을 하는 것이 지게작대기 발상법이다. 지게작대기 발상법을 정의하면 이렇게 얘기할 수 있다.

---

8) 니시무라 아키라 지음, 장관진 옮김, 『아이디어가 풍부해지는 발상기술』(영진닷컴, 2004), 29쪽.
9) 니시무라 아키라 지음, 장관진 옮김, 위의 책, 28쪽.
10) 이 엉뚱한 주장에 대한 보다 세밀한 내용에 대해서는 다른 기회를 통해 밝혀볼 예정이다.

지게작대기는 창조주이다.	생각을 마음대로 창조해낸다.
지게작대기는 말도 안 되게 엉뚱하다.	말도 안 되는 엉뚱한 발상을 한다.
지게작대기는 모든 것과 연결된다.	엉뚱한 발상이라도 모두 조합해 본다.
지게작대기는 내가 가장 잘 알고 있는 분야이다.	내가 가장 잘 알고 있는 분야의 발상을 한다.

지게작대기 발상법의 기초는 본인이 가장 잘 알고 있는, 가장 잘 할 수 있는 분야면 좋다. 그래야 가장 잘 이해할 수 있을 것이기 때문에 그렇다. 가장 잘 알고 있는 것에서부터 출발하는 것이다. 예를 들어 필자가 가장 잘 알고 있는 분야는 민속학이다. 그래서 민속학에서 출발하는 것이다. 민속학자들의 가장 큰 무기는 전국의 현장을 두루 돌아다닌다는 점이다. 그런 현장성이 강하기 때문에, 한국의 민속을 가지고 논의되는 어떤 토론에서도 지려고 하지 않는다. 어떤 학자가 현장을 잘 모르고 논리를 펴면 이렇게 얘기할 수 있는 무기가 있기 때문이다.

'당신이 그거 실제로 봤어요?'

나는 봤다는 얘기다. 그래서 발상의 기초는 본인이 가장 잘 아는 데서부터 시작한다. 문화콘텐츠 기획의 단초는 이렇게 말도 안 되는 엉뚱한 발상에서부터 시작한다.

(2) 2단계 : 홍어삼합 발상법

생각을 곰삭게 푹 익혀라.
그리고 삼단계로 정리하라.

지게작대기 발상법에서 발상이 끝나버리게 되면, 전술한 사례들처럼 엉뚱한 주장을 하게 된다. 이 발상을 가지고 기획을 한다거나 실제 문화콘텐츠 제작에 들어가면 어떻게 될까? 애니메이션이나 영화 등을 포함한 모든 콘텐츠의 발상 또한 마찬가지다. 십중팔구 성공하지 못할 것이다. 이것은 생각을 숙성시키거나 정리하지 않았기 때문이다. 일단 지게작대기 발상법에 의해 자유연상을 했으면, 두 번째 단계는 그 생각을 곰곰이 숙성시키고 정리하는 것이 필요하다. 이 단계를 홍어삼합 발상법이라고 부르고자 한다.

삼합三合은 홍합・해삼・쇠고기・찹쌀을 넣고 푹 고아 만든 미음을 말한다? 물론 이것도 삼합임에는 틀림없다. 이 삼합을 만드는 방법은 『규합총서』에 실려 있다. 그러나 여기서 말하고자 하는 삼합은 전라도 특산의, 특히 목포지역의 향토요리인 홍어삼합을 말한다. 이른바 홍어회와 돼지고기, 그리고 김치를 삼 겹으로 싸서 먹는 방식이다. 여기에 막걸리를 곁들이면 흔히 '홍탁(홍어+탁주)'이라고 해서 전라도 별미로 친다. 삼합에 사용되는 돼지고기는 비계와 살이 적당히 섞여야 좋다. 김치는 묵은 배추김치가 제격이다. 홍어는 특히 흑산도 홍어를 제일로 여긴다. 홍어의 중요함은 전라도 잔칫상의 단골 메뉴라는 점에 있다. 홍어가 빠지면 잔치로 여기지 않을 정도다. 그런데 이 홍어는 푹 삭혀야 제 맛이 난다. 삭힌 정도에 따라 맛이 달라진다. 본래 두엄에 넣어 1~2일을 숙성시켜야 제대로 발효가 된다. 지금은 두엄이 없으니, 실온에 2~3일 방치해 두면 된다. 이 발효가 잘된 것을 '삭았다' 혹은 '곰삭았다'라고 표현한다.

홍어삼합 발상법은 이처럼 생각을 곰삭게 만드는 것이다. 곰삭는다는 표현은 본래 옷 같은 것이 오래 되어서 올이 삭고 품질이 약해지는 것을 뜻하기도 한다. 그러나 홍어처럼 잘 숙성되어서 그 맛이 진해지는 것을 말한다. 이 맛에 길들여진 사람들은 곰삭은 맛이라야 제격이라고 한다. 된장국도 곰삭아야 맛있고, 김치도 곰삭은 김치가 맛있다. 특히 불고기를 먹을 때, 사람에 따라 묵은 김치를 찾는 이유는 이 곰삭은 맛을 즐기기 때문이다.

생각도 곰삭아야 제 맛이 난다. 곰삭은 생각은 발상을 숙성시키는 단계이기 때문에 체계적이고 논리적이어야 한다. 그래서 주로 생각의 지도를 따라서 확장시켜가거나 생각의 지도를 따라서 수렴시켜간다. 생각의 확장기법으로는 '마인드맵'이 대표적이라 할 수 있고 수렴기법으로는 '특성요인도' 혹은 '물고기 뼈/피시본fish bone 기법'이 대표적이라고 할 수 있다.

마인드맵은 영국의 심리학자 토니부잔이 1971년도에 창안한 기법이다. 특정 주제에 대한 사람의 기억이나 연상 작용을 활용하여 마치 지도를 그려 나가듯 표현함으로써 두뇌의 기능을 최대한 발휘하는 것이다. 이 기법은 키워드와 그림, 색깔의 3요소를 활용하여 좌뇌와 우뇌의 기능을 유기적으로 연결함으로써 두뇌기능의 효율성을 극대화하는데 목적이 있다.[11] 마인드맵은 우리나라에도 이미 '한국부잔센터'라는 지부가 만들어져 맵핑기법을 교육하고 있다.[12] 이 기법은 한 장의 종이를 놓고, 가운데서부터 전개하고자 하는 사실이나 상황의 주제가 되는 제목을 잡고서 그 주위에 부제목을 복수 배열한다. 제목과 부제목에서 유발되고 연상되는 생각, 아이디어, 정보와 지식, 이미지, 경험, 감정을 주제어의 형태로 차례차례 모두 다 나올 때 까지 연결선으로 이어가면서 써나간다. 이렇게 지도를 통해 분석된 결과를 문장 등으로 도출하는 방법이 '마인드맵'이다.

'특성요인도'는 문제가 되고 있는 결과, 일과 활동 등의 문제점을 기입하고 그 특성에 영향을 주고 있다고 생각되는 요인을 큰 것부터 작은 것까지 큰 뼈, 중간 뼈, 작은 뼈로 써넣어 가는 것이다. '특성요인도'의 작성단계를 보면 아래와 같다.

① 특성(문제의 결과)을 정한다. 예를 들어 기획의 주제를 정한다. 희망사항을 열거해 나가는 것을 '희망열거법'이라고 하고, 결점들을 열거해 나가는 방법을 '결점

11) 김교빈, 「발상법의 이론과 실제」, 『문화콘텐츠입문』(북코리아, 2006), 193~197쪽 참고.
12) 한국부잔센터, 『반갑다, 마인드맵』(사계절출판사, 1994), 전반적인 내용 참고.

열거법'이라고 하는데 이런 열거법을 통해 추출한 문제들을 고르는 것도 한 방법이다.

② 요인을 들추어낸다. 앞서 예시한 지게작대기 발상법에서 문제 요인, 혹은 기획 요인을 들추어낸다. 그것을 정리하고, 비슷한 내용을 모아서 분류한다. 중요한 것을 큰 뼈의 위치에 그려 넣는다.

③ 특성 요인도를 완성시킨다. 중간 뼈와 작은 뼈를 추가하고 최종적인 특성요인도를 완성시킨다.

④ 중점요인, 혹은 기획 요인을 분석한다. 구성원 서로가 누락된 요인이 없는지 체크한다. 그리고 큰 뼈의 요인이 중간뼈, 중간 뼈의 요인이 작은 뼈와 같이 그 인과 관계가 확실하게 파악되고 있는지 체크한다. 마지막으로 그림에서 중요하다고 생각되는 요인을 골라 그것을 체크하거나 포인트를 명확하게 한다. 또한 도표에 작성자 이름, 작성 연월일 등을 기입해 두면, 향후 기획 자료로 활용하는 데 도움이 된다.13)

다시 말하면 생각의 흐름을 논리적으로 일목요연하게 정리하여 결론을 도출하는 방식이다. 이렇게 되려면 생각이 푹 곰삭아야 한다. 그래야 올바른 결론에 도달할 수 있다. 삼합은 곰삭지 않은 홍어회를 사용하거나 김치를 사용하면 맛이 떨어진다. 그것을 삼합이라고 말할 수도 없다. 이처럼 곰삭은 결론을 끌어내기 위해서는 곰삭은 정리가 필요하다. 곰삭은 정리를 위해서는 원인과 과정, 그리고 결과로 이어지는 삼 단계 혹은 서론, 본론, 결론으로 이어지는 삼 단계에 의해 정리하는 것이 필요하다. 삼단논법을 활용해도 좋다. 이 같은 내용을 근거로 홍어삼합 발상법을 정리해 보면 아래와 같다.

13) 다카하시 마코토 편저, 조경덕 옮김, 앞의 책(2003), 497~499쪽.

삭히지 않은 홍어는 홍어가 아니다.	숙성시키지 않은 생각은 생각이 아니다.
김치, 돼지고기, 홍어를 삼 겹으로 쌓아야 홍어삼합이 된다.	원인, 과정, 결과의 삼단계로 정리해야 생각을 갈무리 할 수 있다.
김치도 묵은 김치여야 하고, 홍어도 삭힌 홍어라야 한다.	생각 하나하나를 모두 숙성시켜야 한다.
홍어삼합이 맛있다.	정리된 생각이 훌륭하다.

홍어삼합 발상법에서 가장 중요한 것은 숙성된 생각들을 하나하나 단계적으로 쌓는 과정이다. 삼합은 삼겹으로 체계적으로 쌓아서 먹기 때문이다. 홍어회를 먼저 먹고, 묵은 김치를 나중에 먹으면 삼합이 아니다. 그래서 발상법 중에 피시본처럼 체계적으로 쌓아가면서 정리하는 단계에 속한다고 할 수 있다. 이처럼 생각의 지도를 따라 그려가면서 확장하거나 수렴하는 것이 삼합 발상법이라고 할 수 있다.

(3) 3단계 : 시나위 발상법

[본인의 훌륭한 발상을 토대로 토론하라.
그리고 여러 사람의 생각을 잘 섞어라. 절묘하게.]

문화콘텐츠기획에서 또 하나 중요한 것은 기획이 개인의 훌륭한 발상 자체로 끝나는 것이 아니라는 점이다. 한 개인이 지게작대기 발상법에 의해서 자유연상을 하고, 그것을 홍어삼합 발상법에 의해 마인드맵핑 했다면 이제, 기획팀의 구성원들과 함께 그 생각을 나누고 실제 문화콘텐츠의 제작단계까지 이어질 수 있도록 협업하는 것이 필요하기 때문이다. 특히 문화콘텐츠의 특성상 전혀 이질적인 것처럼 보이는 IT기술과 CT인프라가 융합되어야 된다는 점에서, 이 단계의 발상법은 매우 중요하다고 할 수 있다.

이처럼 집단적으로 마인드를 정리하는 방법을 시나위 발상법이라고 부르고자 한다.

시나위는 한강 이남과 태백산맥 서쪽지역의 무속음악에 기원을 두고 있는 기악곡을 말한다. 주로 남도음악 권역이라고 하는 호남지역에서 많이 불려진다. 어원은 신라 때의 노래를 뜻하는 사뇌詞腦에서 비롯되었다고 한다. 외래 음악인 당악唐樂, 즉 정악正樂에 대하여 토속음악인 향악鄕樂으로 해석하여 당악보다 격이 떨어지는 음악의 일반 명칭으로 쓰이기 시작하였다는 설도 있다. 심방곡 혹은 신방곡이라고 한다. 그러나 현재는 육자배기토리의 남도음악 대명사격으로 허튼가락이라고도 한다. 시나위의 특징은 당골이 노래를 하면, 악사들이 저마다 악기를 연주하며 바라지를 하는데,[14] 각기 제 마음대로 연주하고 노래하지만 절묘한 조화를 이룬다는 데 있다. 따라서 원래 즉흥음악이던 것이 절묘한 조화 속에서 오히려 아름답고 조화로운 음악을 만들어 낸다. 민속음악의 정수인 산조, 잡가, 살풀이춤 등도 시나위에 뿌리를 두고 있다. 다소 논란의 여지는 있지만, 유네스코 세계 무형유산으로 지정된 판소리도 남도무속음악과 시나위에 뿌리를 두고 있다.[15]

시나위 발상법은 그래서 여러 사람들의 생각을 절묘하게 잘 섞는 발상법을 말한다. 각기 나름대로 생각하지만, 한데 모여서는 참신하고 획기적인 아이디어로 창출되는 버무림의 발상법이다. 이처럼 집단의 마인드를 중요시하는 것이 브레인스토밍이다. 브레인스토밍에는 효과적으로 실천할 4가지 규칙이 있다.

14) '당골'은 전라도의 무당을 말하고, '바라지'는 음악을 뒷바라지한다는 의미로, 음악을 도와준다 혹은 같이 협연한다는 뜻이다.

15) 이것은 '판소리 무가기원설'에 바탕을 둔 해석인데, 1990년대 이후 이에 대한 반론이 제기되어 있으므로, 다소간의 논란은 있다.

① 판단보류

② 자유분방

③ 질보다 양

④ 결합개선

'판단보류'는 참가자가 아이디어를 내놓는 것에만 전념하고 판단은 나중에 하면 좋다는 규칙이다. '자유분방'은 어떤 무엇을 말해도 좋고, 바보 같은 말을 해도 좋다는 규칙이다. '질보다 양'은 어떤 아이디어라도 비판이나 평가를 하지 않는다는, 그래서 아이디어만을 대량으로 내놓는 것이 중요하다는 규칙이다. '결합개선'은 내 아이디어를 다른 누군가가 개선시키고 더 연구하여 보다 재미있는 아이디어로 발전시켜 가는 것을 의미한다.[16] 브레인스토밍은 이처럼 창조 기법 중에서 확산 기법의 연상법에 속한다. 사실상의 모든 확산법은 이 브레인스토밍의 발전형으로 탄생했다고 할 수 있다. 이 기법은 오즈번이라는 사람이 개발했는데, 당초에는 '브레인스톰brainstorm'이라고 했다. 독창적인 문제를 향해 돌진하기 위해 머리를 사용한다는 것이다. 즉, 한 사람 한 사람이 같은 목적을 가지고 용감하게 특공대처럼 돌격하는 것이라고 한다. 이것이 시나위 발상법이다. 하나의 절묘한 음악을 위해, 한 사람 한 사람이 각기 독창적인 음악을 연주하는 것이다. 이것은 결국 하나의 성과, 하나의 기획안으로 모이게 될 것이기 때문이다.

브레인스토밍에서 가장 중요한 것은 '한 사람의 천재보다 창의적인 열사람이 낫다'는 것이다. 문화콘텐츠 기획의 아이디어를 모으는 기획회의에서 유용하게 사용할 수 있는 기법이다. '창의적 사고' 또는 '혁신적 사고'는 개인 또는 그룹이 더 효율적으로 새로운 아이디어를 산출하게 만드는 체계적인 생

16) 다카하시 마코토 편저, 조경덕 옮김, 앞의 책(2003), 375~377쪽.

각하기의 과정이다. 창의적인 사고를 그래서 '확산적 사고'라고도 부른다. 이는 기존의 생각하기 방식에서 확장되어 나온 개념이라는 뜻이다.[17]

이 단계에서 제기된 자유스런 주장은 기획그룹에서 자유분방하게 제기될 뿐이지 판단되지 않는다. 예를 들어 지게작대기 발상법에서 민속놀이를 예롤 들었던 것에 대해 '그거 골프가 아니라 필드하키하고 같은 거 아니야?'라고 반론을 제기하면 브레인스토밍이 아니다. 그렇게 되면 원래 필드하키와 비슷한 경기가 '짱치기'인데, 그것을 굳이 발상법을 통해서 얘기할 아무런 이유가 없는 것이다. 이 주장을 멤버 중의 누군가가 더 발전, 혹은 수정해서 제안하게 될 것이기 때문이다. 특히 이 단계의 발상법은 서로의 전문성을 인정하고 들어가는 단계이기 때문에, 그 전문성을 존중해 줄 필요가 있다. 즉, 시나위에서 연주자들이 각기 마음대로 연주하는 것 같지만, 사실은 고도로 숙련된 예능인들임을 주목할 필요가 있다는 뜻이다. 그래서 숙련되지 않은 연주자들은 시나위 연주를 할 수 없다. 전문대학원을 나온 국악 연주자들이라도 쉽게 시나위를 연주하지 못하는 것은 이런 점 때문이다. 따라서 홍어삼합 발상법에 의해 충분히 숙성된 발상이라는 점을 전제로 시나위 발성법은 전개될 필요가 있다.

한편, 시나위는 본래 무속음악에서 출발한 것이지만, 삼현육각의 악기 편성에 의해서 연주하는 음악에 속한다. 삼현육각이란, 국악기 편성에서 전형적인 것으로, 피리 2, 대금 1, 장구 1, 북 1 등 총 6개의 악기로 이루어진 편성을 말한다. 이들 연주자들은 전술했듯이, 고도로 숙련된 예인들이라는 점을 전제로 한다. 여기서 주목할 것은 시나위음악이 전적으로 전문 연주자들의 협주라는 점이다. 발상법으로 말하면 아무리 뛰어난 생각이라도 각각의 전문가들과 융합되지 않으면 아무 소용이 없다는 점이다. 문화콘텐츠는 기술과

17) 제이슨 리치 지음, 정명진 옮김, 앞의 책(2003), 24쪽.

문화가 어우러져서 창출해내는 크리에이티브 산물이기 때문에 이 과정이 특히 중요하다고 할 수 있다.

시나위는 협주곡이다.	문화콘텐츠 기획은 협업이다.
삼현육각은 6대의 악기를 말한다.	최소한 각 분야 전문가 6명이 모여서 아이디어를 창출한다.
시나위 연주자들은 각 악기의 전문가들이다.	기획에 참여하는 사람들은 각각 IT와 CT의 전문가들이다.
시나위는 민속음악의 정수인 모든 음악의 배경이 되었으며, 세계적인 음악을 잉태했다.	협업에 의한 아이디어 창출은 모든 문화콘텐츠의 배경이 되며, 세계적인 문화콘텐츠를 잉태하게 된다.

이처럼 시나위 발상법에 의해 제기된 발상들은 브레인스토밍에서 전개되는 방식을 통해서 완성시킬 수 있다. 브레인스토밍의 전개는 다음과 같은 진행과정을 거쳐 완성된다.[18)]

① 주제는 구체적인 것을 선택한다.

② 참가자 전원의 얼굴이 보이도록 책상과 의자를 배치한다.

③ 모조지 또는 화이트보드 등을 준비한다.

④ 분위기를 잘 조성하는 사람을 진행자로 선택한다.

⑤ 참가자는 다른 분야의 전문가로 구성한다.

⑥ 발언을 전부 기록하고, 키워드로 요약한다.

⑦ 발상 시간은 1시간 정도, 그 이상이면 휴식 시간을 갖는다.

⑧ 브레인스토밍의 결과 평가는 하루 정도 지나고 나서 실시한다.

18) 다카하시 마코토 편저, 조경덕 옮김, 앞의 책(2003), 377~379쪽.

기획회의의 아이디어를 마무리하는 단계에서는 이 시나위 발상법이 대단히 중요하다. 전술한 바와 같이, 이 발상법의 전제는 기획팀의 구성원들에 대한 신뢰이다. 문제를 비판의 눈으로 보는 것이 아니라, 승화시킬 단서로 보기 때문이다. 그래야 절묘하고도 획기적인 기획 컨셉을 도출할 수 있다. 특히 전공이 서로 다른 분야의 전문가들이 쏟아낼 수 있는 정보는 무궁하다고 할 수 있다. 이질적인 아이디어들이 서로 만나 시나위선율을 이루게 되면, 남도음악의 정수인 판소리도 만들어내고, 산조음악도 만들어내게 된다. 대부분의 문화콘텐츠 기획은 CT와 IT의 조화 속에서 탄생하기 때문에, 더욱 시나위적 조합이 중요다고 할 수 있다. 시나위발상법은 기획의 보물창고와도 같다.

2) 기획 및 제작에 필요한 원천자료 준비

지게작대기 발상법과, 삼합 발상법, 그리고 시나위 발상법의 3단계를 통해 아이디어가 모아졌으면 실제 기획단계로 들어가야 하는데, 기획을 하기 위해서는 필요한 원천자료를 확보하는 것이 필수적이다.[19] 원천자료 채취는 문화콘텐츠 기획에서 기초적이면서도 핵심적인 부분이라고 할 수 있다. 문화콘텐츠 작품 기획이 발상에서부터 비롯되기는 하지만, 원천자료의 확보 여부에 따라 발상의 구체화가 규정되는 까닭이다. 따라서 원천자료 확보는 앞 단계의 발상을 구체화시키는 작업이며 뒤 단계의 구성에 토대가 되는 작업이라고 할 수 있다. 또한 자료 채취 단계에 따라서 기획단계에 채취될 원천자료와 콘텐츠 구성 혹은 제작단계 이전에 채취될 자료들로 나뉘게 된다. 물론 목적하는 콘텐츠의 유형에 따라 채취의 대상과 방법이 달라지는 것은 당연하다. 이를 두 가지로 나누어보면 아래와 같다.

19) 본 내용은 '이윤선, 「원천자료 채취방법」, 『문화콘텐츠입문』(북코리아, 2006, 201~214쪽'에 실려 있다. 그러나 문화콘텐츠 기획에 꼭 필요한 내용이기 때문에 본 책에서도 인용하였음을 밝혀둔다.

구상과 발상 단계에서 필요한 원천자료 채취
구성과 제작 단계에서 필요한 원천자료 채취

원천자료라 함은 앞장에서 거론된 문화산업에서 사용되거나 응용될 수 있는 토대가 되는 자료를 말한다. 따라서 기획단계에서 발상된 무형의 자원을 유형의 자원으로 바꾸어주는 역할체인 셈이다. 일반적으로 콘텐츠 작품을 하나의 집이라고 하면 그 건물을 이루는 각종의 부품과 기자재들이 원천자료가 되는 것으로 인식되고 있다. 이 부품들이 준비되지 않고서는 집을 완성할 수 없을 뿐만 아니라 공사 자체를 시작할 수 없기 때문이다. 그러나 문화콘텐츠 기획에 있어서 보다 근본이 되는 것은 그 자료를 구성하고 있는 철학을 포함하는 개념으로 이해할 필요가 있다. 다시 말해 자료가 가지는 현상적인 측면보다는 그 내면에 자리하고 있는 본성 즉, 문화원형성에 초점을 두어야 한다는 점이다.

그러나 현재의 원천자료 채취의 대부분은 비교적 현상적인 측면에 비중을 두고 있다고 볼 수 있다. 이 이유는 다양하게 분석될 수 있지만 대개 원천자료의 중요함에 대한 인식 부족에서 비롯된 현상들로 보인다. 현상적인 부분에 집착해 거의 쓸모없는 자료들을 모아 놓는 경우나 콘텐츠가 단순히 IT라는 그릇 속에 담기는 소스에 불과하다는 생각을 갖고 있는 경우가 이에 해당한다. 또 콘텐츠 제작 일정과 예산의 불일치도 양질의 원천자료 채취를 근본적으로 방해하는 요소로 볼 수 있다. 이는 필연적으로 질적 수준이 낮은 콘텐츠들을 양산하는 악순환으로 이어지게 된다. 결국 상업적 목적이든 공익적 목적이든 콘텐츠 제작의 예산낭비로 이어지게 되는 셈이다.

사실 발상 단계에서는 번뜩이는 직감과 감각에 의해 아이디어가 창출되는 경우가 많다. 그러나 대부분의 아이디어들은 원천자료의 유무를 전제하는 것이 아닌 까닭에 발상과 원천자료 채취 진행은 병행되는 것이 바람직하다. 아무리 좋은 아이디어라도 해당 원천자료가 존재하지 않으면 실현 불가능하기 때문이다. 결국 발상은 크리에이티브의 단서인 것이고, 실제 기획단계로 이행해 나가기 위해서는 그 발상을 구현시킬 수 있는 원천자료 채집이 필수적인 과정이 되는 셈이다. 따라서 원천자료 채취는 해당 콘텐츠 제작에 주어진 제 여건을 감안하여 더욱 계획적이고 치밀하게 진행될 필요가 있다.

경우에 따라서는 발상 단계를 거치지 않고 기존의 자료를 섭렵하는 과정에서 원천자료가 확정될 수도 있다. 원천자료가 전제된 제 활동 중에 아이디어가 생기는 경우를 말한다. 이 경우에도 마찬가지로 재고 혹은 삼고의 과정을 거쳐 원천자료가 수정될 필요가 있다. 물론 어떤 경우라도 전문가의 조언과 자문의 과정을 거쳐 확정하는 것이 옳다. 때때로 리메이크되는 콘텐츠 작품들은 기왕의 완성된 콘텐츠가 원천자료로 기능할 수도 있다. 그러나 이 경우에도 재창조의 과정을 거쳐야 하는 까닭에 새로운 발상과 기획 컨셉을 중심으로 다시 새로운 원천자료가 수집되는 과정을 반복하게 된다.

대개의 원천자료 채취는 인터넷 검색 사이트나 문헌자료 등을 기본으로 검색하여 해당 전문 자료로 확대해 나가는 것이 보통이다. 특히 지금은 기본적으로 인터넷 검색을 전제하는 경우들이 많아졌다. 콘텐츠 자체가 디지털시대의 산물임을 나타내주는 현상이라고 볼 수 있다. 그러나 정해진 시간과 공간 속에서 원천자료를 무한정 수집하기는 불가능하다. 더구나 전방위적으로 모은 방대한 자료들은 무용지물이 될 가능성이 매우 높다. 곧, 채취 과정의 순발력이나 방계 자료에 대한 인식은 필수적이지만, 계획성 부족한 즉흥적 채취는 바람직하지 못하다는 것이다. 따라서 일정한 방법론에 의해 원천자료를 채취하는 것이 합리적이다. 특히 민속학, 인류학, 사회학 등의 자료 수집론은 콘텐츠 원천자료 채취에서도 매우 유효하다.

(1) 원천자료 채취의 분류

① 조사유형에 따른 분류

조사 유형에 따라서 기초자료 조사, 전문자료 조사, 심화자료 조사 등으로 단계를 설정할 수 있다. 그러나 콘텐츠 유형에 따른 분류와 연결하게 되면 각각의 영역들이 겹치는 경우들이 발생한다. 따라서 조사유형에 따라서는 크게 기존자료 조사와 현장자료 조사로 나눌 수 있고, 기존자료 조사를, 보다 기초적인 자료를 조사하는 단계와 전문적인 자료를 조사하는 단계로 다시 분류할 수 있다.

단계별 조사 분류

· 1단계 :

사전조사 : 원천자료 채취의 범주를 결정하고 기초정보를 채취하는 단계

예) 인터넷 검색, 현지조사시의 사전조사, 이미지자료 조사, 문헌목록 및 색인 조사, 전화조사, 이메일조사, 서신조사 등

· 2단계 :

전문조사 : 설정된 원천자료 범주 내에서 직접적이고 전문적인 자료를 채취하는 단계

예) 해당 콘텐츠 관련 논문, 서적, 동영상 자료, 박물관 등의 전문기관 자료 등

· 3단계 :

심화조사 : 전문조사로 충족되지 못한 심층자료를 채취하는 단계

예) 해당 콘텐츠 관련 전문가 인터뷰, 고문헌 자료, 특수 자료, 해외자료 등

유형별 조사 분류

· 기초자료 조사

기초자료 조사는 기본적으로 원천자료가 될 만한 각종 자료들을 검색하는 단계로 볼 수 있다. 이 단계에서는 주로 어디에 어떤 자료가 있는가의 문제에 초점을 두고 해당 원천자료의 단서가 검색된다. 지금은 검색 전문 포털 사이트들이 발달해 있으므로 손쉽게 많은 자료들을 검색할 수 있다. 검색된 자료들은 대개 뉴스의 기사, 잡지의 기고문, 이미지, 동영상 기타 모든 유형이 포함된다. 여기서는 문헌목록과 가능한 범위 내에서의 목차까지 검색하는 것이 좋다. 이미지자료 또한 실제 소장자 혹은 원본자료의 출처 등을 검색해야 하고, 필요한 경우에는 현장자료 조사시에 채취할 수 있도록 한다.

또 박물관, 방송사, 콘텐츠 회사(영화, 애니메이션, 만화 등), 해당 전문학과나 전공이 있는 대학교, 연구소, 개인 연구자 혹은 전문가 등이 소장 또는 소지하고 있는 기초자료를 조사한다. 모든 자료의 출처가 웹사이트에서 검색되는 것은 아니므로 오프라인 작업 또한 필수적으로 병행해야 하고 이때는 주로 전화나 이메일 등을 통해서 진행하도록 한다. 그러나 이 자료들은 대부분 1차 자료에 제한되는 경우가 많고 또 전문가의 고증을 거치지 않은 단계이므로 설사 전문적인 자료라 할지라도 기초자료로 우선 분류해 놓아야 한다. 현장조사가 필요한 것은 심화단계의 조사이지만, 사전조사를 나갈 필요가 있다면 이것도 기초자료 조사에 해당된다.

· 문헌자료 및 전문자료 조사

대개 문헌자료 조사는 해당 콘텐츠 관련 전문 서적을 중심으로 논문, 일반서적 등을 검색하거나 채취하는 것을 말한다. 물론 보다 전문적인 이미지, 동영상, 사운드, 고문헌, 실물자료 등의 조사도 포함되는 개념이다. 특히 기록된 구술자료를 포함하여 영상자료, 녹음자료 등은 전문자료 중에서도 무엇보다 중요시해야 할 필요가 있다. 왜냐하면 현장조사가 불가능한 경우의 원천자료일 가능성이 매우 높기 때문이다. 해당 콘텐츠의 유형에 따라 다르긴 하지만 이 경우에는 대개 원본 자료의 구입이나 대여를 통한 원천자료 확보가 어렵다. 따라서 원본 텍스트나 원본 이미지, 원본 동영상을 채취하는 것을 기본으로 하되, 구입 및 대여가 어려울 경우에는 복사, 스캔, 캡처, 타이핑 등의 기술을 병행해서 채취하도록 한다. 어쨌든 본 과정은 기초자료 조사에서 얻은 출처 등을 추적하여 본격적으로 자료를 채취하는 과정이다.

· 현장자료 조사

현장조사는 특히 민속학, 인류학, 사회학 등에서 '필드워크'로 불리는 가장 기초적이고 본원적인 조사를 말한다. 콘텐츠 원천자료 중에서도 비교적 직접적이고 선명한 자료에 해당된다. 대개 위치 추적의 기초자료 조사를 끝내고 문헌 및 전문자료 조사를 마치고 나더라도 직접 현장을 방문하거나 전문가 인터뷰가 필요할 경우에 수행한다. 아무리 리얼한 동영상이나 이미지라고 할지라도 기획자나 콘텐츠 제작자가 직접 현장을 보고 느끼는 것에는 미치지 못하기 때문이며, 실제 콘텐츠 제작에서 현장자료가 요구되는 경우에 해당된다. 이 경우에 민속학이나 사회학 등에서 구현되고 현지조사법에 의해 조사를 실시하는 것이 유용하다. 또 과거의 녹음기술이나 동영상기술이 점점 발달해 저장기술이 획기적으로 발달한 지금은 첨단장비들을 사용해 현장조사가 이뤄지기도 한다. 나아가 IT 기술이 발달하는 속도와 비례해 현장자료 조사의 기술도 변해갈 것으로 보인다.

현장조사에서는 주로 전문가 인터뷰를 통해 해당 콘텐츠에 대한 정보를 채취하기도 하고, 현장 상황을 참여관찰 혹은 비참여관찰을 통해 사운드 혹은 동영상으로 기록하는 작업이 진행된다. 인터뷰는 직접인터뷰와 간접인터뷰로 나눌 수 있다. 여기서 간접인터뷰는 직접 대상이 아닌 간접 대상과의 인터뷰를 말하는 것으로 연행현장의 직접 기록이 아닌 연행 관련 인터뷰라든가, 당사자가 아닌 제3자의 인터뷰 등이 해당된다. 또 현장 기록으로는 참여관찰 기록과 비참여관찰 기록 등으로 나눌 수 있는데, 각각의 장단점이 있으므로 해당 콘텐츠 유형이 요구하는 성향에 따라 조사방법을 결정하면 된다.

② 콘텐츠 유형에 따른 분류

· 문자자료

도래하는 디지털시대에는 혹시 영상자료나 이미지자료가 문자자료보다 더 광범위하게 구축될 수 있을지는 모르겠지만 현재까지는 원천자료 중에서 가장 범위가 넓고 분량이 많은 자료라고 할 수 있다. 문자로 된 모든 것을 포함하는 까닭이다. 사전적 풀이에 의하면 숫자를 제외한 글자를 통칭하는데, 콘텐츠 자료에서만큼은 숫자까지를 포함하는 개념으로 이해되는 것이 타당하다. 주로 텍스트로 구성되어 있기 때문에 한글 혹은 MS word 등의 언어를 다루는 프로그램에 의해서 저장되어 있는 파일을 비롯해 기존의 문서, 서적류를 총괄한다. 즉, 시간적으로는 고형 문자시대에서부터 인터넷 문자를 포함한 미래의 문자까지 그리고 공간적으로는 서적을 포함한 페이퍼에서부터 화상으로 기록된 문자 이미지까지를 포함한다고 볼 수 있다. 물론 콘텐츠의 유형에 따라 화상 속의 문자들은 이미지로 분류하는 것이 타당할 수도 있다.

· 이미지자료

일반적으로 화상자료라고도 한다. 원래 이미지는 마음속에 그려지는 사물의 감각적 영상 즉, 심상을 뜻하는 용어다. 그러나 통상 동영상을 제외한 화상자료라는 의미로 이해되고 있다. 이는 화상이란 용어가 텔레비전 수상기의 화면에 나타나는 상까지를 포함한 넓은 개념으로 사용되는 것에 대해 변별성을 갖기 위해 선택된 것으로 보인다. 따라서 대개의 경우 정지영상을 포함한 그림 자료를 통칭하는 개념으로 이해할 수 있다.

· 동영상(사운드)자료

동영상은 문자 그대로 움직이는 영상을 말한다. 통상 텔레비전이나 컴퓨터의 모니터 상에 나타나는 화상을 뜻한다. 그러나 여기서는 사운드자료를 포함한 포괄적 개념으로 이해하는 것이 필요하다. 자료는 각각 테잎에 저장된 형태로 제공된다. 사운드나 동영상 저장은 영상기술의 발달에 따라 최첨단의 설비들이 활용되기도 한다.

· 구술자료

원천자료를 유형에 따라 문자, 이미지, 동영상 등으로 나누는 일반적인 분류와 등가적으로 구분되는 자료라고 할 수는 없다. 그러나 민속학, 인류학, 사회학 등에서 현장조사를 통해 획득하는 자료 중에 가장 중요시되는 자료이기 때문에 분류항목에 포함시키는 것도 타당하다. 구술자료는 문자 그대로 사람의 입을 통해 녹음이나 동영상 혹은 필기에 의해 기록되기 때문에 사람의 육성을 사실에 가깝게 저장할 수 있다는 장점이 있다. 그러나 구술자가 매우 주관적일 수도 있는 까닭에 적어도 원천자료 분석단계에서 재해석될 필요가 있다.

기존 구술자료는, 통상 홈페이지에 구축되어 있거나 공개된 자료 보다는 개인 연구자들이 소장하고 있는 자료가 훨씬 많다고 봐야 한다. 결국, 소장자나 관련 전문가를 찾아내는 것이 구술자료 수집에서 큰 비중을 차지하게 된다. 물론 신규원천자료로 구술자료가 요구되는 경우에는 현지조사와 인터뷰를 통해 채취하게 된다.

(2) 원천자료 채취의 방법

원천자료는 기본적으로 해당 콘텐츠 기획단계에서부터 이루어지는 것이고 또 단계별 조사에 의해 실행된다. 대개 기초조사와 전문조사 등이 기획단계에서 병행 조사될 단계에 속하는 것이고, 콘텐츠 구성 혹은 제작단계 이전에는 전문조사 및 심화조사 혹은 현지조사 등이 병행되게 된다.

보통 원천자료 채취나 정리에 있어 개별적으로 작업하는 경우는 거의 없다. 왜냐하면 하나의 콘텐츠에 대한 프로젝트 혹은 공동 작업자들이 모여서 팀워크를 이루어 작업하는 경우가 대부분이기 때문이다. 특히 거대한 프로젝트일수록 맡은 바 역할들이 세분화되고 그 전문성들이 강조됨에 유의할 필요가 있다. 이것은 참여 역할들이 정해져 있지 않은 경우라도 대개 전공이나 성향에 따라 분야가 나뉘게 됨을 의미한다. 어쨌든 콘텐츠의 복합적 특성상 산학연의 전문가들이나 혹은 그러한 성향의 담당자들이 역할분담을 하게 되는데, 일반적으로 인문학적 성향의 참여자들이 원천자료 채취 역할을 맡는 것이 양질의 콘텐츠를 생산해내는 데 유용하다.

한편, 전 단계에서 원천자료를 추출해서 완료시켰다고 할지라도 콘텐츠의 유형에 따라 추가 원천자료가 필요하게 될 수도 있다. 이 경우에는 원천자료 추가채취의 과정을 밟게 된다. 이것은 구성단계뿐 아니라 콘텐츠 완성까지, 전반의 시스템이 함께 맞물려 돌아가야 된다는 뜻이기도 하다. 또 소규모의 팀원으로 제한되어 개발할 콘텐츠의 경우라면 원천자료 채취자가 다시 콘텐츠 개발의 다른 역할을 겸하게 될 수도 있기 때문에 주어진 여건과 환경에 따라 적절하게 역할 분담을 하는 것이 필요하다. 결국, 메인 컨셉을 건드리지 않은 범위 내에서 원천자료 채취는 지속적으로 반복될 개연성을 가지고 있는 셈이다.

원천자료 채취는 우선 해당 콘텐츠에 대한 일정한 범주를 설정하는 것에서부터 출발한다. 카테고리 설정이 전제되지 않으면 불필요한 자료들까지 취합하여 버리게 되는 악순환을 겪게 되기 때문이다. 물론 콘텐츠의 유형이나 맥락에 따라 다르게 설정되어야 하지만 대개 단일 콘텐츠냐 복합 콘텐츠

냐에 따라 자료 채취의 방법도 달라질 필요가 있다. 예를 들어 단일 콘텐츠일 경우에는, 해당 콘텐츠에 대한 메인 영역 설정과 서브영역 설정을 통해 어디까지 자료를 채취할 것인가를 결정하게 된다. 콘텐츠별 상황이 매우 유동적일 것이기 때문에 메인뿐 아니라 서브 영역이 확대되거나 축소될 수 있음은 물론이다. 또 다양한 소재들을 통해 구현해야 되는 복합콘텐츠일 경우에는, 메인콘텐츠에 대한 자료의 영역을 먼저 설정하고 난 다음 서브콘텐츠에 대한 영역을 설정하게 된다. 채취의 시작은 각각 메인 콘텐츠 영역 즉, 상위콘텐츠 영역부터 시작해서 서브콘텐츠 영역 즉, 하위콘텐츠 영역으로 옮겨가며 실행하게 된다. 시간과 공간의 제약을 염두에 두고 실시하되, 부득이 채취된 자료들을 제거해야 될 경우에는 하위콘텐츠의 마지막자료에서부터 제거해나가면 된다. 대상에 따른 콘텐츠 채취 영역을 구분해 보면 아래와 같이 나타낼 수 있다.

채취 범주

<가> 한 유형의 콘텐츠만을 대상으로 하는 채취

예) 이미지자료, 영상자료, 구술자료, 텍스트자료 등

<나> 한 장르의 콘텐츠만을 대상으로 하는 채취

예) 고기잡이 방식과 전통어로 문화원형 콘텐츠 원천자료 등

<다> 다수의 유형과 장르를 대상으로 하는 채취

예) 이미지자료와 영상자료 및 텍스트 자료 등을 포함한 애니메이션 원천자료 등

<라> 구술자료, 영상자료 등 콘텐츠 유형별 전 영역을 대상으로 하는 채취

예) 이미지 자료 전반, 영상자료 전반, 구술자료 전반 등

이렇게 콘텐츠별 대상에 따라서 채취 범주를 정한다. 여기서 <라>의 경우에는 콘텐츠 학술조사에서나 가능한 범주이지 일반 콘텐츠 제작에서까지 고려될 필요는 없다. 이미 콘텐츠의 컨셉 및 주제가 결정되어 있을 것이기 때문이다. 대개의 경우 원천자료 채취는 다수의 유형과 장르를 필요로 하게 된다. 콘텐츠 자체가 적어도 하나 이상의 장르를 포함하고 있는 까닭이다. 예를 들어 게임 하나를 제작하기 위해서는 시나리오 집필 전 단계에서부터 관련된 제 유형의 다양한 자료를 채취해야 한다.

현 단계의 원천자료 채취에서 가장 유용하게 응용할 수 있는 방법론은 기존의 민속학, 인류학, 사회학 등에서 다루어 오던 자료수집 방법론이다. 여기에 콘텐츠의 특성에 따라 인터넷 검색을 가장 기본적인 것으로 삼는 것은 재론의 여지가 없다. 콘텐츠 연출이 기왕의 오프라인 연출의 기법들을 응용하는 것처럼 원천자료 채취 또한 기존의 채취 방법론을 응용할 필요가 있기 때문이다. 포털 검색 사이트로는 구글, 네이버, 다음, 야후, 엠파스 등이 현재 주로 활용되고 있으나, 디지털시대임을 감안하면 언제든지 새로운 검색 사이트가 등장할 개연성은 충분해 보인다. 이상의 내용을 간략하게 정리해보면 다음과 같다. 여기서 분석결과에 따라 각각의 과정은 다시 상위단계와의 순환의 과정을 거쳐 최종 원천자료가 완성된다.

원천자료 채취 과정

1. 인터넷 검색(검색 전문 포털 사이트, 해당 콘텐츠 관련 전문 사이트, 해당 정부기관 및 산하연구기관, 해당전문가 홈피 등)
2. 관련자료 소장처 물색
   온라인 소장처(전문 사이트 공개자료, 관련자료 색인, 관련자료 목록, 주소 등)
   오프라인 소장처(관련 전문가, 전문 연구소, 박물관, 해당 대학 및 정부기관 등)
3. 자료 확보

구입(판매가 가능한 원천자료일 경우)

대여(구입이 불가능한 원천자료이나 현물이 필요할 경우)

복사 및 스캔 또는 캡처(구입이 불가능하거나 원천자료의 텍스트, 이미지가 필요한 경우)

촬영(원본자료의 이미지나 동영상을 원형과 가깝게 보존하거나 모사해야 할 필요가 있는 경우)

4. 관련전문가 조사 및 탐방(사전조사, 현장조사 및 인터뷰 병행, 추가조사 등)
5. 자료 분석 및 정리(원천자료 분석, 분류표 작성, 콘텐츠별 항목화 등)
6. 자료보완(추가조사, 심화조사, 확대조사 등)
7. 원천자료 확정(최종 확정 후 구성단계로 이관)

원천자료 채취 기술

1. 촬영(영상, 이미지) / 녹음
2. 캡쳐 / 스캔
3. 타이핑 / 기록
4. 복사 / 구입

원천자료 정리

자료는 대체로 DB검색이 가능하도록 도표화 시키는 것이 바람직하다. 콘텐츠 유형에 따라서는 메타데이터를 작성해야 할 필요도 있다. 어떤 경우든 비주얼한 구조도를 통해 쉽게 선별되고 선택할 수 있도록 즉, 구성과 제작이 용이하도록 구성되어야 한다. 대개 DB화와 도표는 기획단계에서 구상한 방법론과 연결되기 때문에, 발상단계를 참고하면 된다.

(3) 채취자료의 분석 및 확정

실제적인 채취에서 가장 중요한 것은 해당 콘텐츠에 어떻게 접근하고 그 원천자료의 대상을 어떻게 다룰 것이냐는 문제에 있다. 이 문제의식이 곧 해당 콘텐츠의 질을 결정할 것이기 때문이다. 예를 들어 감각적인 발상을 통해 캐릭터 이미지 하나가 구상되었다면 그와 관련된 역사적, 문화적 혹은 사회적 원천자료들을 검색하고 정리하는 단계로 진입하게 되는데, 이때 접근하는 방식에 따라 원천자료의 범위와 깊이가 정해지고 이에 따라 완성될 콘텐츠의 질 또한 정해지는 까닭이다. 다시 말하면 원천자료의 질에 따라 기획 컨셉이 살기도 하고 죽기도 한다.

특히, 콘텐츠 원천자료 채취에서 필수적인 사항은 시간적, 공간적 제약 사항이다. 여기에는 당연히 관련 예산이 포함된다. 쉽게 말해 예산에 비해 질적 양적으로 확대된 원천자료를 구비하기는 어렵다는 뜻이다. 또 해당 콘텐츠의 전체 예산에 비해 원천자료 채취 비용이 적정한 것이라는 점이 전제되어야 한다. 양질의 원천자료를 다량 확보하는 것은 좋은 일이지만 기타의 프로세스와 적절하게 분담되지 않으면 전체 콘텐츠 제작에 차질을 빚게 된다.

채취자료의 분석은 이같은 전제 사항들을 염두에 두고 실시된다. 따라서 채취자료 분석에서 가장 중요시 되어야 할 점은 해당 콘텐츠 기획에 알맞게 원천자료가 채취되었는가 하는 것이다. 이 분석에서 부족한 점들은 다시 원천자료 채취과정을 반복하거나 순환하면서 확정하게 되고 이 확정과정을 거치면 콘텐츠 구성 및 제작단계로 돌입하게 된다. 따라서 상위 단계에서 채취된 원천자료에 대한 가장 이상적인 분석 및 해석은 대체로 다음 네 가지의 요건들을 충족시키는 선에서 채취되어야 한다. 첫째, 해당 콘텐츠와 관련된 가장 폭넓은 범주를 포괄 했는가? 둘째, 가장 정밀한 조사를 바탕으로 채취되었는가? 셋째, 가장 많은 자료 중에서 엄선된 엑기스 자료인가? 넷째, 분석 및 해석이 주제와 관련되어 가장 적절한가? 결국 이 분석이 충족된다면 원천자료는 해당 콘텐츠에 가장 적절한 자료라고 판단할 수 있다. 이상을 정리해 보면 다음 다섯 가지로 압축할 수 있다.

1. 원천자료의 객관성 : 원천자료를 믿을 수 있는가? 증거는 확실한가? 관련 전문가의 검증을 획득했는가?
2. 원천자료의 주제성 : 기획 컨셉과 맞아 떨어지는가? 해당 유형의 콘텐츠 주제와 소통하는가?
3. 원천자료의 충실성 : 자료는 완전한가? 조사자의 주관적 의견이 삽입되지는 않았는가?
4. 원천자료의 다양성 : 메인 자료와 서브 자료간의 소통은 가능한가? 서로 비교하여 메인 원천자료가 추출될 수 있는가?
5. 원천자료의 편의성 : 정리가 잘 되어 사용하기 편한가? 구성과 제작에 유용한 형태로 채취되었는가?

콘텐츠 분석 방법은 해당 콘텐츠의 유형에 따라 다양하게 나타날 수 있다. 그러나 보편적으로 위 다섯 가지의 요건을 충족시키는 즉, 공통적인 분모만을 감안하는 방법론을 든다면, 정량분석과 내용분석을 들 수 있다. 정량분석은 단순집계, 교차집계, 중회귀분석, 다변량 해석, 데이터 마이닝 등의 방법론을 응용하고, 내용분석은 문장 구성 해석, 의미 해법, 텍스트 마이닝 등의 방법론을 응용하여 진행하게 된다. 여기서 정량분석은 원천자료의 기준에 부합하는가, 용량이나 개수는 적당한가, 주제 간의 관계성은 적당한가 등의 양적 내용을 분석하는 단계다. 내용분석은 흔히 정성분석이라고도 하는데, 기획단계에서 도입된 도표 등을 통해 유형화 혹은 도안화 시키고 이를 텍스트, 사운드, 이미지, 동영상 등으로 구분하여 그 내용을 분석하는 단계라고 보면 된다. 이 과정에서 결격 사유가 발생하면 다시 채취과정을 순환 반복하면서 최종적으로 원천자료를 확정하게 된다.

III부 문화콘텐츠 기획의 실제

문화콘텐츠 기획의 실제

1. 기획서 작성의 전제

이미 발상과 원천자료 확보를 통해 무엇을 기획할지가 정해져 있다. 이제 이것을 어떻게 개발할지를 구상하고, 그것을 페이퍼에 옮기는 작업이 기획서 작성 작업이라고 할 수 있다. 현재의 기획은 프리젠테이션과 한 세트나 다름없다. 의미상으로도 그렇고 실제 응모 프로세스에서도 그렇다. 지금의 경향은 비주얼한 도해를 많이 사용하는 것이라고 말할 수 있다. 여기서의 도해圖解는 '그림으로 풀어낸다', '그림으로 이해하고 생각 한다'는 뜻이다. 도해를 이용하면 어떤 문제의 전체적인 구조나 각 부분끼리의 관계를 분명하게 밝힐 수 있는 장점이 있다. 또 그에 따라 사고의 효율성이 높아지고 사고의 영역이 무한대로 확장되는 특성이 있다. 따라서 도해는 독창적인 아이디어와 살아 움직이는 기획 감각을 항상 절실히 필요로 하는 기획자들에게 가장 적합한 커뮤니케이션 수단이라고 할 수 있다.[1]

여기 제시하는 기획서는 필자를 포함한 우리 연구소가 KOCCA의 문화콘텐츠 사업공모에 제안해서 실제 진행했던 사례들이다. 주도적인 작업은 김현철 이사와 필자가 했지만, 사실은 참여했던 기획위원회 선생님들의 공동작업의 결과물이라고 할 수 있다. 앞에서도 설명했듯이, 발상의 단계에서부터 컨셉 잡기, 그리고 주제를 정해서 기획서를 작성하는 데 이르기까지 수많은 토론과 자료수정을 통해서 이루어진 것이기 때문이다. 물론 이 기획서가 잘 작성되어 있어서 예시하는 것은 아니다. 이것을 반면교사로 삼아서, 향후 기획서를 쓰는데 참고자료가 되었으면 하는 바람일 따름이다.

기획 작업의 다양한 이론적 정리와 실제 작성 방법에 대해서는 이미 많은 단행본들이 출판되어 있다. 따라서 이미 출판된 글들을 참고하면 도움이 될 것으로 생각한다. 그러나 도해를 활용한 PT자료와 실제의 기획서를 직접 인용하며 설명한 책들이 많은 것은 아니다. 따라서 본 글에서는 실제 사례를 인용하며 간단한 주석을 붙여서 실제적인 도움을 주고자 노력하였다. 문화콘텐츠 혹은 문화원형 기획을 처음 시도하는 사람들에게는 도움이 될 수 있을 것으로 생각한다.

기획서의 흐름은 대개 '육하원칙(5W1H)', '칠하원칙(5W2H)', '팔하원칙(6W2H)', 혹은 '5W2H1T원칙' 등을 따라 작성하는 것이 보편적이다. 예를 들어 완전한 문장의 조건이 '육하원칙(5W1H)'이라고 하는데 비해, '칠하원칙'은 How Much를 추가한 것이고, '팔하원칙'은 Whom과 How Much가 하나씩 더해진 것이며, '5W2H1T원칙'은 타겟을 적시한 것이라고 보면 된다.

· 육하원칙(5W1H)

누가Who, 무엇을What, 언제When, 어디서Where, 왜Why, 어떻게How

1) 히사츠네 게이이치, 『탁월한 기획자는 그림으로 사고한다』(거름, 2004), 9쪽.

· 칠하원칙(5W2H)

누가Who, 무엇을What, 언제When, 어디서Where, 왜Why, 어떻게How, 얼마를 쓸 것인가?How Much[2)]

· 팔하원칙(6W2H)

왜Why, 무엇을What, 누구에게Whom, 어떻게How, 언제When, 누가Who, 어디서 Where, 어느 정도의 비용으로How Much[3)]

· 5W2H1T원칙

Why 왜 이 기획을 입안하는가?

What 이 기획으로 무엇을 하려고 하는가?

Target 무엇에 대해 이 기획을 실시하는가?

How 이 기획을 어떻게 추진하려고 하는가?

When 언제 어떠한 일정으로 추진하는가?

Who 누가 하는가?

Where 어디에서 실시하는가?

How Much 비용과 이익은 어떠한가?[4)]

여기서 육하원칙은 요약판의 정리나 프리젠테이션에서 주로 활용하는 기법이 될 수 있다. 특히 본 글에서 주로 인용하는 KOCCA의 제안 흐름들을 보면, 약간의 편차는 있을지 몰라도 위의 원칙들과 대동소이하다고 말할 수 있다. 예를 들어, 문화원형 제안서와 CRC제안서의 흐름을 위의 원칙들과 비교

2) 노동형, 『프로들의 기획노트』(청년정신, 2005), 전반적인 내용 참고.
3) 정영석, 『처음 시작하는 기획서 작성법』(해바라기, 2005), 165~166쪽.
4) Nakano Akio 지음, 나상억 · 김원종 옮김, 『기획서 잘 쓰는 법』(21세기북스, 2003), 87쪽.

해 보면, 제안서와 신청서 등이 기획서와 분리되어 있어 정확한 대응은 어렵지만, 대체적으로 다음과 같은 경향을 띤다. 이중에서 '서론-본론-결론의 삼단구성법에 따르면 과제개요가 서론격에 해당되고, 기획방안, 대상, 수단, 방법 등이 본론격에, 성과 및 기대효과 등이 결론격에 해당된다.

<table>
<tr><th>문화원형제안서</th><th>CRC제안서</th><th>기획의 원칙</th><th>해당 내용</th></tr>
<tr><td>Ⅰ. 과제 개요</td><td>Ⅰ. 과제개요</td><td>Why
Who/ 분리</td><td>이유, 의의, 배경
실행자, 관계자</td></tr>
<tr><td>Ⅱ. 콘텐츠화 기획방안</td><td>Ⅱ. 콘텐츠화 기획방안</td><td>How
Where</td><td>방법, 수단
대상지역, 장소</td></tr>
<tr><td>Ⅲ. 콘텐츠화 대상</td><td>Ⅲ. 콘텐츠화 대상</td><td>What</td><td>기획 대상</td></tr>
<tr><td>Ⅳ. 콘텐츠 구성안
콘텐츠 제작계획
웹서비스 구성안 등</td><td rowspan="5">Ⅳ. 콘텐츠품질 확보 및 관리방안</td><td rowspan="3">How
Where</td><td rowspan="3">방법, 수단 구체화
대상, 장소 구체화</td></tr>
<tr><td>Ⅴ. 콘텐츠화 추진계획</td></tr>
<tr><td>Ⅵ. 콘텐츠화 추진체계</td></tr>
<tr><td>Ⅶ. 최종결과물의 형태</td><td rowspan="2">What</td><td rowspan="2">성과, 결과</td></tr>
<tr><td>Ⅷ. 최종결과물의 수량</td></tr>
<tr><td>Ⅸ. 산업적 활용방안</td><td>Ⅴ. 성과 및 기대효과</td><td>Target</td><td>대상, 기획의 표적</td></tr>
<tr><td>Ⅹ. 일정계획</td><td>Ⅵ. 일정계획</td><td>When</td><td>실시 시기, 기간</td></tr>
<tr><td>Ⅺ. 기타사항</td><td>Ⅶ. 기타사항</td><td>How Much/분리</td><td>예산 등</td></tr>
</table>

대개 이 원칙들은 약간의 편차는 있어도 모두 기획의 목적과 수단을 명확히 한다는 공통점이 있다. 특히 과제 개요는 전체 기획서의 머리 부분에 해당하므로, 목표, 수단은 물론이고, 배경, 이유를 비롯해, 특히 문장의 간결화, 도해圖解 등으로 요약하는 것이 중요하다. KOCCA의 경우, 기획서와 신청서 혹은 지원서 등이 이원화 되어 있어서 편차는 있지만 개요부분을 잘 정리하는 것은 기획서의 공통사항에 속한다. 이상을 개략적으로 갈무리해서 정리해 보면 아래와 같다.

첫째, 기획을 하는 이유를 명확하게 밝힌다.

둘째, 기획의 주제, 명칭, 컨셉을 구체적으로 표현한다.

셋째, 기획의 전제조건을 명확히 한다.

넷째, 현황을 정확하게 판단하고 그에 근거한 전략을 서술한다.

다섯째, 목표 및 목적을 구체적으로 수량화 한다.

여섯째, 개요의 기획 내용을 본문에서 구체화, 수량화, 도식화 한다.

일곱째, 수단과 방법을 전제조건에 근거하여 제시한다.

여덟째, 전체 기획서의 정합성을 확보한다.

아홉째, 체크리스트를 통해 기획서의 완결을 도모한다.

기획서 초안 작성이 끝나면 반드시 체크리스트를 통해 점검하고, 프리젠테이션을 준비한다. 체크리스트는 기획에 참여한 구성원 전체가 참여하는 것은 물론이고, 그 외의 관계자들도 포함시킬 필요가 있다. 대부분 일정이 촉박한 경우가 많아서, 기획서를 작성한 팀은 오류를 제대로 들추지 못한다. 특히 과도한 욕심과 기대 때문에, 분량이나 내용이 오버되는 예가 흔하다. 체크리스트는 상황과 여건에 따라, 그리고 해당 프로젝트에 따라 여러 가지가 있을 수 있다. 다음은 나카노아키오의 『기획서 잘 쓰는 법』을 참고하여[5] 문화콘텐츠 기획에 대응하여 수정·보완해 본 것이다. 기획서 마무리작업에 참고가 될 것으로 본다.

리스트에 대한 체크가 끝나면 체크사항을 중심으로 최종 수정작업을 한다. 최종 수정 작업에서도 물론 기획서가 가지는 본질적 맥락을 점검해야 한다. 기획을 말할 때, 이구동성으로 말하는 바는, 애매한 단어를 사용하지 말라는 것이다. 보는 사람에 따라서 다른 해석이 나올 가능성 매우 높기 때문이다.

5) Nakano Akio 지음, 나상억·김원종 옮김, 위의 책(2003), 193쪽.

순서	요점	체크 포인트		체크(회수)		
1	전체의 느낌을 체크한다	분량이 필요 이상으로 두껍지 않은가				
		표제는 적절한가(기획의 목적이 잘 드러났는가)				
		차례를 통해 기획의 의도를 드러낼 수 있는가				
2	지면의 느낌을 체크한다	제목을 통해 내용을 파악할 수 있는가				
		행간 등 레이아웃이 잘 되었는가				
		도표의 배치 등이 적절한가				
3	내용을 꼼꼼하게 체크한다	개요	목적, 문제의식이 간결하고 정확하게 서술 되었는가			
			독선적이거나 과장된 표현은 없는가			
			현상을 설명하는 자료가 적합한가			
			객관적으로 내용을 이해할 수 있는가			
		수단 방법 성과	논리 전개가 독선적이지 않은가			
			너무 우회적인 표현은 없는가			
			불필요한 경어를 사용하지 않았는가			
			올바른 용어를 사용했는가			
			개조식과 설명식의 적합성이 있는가			
			행을 바꾸거나 옮길 표현은 없는가			
			과장된 표현은 없는가			
			오자, 문맥, 문장은 올바로 쓰여졌는가			
			실제적인 내용의 중복은 없는가			
			도식화, 도표화 할 표현은 더 없는가			
		원천 자료	콘텐츠화의 전제조건이 되는 자료인가			
			구체적인 데이터와 기본정보가 주어져 있는가			
			저작권 등 출처, 사용범위, 권한 등이 제시 되었는가			
			추가할 자료, 삭제할 자료는 없는가			
4	2회 더 읽는다	구체적으로 기획 방안이 드러나 있는가				
		막힘없이 읽히는가. 스토리적 구성을 가지는가				
		데이터, 자료, 출처, 인용문 등에 틀린 곳은 없는가				
		내용에 과부족은 없는가				

특히 '크다', '높다', '아름답다', '많다', '최고이다' 등의 주관적 표현은 기획서에서 금기되는 단어들이다. 그래서 가능하면 수치화시키라고 말한다. 계량

화되거나 구체적인 사항이 적시되어 있으면 누가 보든 이해하기 쉽기 때문이다. 다시 말하면, '독립적 의미'만을 가진 단어로 표기하는 것이 가장 좋은 방법이다. 체크과정에서 구성원들 사이에 해석이 달리 나오는 용어가 발견되었다면, 그 기획서는 이미 일관성을 잃어버린 것이나 다름없다.

결론적으로 기획서는 하나의 이야기이다. 제안자가 의도하는 바를 스토리텔링하는 양식인 셈이다. 스토리텔링은 적절한 서사구성을 취해야한다. 서사구성이 없으면, 이야기가 재미없어지기 때문이다. 여기서 말하는 재미는 일관성의 구성을 말한다. 그래서 어느 단계든 논리가 명백한 결론의 연속으로 진행되어야 한다. 마찬가지로 이 결론은 누구에게나 통용될 수 있어야 한다. 예를 들면, '이것이 ~하므로, ~게 한다'라고 표현되어야 한다.

모방은 최고의 창조 작업이라고 생각한다. 모방을 통해서 새로운 기법과 기술을 발견할 수 있기 때문이다. 다른 사람이 이야기한 바를 듣고, 혹은 써놓은 글을 읽고 본인의 생각을 정리하는 것이 기획서 기법을 익히는데, 소정의 도움이 될 것임은 분명해 보인다. 이제 실제 사례의 모방을 통해, 본인이 원하는, 그리고 의도하는 이야기를 비주얼하게 풀어갈 수 있도록 주요 항목을 선별하여 설명해 보겠다.

2. 개요 작성법

표제 및 목차 작성[6]

6) 본 사례는 2004년 목포대학교 도서문화연구소가 KOCCA 문화원형 사업에 응모하여 개발 완료한 기획서이다. 기획에는 고석규, 나승만, 곽유석, 이경엽, 문병채, 김현철, 최성환 및 필자가 참여하였고, 개발과정에서는 (주)에프엑스의 개발 연구자 및 (주)두김, 목포대학교의 송기태, 김헌주 등이 참여한 바 있다. 이중 '지게작대기 발상'에서는 곽유석 및 필자가 아이디어를 제기하였고, '홍어삼합 발상'의 단계에서는 김현철과 필자가 틀을 고안했다고 할 수 있으며, '시나위 발

◎표제는 기획의 목적과 의도가 명료하게 드러나야 함
◎목차는 생명임
◎목차를 통해서도 기획의도가 선명하게 드러날 수 있어야 함

(가칭) 서남해 당(堂)신화 문화콘텐츠
시나리오 리소스 DB 협력사업(리소스형)

상'의 단계에서는 전술한 전문가 모두가 수고했다고 말할 수 있다. 따라서 본 기획서는 이들 각 분야의 전문가들이 공동으로 토론하고 밤을 세워가면서 정리한 산물이라고 할 수 있다. 다만 주도적인 도해작업은 김현철이 맡아서 했음을 밝혀둔다.

과제의 목표

◎기획을 하는 이유를 짧고 명료하게 제시
전체적인 개요를 한눈에 파악할 수 있게 도해

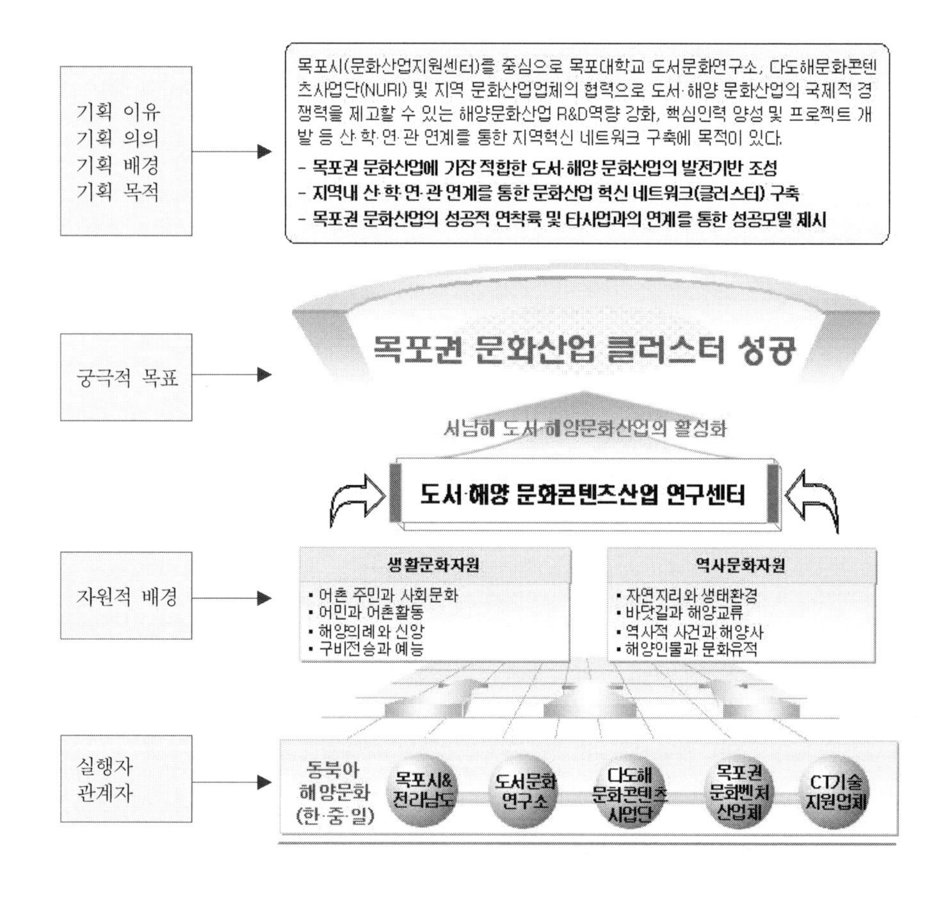

기획 이유
기획 의의
기획 배경
기획 목적
목포시(문화산업지원센터)를 중심으로 목포대학교 도서문화연구소, 다도해문화콘텐츠사업단(NURI) 및 지역 문화산업업체의 협력으로 도서·해양 문화산업의 국제적 경쟁력을 제고할 수 있는 해양문화산업 R&D역량 강화, 핵심인력 양성 및 프로젝트 개발 등 산·학·연·관 연계를 통한 지역혁신 네트워크 구축에 목적이 있다.
- 목포권 문화산업에 가장 적합한 도서·해양 문화산업의 발전기반 조성
- 지역내 산·학·연·관 연계를 통한 문화산업 혁신 네트워크(클러스터) 구축
- 목포권 문화산업의 성공적 연착륙 및 타사업과의 연계를 통한 성공모델 제시
궁극적 목표
목포권 문화산업 클러스터 성공
서남해 도서·해양문화산업의 활성화
도서·해양 문화콘텐츠산업 연구센터
자원적 배경
생활문화자원
▪ 어촌 주민과 사회문화
▪ 어민과 어촌활동
▪ 해양의례와 신앙
▪ 구비전승과 예능
역사문화자원
▪ 자연지리와 생태환경
▪ 바닷길과 해양교류
▪ 역사적 사건과 해양사
▪ 해양인물과 문화유적
실행자
관계자
동북아 해양문화 (한·중·일)
목포시& 전라남도
도서문화 연구소
다도해 문화콘텐츠 사업단
목포권 문화벤처 산업체
CT기술 지원업체

과제의 범위

◎무엇을 어떻게 콘텐츠화 할 것인가를 정확하게 표현
콘텐츠개발의 배경이 되는 원천 자원을 제시
개발될 콘텐츠 형태를 구체적으로 제시
응용 효과 및 활용 효과를 관련 콘텐츠 이미지를 통해 제시

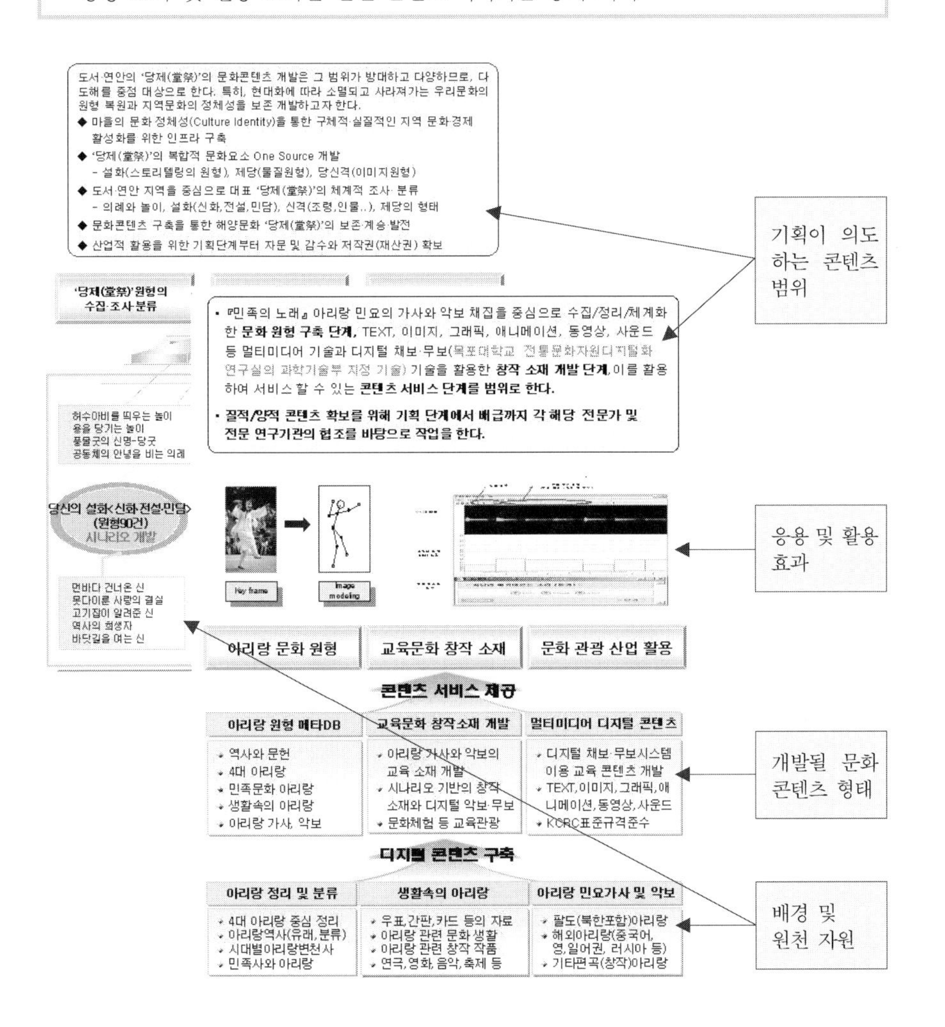

응모자(기관)의 장점 제시

◎응모자의 가장 큰 장점을 0순위로 제시
장점이 데이터 수치화, 도해로 나타나 한눈에 파악될 수 있도록 제시
장점 : 원본 자료 구축의 방대함, 혹은 응용기술의 보유 등

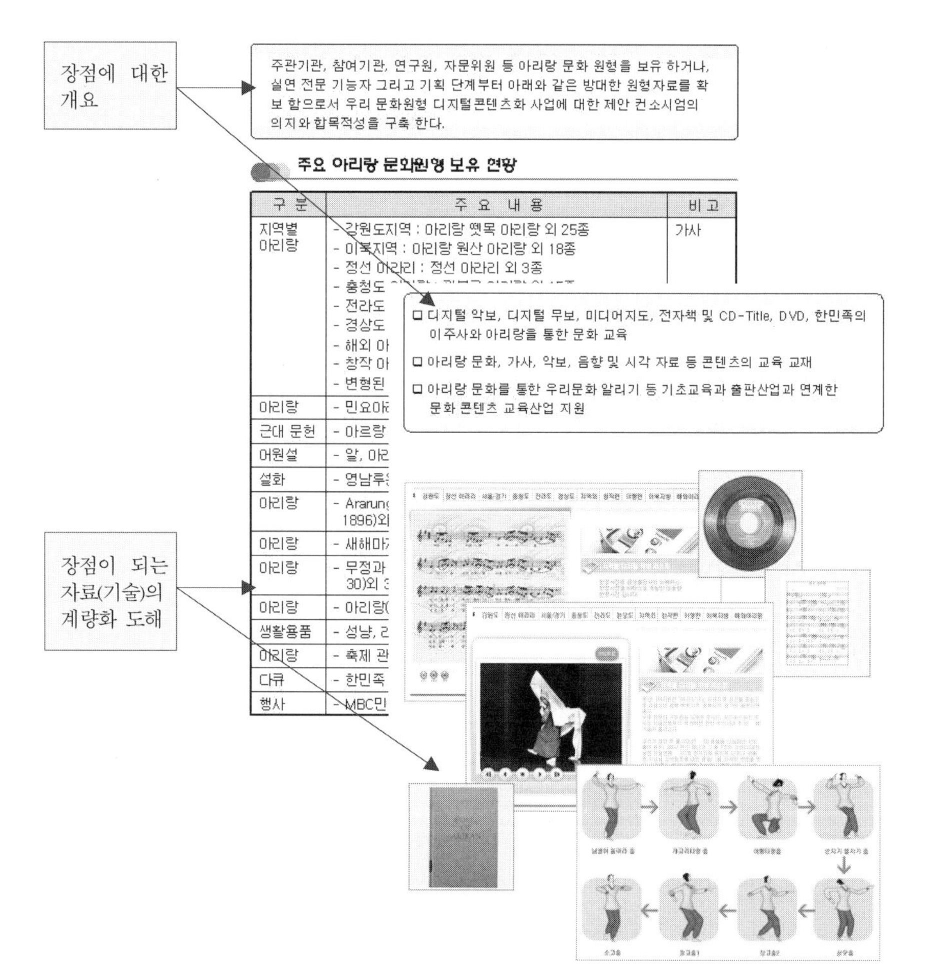

장점에 대한 개요
주관기관, 참여기관, 연구원, 자문위원 등 아리랑 문화 원형을 보유 하거나, 실연 전문 기능자 그리고 기획 단계부터 아래와 같은 방대한 원형자료를 확보 함으로서 우리 문화원형 디지털콘텐츠화 사업에 대한 제안 컨소시엄의 의지와 합목적성을 구축 한다.
주요 아리랑 문화원형 보유 현황
구 분
주 요 내 용
비 고
지역별 아리랑
- 강원도지역 : 아리랑 옛목 아리랑 외 25종
- 이북지역 : 아리랑 원산 아리랑 외 18종
- 정선 아라리 : 정선 아라리 외 3종
가사
□ 디지털 악보, 디지털 무보, 미디어지도, 전자책 및 CD-Title, DVD, 한민족의 이주사와 아리랑을 통한 문화 교육
□ 아리랑 문화, 가사, 악보, 음향 및 시각 자료 등 콘텐츠의 교육 교재
□ 아리랑 문화를 통한 우리문화 알리기 등 기초교육과 출판산업과 연계한 문화 콘텐츠 교육산업 지원
근대 문헌
어원설
설화
생활용품
다큐
행사
장점이 되는 자료(기술)의 계량화 도해

개발의 범위 

◎개발의 범위가 한 눈에 보일 수 있도록 도해
개발 범위를 통한 효과를 도해
◎개발과제의 배경 인프라를 제시

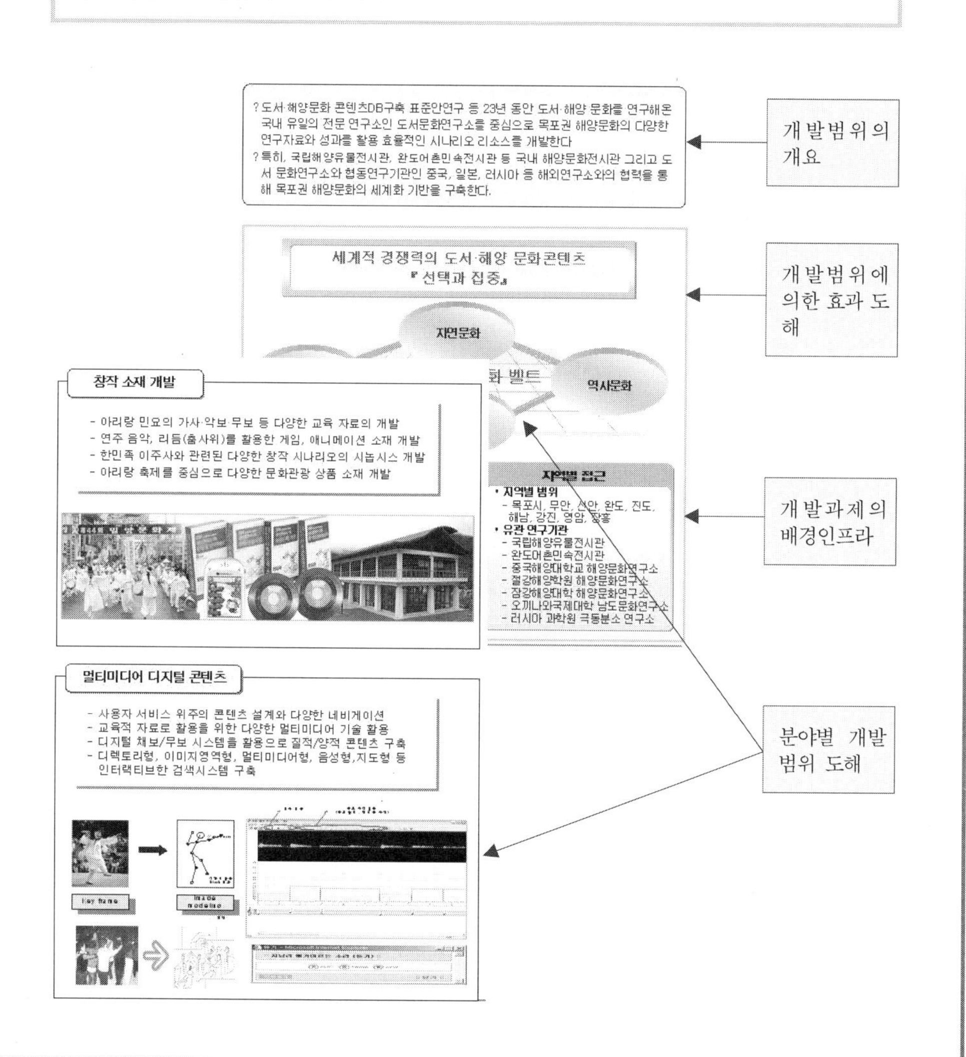

단계별 개발 프로세스 예시-원형구축

◎ 어떻게 개발한 것인지, 단계별 개발 프로세스 순차적으로 제시
개발 첫 단계인 문화원형 구축에 대한 방안 제시

원형 구축 방안

각종 아리랑 문화 원형의 역사적, 문헌적, 사회적, 지리적 접근을 통해 전통과 현대를 총체적으로 한 분류체계를 구축하고, 분류별 가사와 악보를 수집한다. 또한, 생활 속에서 묻어나는 아리랑 문화와 중국어, 영어, 일어, 러시아, 독일어권의 한민족 이주사와 정착된 아리랑 관련 자료를 수집/조사하여 아리랑 문화 원형을 고유 전통 문화로서 분석/접근한다.

- 세부 분석전략을 구성하여 단계적으로 수집/분류
- 통합적이고 체계적인 분류체계도 구축
- Off-Line에 분산되어 있는 아리랑 문화 원형의 자료화
- 자료(DB)관리의 편의성 제공

역사와 문헌

아리랑의 역사, 어원, 설화를 중심으로 한 역사적 접근과, 특히 '진도 물관'에 소장되어 있는 약 500 포함 관련 문헌을 국내, 중국(일어, 러시아 및 독일어 권역으 하여 문화원형을 수집/정리한[

각종 어로,어법 수집/정리, 어구,어선원형의 원형적 접근과 어구,어법,어로의 문화적 접근을 통해 전통 및 현대를 망라한 분류체계를 구축하고, 전통어로문화 관련 자료를 수집/조사하여 어로문화 원형을 고유 해양문화로서 분석/접근한다.

- 세부 분석전략을 구성하여 단계적으로 수집/분류
- 통합적이고 체계적인 분류체계도 구축
- Off-Line에 분산되어 있는 어로문화 원형의 자료화
- 자료(DB)관리의 편의성 제공

원형자료의 분야별 특징 및 콘텐츠범위 예시

4대 아리랑

4대 아리랑(정선아리랑, 경기(밀양아리랑, 진도아리랑)에 대 유래, 전설, 문화, 가사, 악보 5 하는 아리랑의 다양한 원형 자. 집/조사 하며,
특히 이미지, 동영상 및 사운드 구현토록 실연까지를 범위로 ㅎ

어로 관련지식

전통 어로지식(환경인지, 어로지식, 항해지식,분배방법, 구성원역할 등)을 동해안, 서해안, 제주도로 구분 수집/조사하여 통합적, 체계적으로 디지타이징 한다.

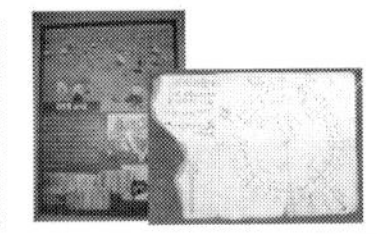

어로방법과 어로도구

전래채취어로(조새,낙지삽등), 전래갯벌어로(개막이,어전등), 전래연안어로(주낙,통발등), 가공도구(해초류,가공도구)등에 대한 지역별 발전사 및 변천사를 수집/조사한다.

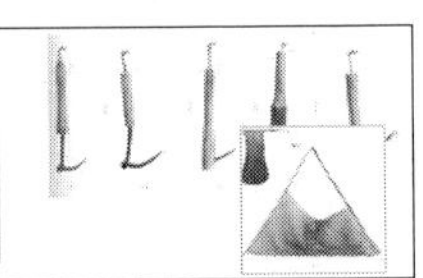

해역별 어로문화와 어로여행

어구원형, 어선원형, 고기잡이원형, 전통어로 민속문화, 어로여행등을 동해안, 서해안, 제주도로 구분 수집/조사한다.

단계별 개발 프로세스 예시 - 디지털콘텐츠 개발

◎ 어떻게 개발한 것인지, 단계별 개발 프로세스 순차적으로 제시
개발 본 단계인 디지털콘텐츠 개발 프로세스 제시

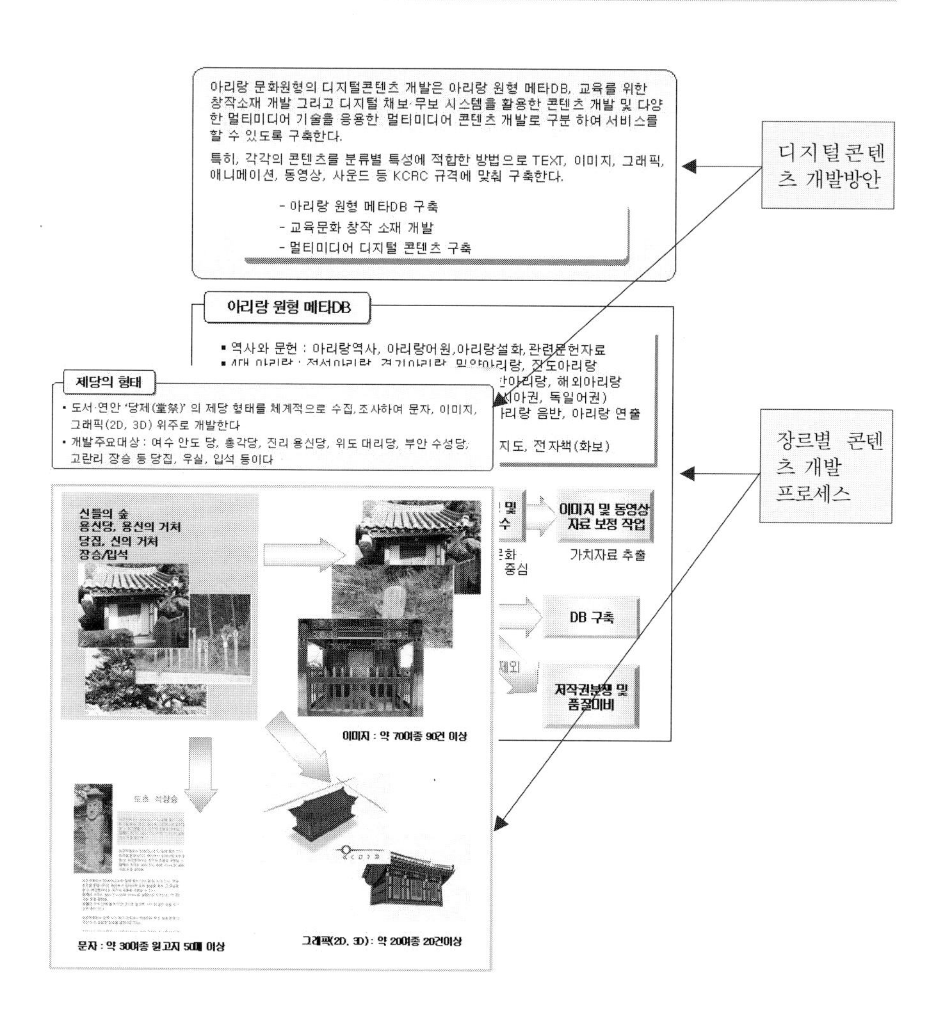

아리랑 문화원형의 디지털콘텐츠 개발은 아리랑 원형 메타DB, 교육을 위한 창작소재 개발 그리고 디지털 채보·무보 시스템을 활용한 콘텐츠 개발 및 다양한 멀티미디어 기술을 응용한 멀티미디어 콘텐츠 개발로 구분 하여 서비스를 할 수 있도록 구축한다.
특히, 각각의 콘텐츠를 분류별 특성에 적합한 방법으로 TEXT, 이미지, 그래픽, 애니메이션, 동영상, 사운드 등 KCRC 규격에 맞춰 구축한다.
- 아리랑 원형 메타DB 구축
- 교육문화 창작 소재 개발
- 멀티미디어 디지털 콘텐츠 구축
디지털콘텐츠 개발방안
아리랑 원형 메타DB
▪ 역사와 문헌 : 아리랑역사, 아리랑어원,아리랑설화,관련문헌자료
제당의 형태
• 도서·연안 '당제(堂祭)' 의 제당 형태를 체계적으로 수집,조사하여 문자, 이미지, 그래픽(2D, 3D) 위주로 개발한다
• 개발주요대상 : 여수 안도 당, 총각당, 진리 용신당, 위도 대리당, 부안 수성당, 고란리 장승 등 당집, 우실, 입석 등이다
장르별 콘텐츠 개발 프로세스
이미지 및 동영상 자료 보정 작업
가치자료 추출
DB 구축
저작권분쟁 및 품질미비
신들의 숲
용신당, 용신의 거처
당집, 신의 거처
장승/입석
이미지 : 약 70여종 90건 이상
문자 : 약 30여종 원고지 50매 이상
그래픽(2D, 3D) : 약 20여종 20건이상

단계별 개발 프로세스 예시 - 개발콘텐츠 서비스

◎ 어떻게 개발한 것인지, 단계별 개발 프로세스 순차적으로 제시
개발 최종단계인 개발콘텐츠 서비스 방안 제시

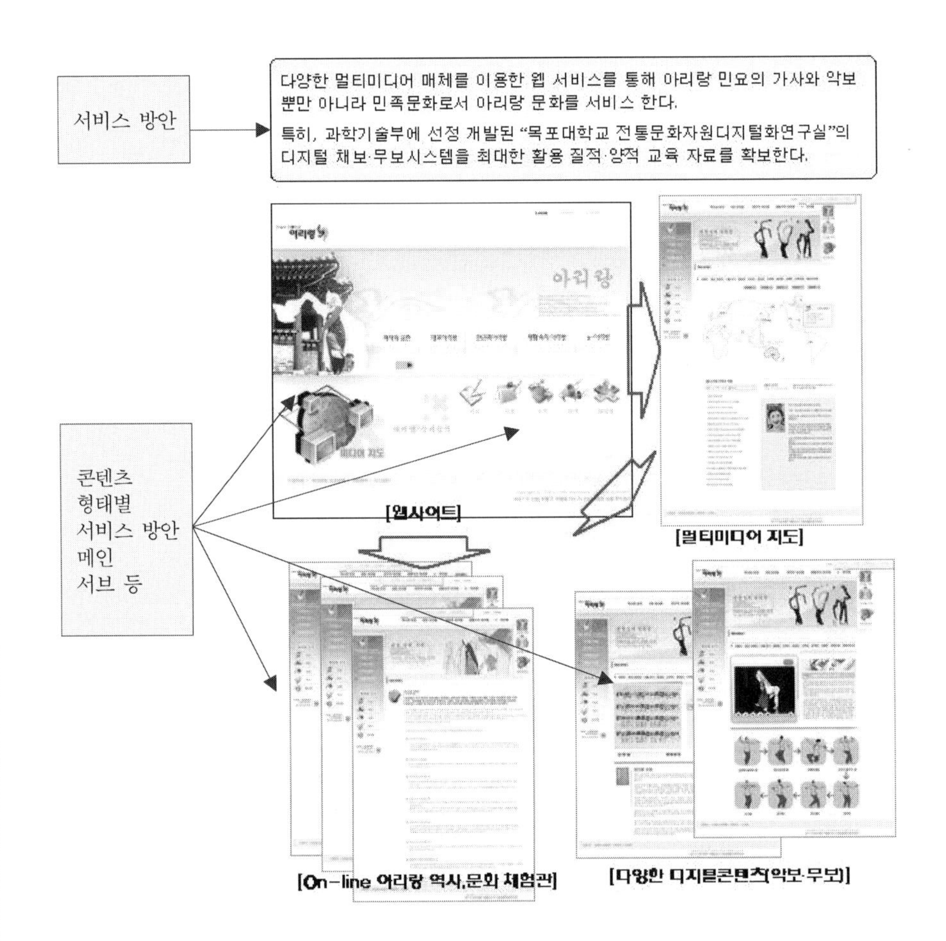

서비스 방안
다양한 멀티미디어 매체를 이용한 웹 서비스를 통해 아리랑 민요의 가사와 악보 뿐만 아니라 민족문화로서 아리랑 문화를 서비스 한다.
특히, 과학기술부에 선정 개발된 "목포대학교 전통문화자원디지털화연구실"의 디지털 채보·무보시스템을 최대한 활용 질적·양적 교육 자료를 확보한다.
콘텐츠
형태별
서비스 방안
메인
서브 등
아리랑
[웹사이트]
[멀티미디어 지도]
[On-line 아리랑 역사,문화 체험관]
[다양한 디지털콘텐츠(악보·무보)]

기대 효과 – 총괄

◎이 기획을 통하여 얻을 수 있는 기대 총괄
◎기획의 표적 및 대상 개조식 서술 및 도해

3. 기대효과

본사업과의 부합성

□ 해양국가인 우리나라를 동해안, 서해안, 제주도로 구분 **전통 어로문화의 지역차와 특성을 디지털 기술로 가공** "문화원형 디지털 콘텐츠화 사업"이 지향하는 목표와 완벽하게 부합함

□ **"전통 어로방법과 어구"**의 원형 보존은 민족정신과 삶속에 내재된 유/무형의 문화상품으로서 세계적 경쟁력을 가질 수 있는 고부가가치 산업임

□ 어구,어선, 고기잡
산업등 다양한 장

□ 부문별 전통어로
이미지, 그래픽, (

아리랑과 관련된 음향과 시각자료를 취합하여 정리하고, 멀티미디어 디지털콘텐츠로 개발 문화콘텐츠산업의(OSMU) 여러 분야에서 활용한다.
- 직접적 효과 : 디지털콘텐츠 구축, 문화 교육자료 소재개발, 문화산업의 창작 소재 및 요소 제공
- 파급적 효과 : 문화 민족 의식 고취, 전통문화국가 위상 정립, 문화관광의 소재 개발, 아리랑의 세계화(유네스코 아리랑상, 2002년 월드컵 노래 등)

기대효과 개조

산업적 활용 예

□ 어구, 어선의 전통
해양시뮬레이션 기

□ 어로관련지식, 어
애니메이션, 만화

□ 디지털콘텐츠(어
프라모델, 모형 민

□ 어로요 및 어로민

□ 교육산업, 체험/테
다양한 문화콘텐

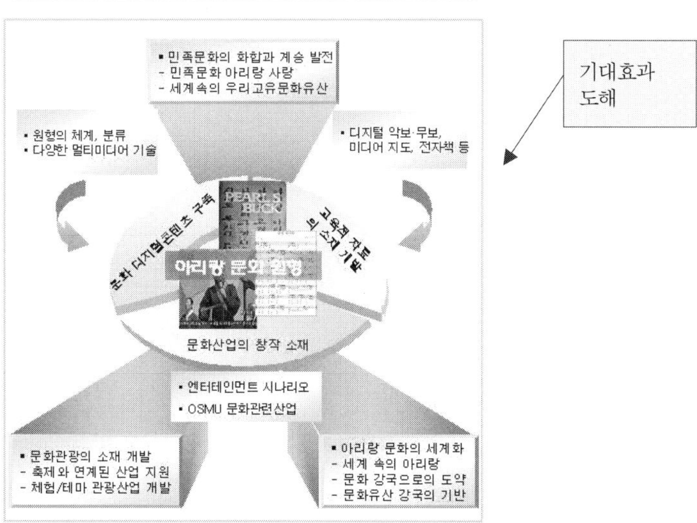

기대효과 도해

기대효과 – 직접적, 간접적 효과

◎이 기획을 통하여 얻을 수 있는 직·간접 효과를 구분하여 도해
◎효과가 발생하는 프로세스를 순차적으로 표현하여 이해를 구함

전통어로문화를 통해 조상의 지혜와 문화를 재조명하고, 동해안, 서해안, 제주도의 지역별 전통문화로서 원형을 보존하며, 전통성, 다양성, 우수성, 예술성을 종합적이고 체계적인 콘텐츠로 제공한다.
또한, 게임, 애니메이션, 완구, 모바일 등 산업에 다양한 창작소재를 제공한다.

직접 기대효과

게임, 애니메이션, 완구, 교육문화산업 등의 창작 소재로서 어구, 어선, 고기잡이, 어로지식 등을 활용한다.

전통문화로서의 **'전통 어로 어구'**

간접 기대효과

- 사라져 가는 공동체 향토문화의 인식 기회
- 현대사회의 문제점(핵가족, 공동화..)의 정서적 치유의 기회
- 전승된 지역향토문화를 통한 지역경제의 활성화 기회
- 다양한 해양문화의 인프라 구축으로 해양Expo등 세계적 축제 기회
- 중국과 공동 연구를 통한 해양문화 교류 및 중국 시장 진출의 기회
- 해양문화 역량 강화 및 해양 주권 확보를 위한 문화적 인프라 구축

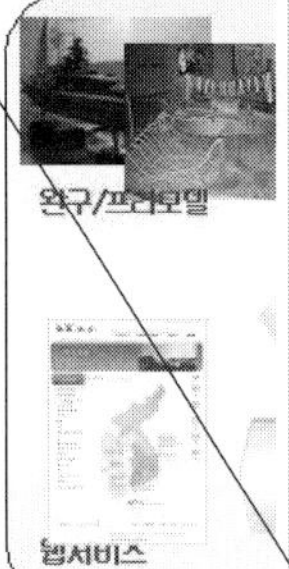

공동체놀이를 통한 정서적 치유의 기회

공동체 향토문화의 인식기회

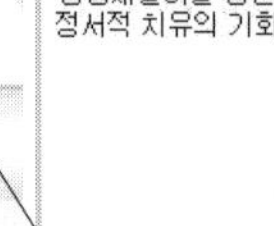

지역향토문화를 통한 지역경제 활성화 기회

해양 Expo 등 세계적 축제의 기회

해양문화 교류 및 중국시장 진출의 기회

3. 본문 작성법

1) 콘텐츠화 기획방안

기획의도

◎기획의 의도, 배경, 이유, 해야 할 일을 구체적으로 묘사
목표는 너무 높거나 낮게 잡지 않아야 함 – 실행단계를 고려할 필요

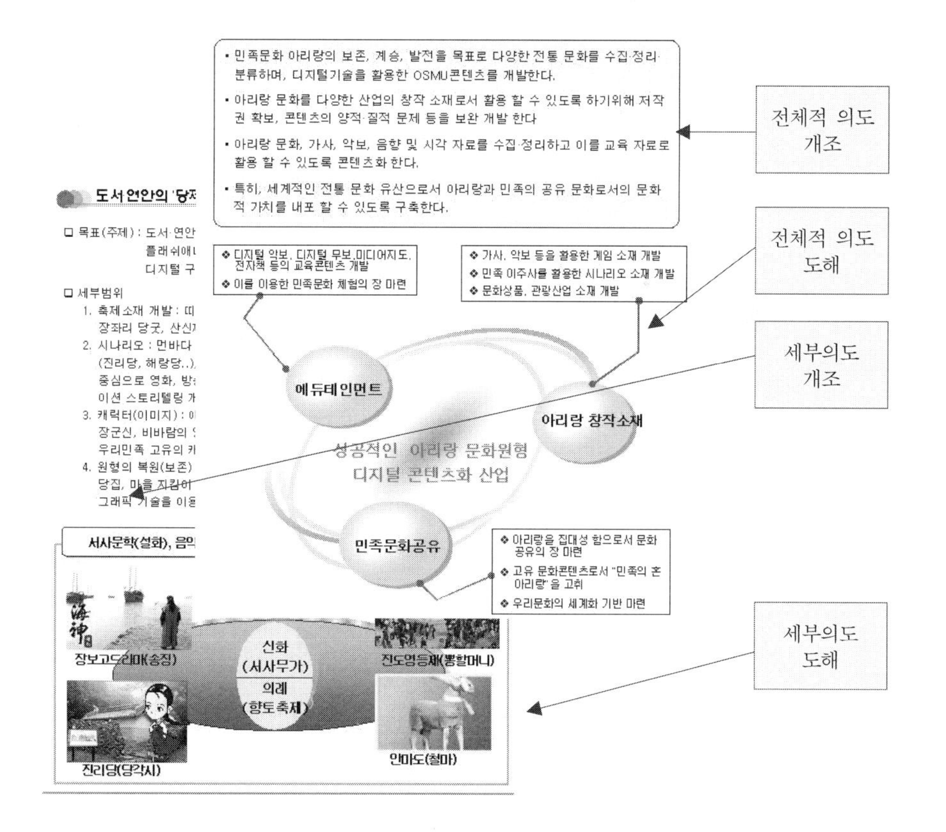

기획방향 – 필요성

◎ 기획 방향에 대한 필요성을 수량화하여 설득력을 높임
목표는 너무 높거나 낮게 잡지 않아야 함 – 실행단계를 고려할 필요

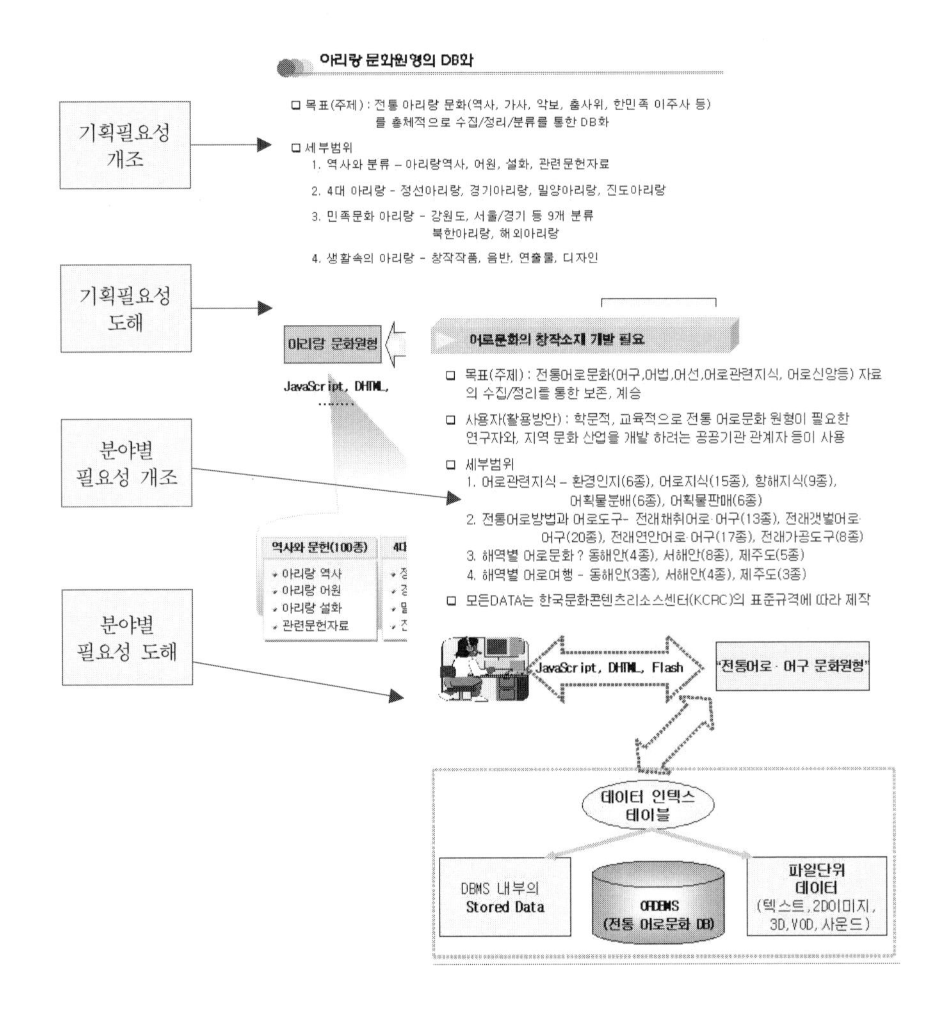

기획필요성 개조
기획필요성 도해
분야별 필요성 개조
분야별 필요성 도해
아리랑 문화원형의 DB화
□ 목표(주제) : 전통 아리랑 문화(역사, 가사, 악보, 춤사위, 한민족 이주사 등) 를 총체적으로 수집/정리/분류를 통한 DB화
□ 세부범위
1. 역사와 분류 – 아리랑역사, 어원, 설화, 관련문헌자료
2. 4대 아리랑 - 정선아리랑, 경기아리랑, 밀양아리랑, 진도아리랑
3. 민족문화 아리랑 - 강원도, 서울/경기 등 9개 분류 북한아리랑, 해외아리랑
4. 생활속의 아리랑 - 창작작품, 음반, 연출물, 디자인
아리랑 문화원형
JavaScript, DHTML, ...
역사와 문헌(100종)
아리랑 역사
아리랑 어원
아리랑 설화
관련문헌자료
어로문화의 창작소재 개발 필요
□ 목표(주제) : 전통어로문화(어구,어법,어선,어로관련지식, 어로신앙등) 자료의 수집/정리를 통한 보존, 계승
□ 사용자(활용방안) : 학문적, 교육적으로 전통 어로문화 원형이 필요한 연구자와, 지역 문화 산업을 개발 하려는 공공기관 관계자 등이 사용
□ 세부범위
1. 어로관련지식 – 환경인지(6종), 어로지식(15종), 항해지식(9종), 어획물분배(6종), 어획물판매(6종)
2. 전통어로방법과 어로도구- 전래채취어로·어구(13종), 전래갯벌어로·어구(20종), 전래연안어로·어구(17종), 전래가공도구(8종)
3. 해역별 어로문화 ? 동해안(4종), 서해안(8종), 제주도(5종)
4. 해역별 어로여행 - 동해안(3종), 서해안(4종), 제주도(3종)
□ 모든DATA는 한국문화콘텐츠리소스센터(KCRC)의 표준규격에 따라 제작
JavaScript, DHTML, Flash
"전통어로·어구 문화원형"
데이터 인덱스 테이블
DBMS 내부의 Stored Data
ORDBMS (전통 어로문화 DB)
파일단위 데이터 (텍스트, 2D이미지, 3D, VOD, 사운드)

기획방향-분야별 창작 소재화

◎분야별 창작 소재화에 대한 구체적 목록을 들어 이해를 구함
목표는 너무 높거나 낮게 잡지 않아야 함-실행단계를 고려할 필요

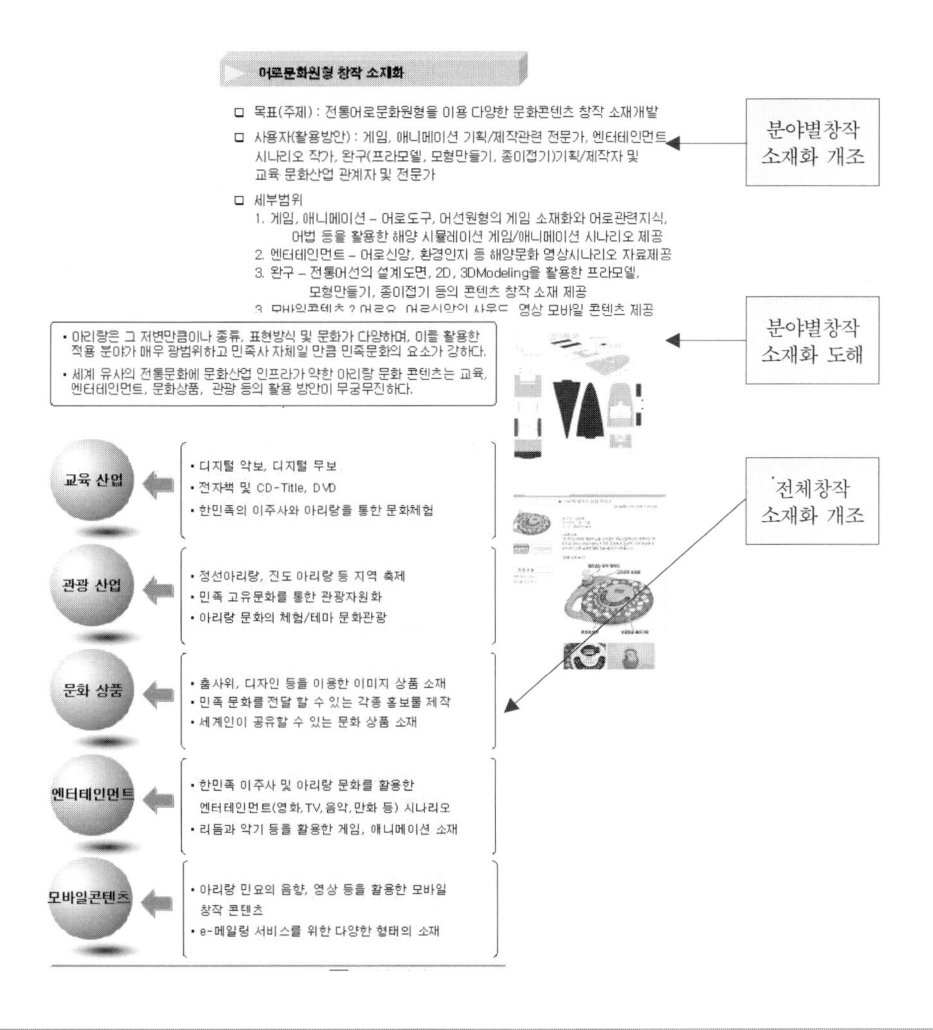

어로문화원형 창작 소재화
□ 목표(주제) : 전통어로문화원형을 이용 다양한 문화콘텐츠 창작 소재개발
□ 사용자(활용방안) : 게임, 애니메이션 기획/제작관련 전문가, 엔터테인먼트 시나리오 작가, 완구(프라모델, 모형만들기, 종이접기)기획/제작자 및 교육 문화산업 관계자 및 전문가
□ 세부범위
1. 게임, 애니메이션 – 어로도구, 어선원형의 게임 소재화와 어로관련지식, 어법 등을 활용한 해양 시뮬레이션 게임/애니메이션 시나리오 제공
2. 엔터테인먼트 – 어로신앙, 환경인지 등 해양문화 영상시나리오 자료제공
3. 완구 – 전통어선의 설계도면, 2D, 3DModeling을 활용한 프라모델, 모형만들기, 종이접기 등의 콘텐츠 창작 소재 제공
분야별창작 소재화 개조
분야별창작 소재화 도해
전체창작 소재화 개조
• 아리랑은 그 저변만큼이나 종류, 표현방식 및 문화가 다양하며, 이를 활용한 적용 분야가 매우 광범위하고 민족사 자체일 만큼 민족문화의 요소가 강하다.
• 세계 유사의 전통문화에 문화산업 인프라가 약한 아리랑 문화 콘텐츠는 교육, 엔터테인먼트, 문화상품, 관광 등의 활용 방안이 무궁무진하다.
교육 산업
• 디지털 악보, 디지털 무보
• 전자책 및 CD-Title, DVD
• 한민족의 이주사와 아리랑을 통한 문화체험
관광 산업
• 정선아리랑, 진도 아리랑 등 지역 축제
• 민족 고유문화를 통한 관광자원화
• 아리랑 문화의 체험/테마 문화관광
문화 상품
• 춤사위, 디자인 등을 이용한 이미지 상품 소재
• 민족 문화를 전달 할 수 있는 각종 홍보물 제작
• 세계인이 공유할 수 있는 문화 상품 소재
엔터테인먼트
• 한민족 이주사 및 아리랑 문화를 활용한 엔터테인먼트(영화,TV,음악,만화 등) 시나리오
• 리듬과 악기 등을 활용한 게임, 애니메이션 소재
모바일콘텐츠
• 아리랑 민요의 음향, 영상 등을 활용한 모바일 창작 콘텐츠
• e-메일링 서비스를 위한 다양한 형태의 소재

차별화 방안-유사 콘텐츠 현황 분석

◎개발과제와 유사한 콘텐츠를 사례별로 찾아 분석
객관적인 경향과 과제개발 방향의 분석에 필수적인 요소임

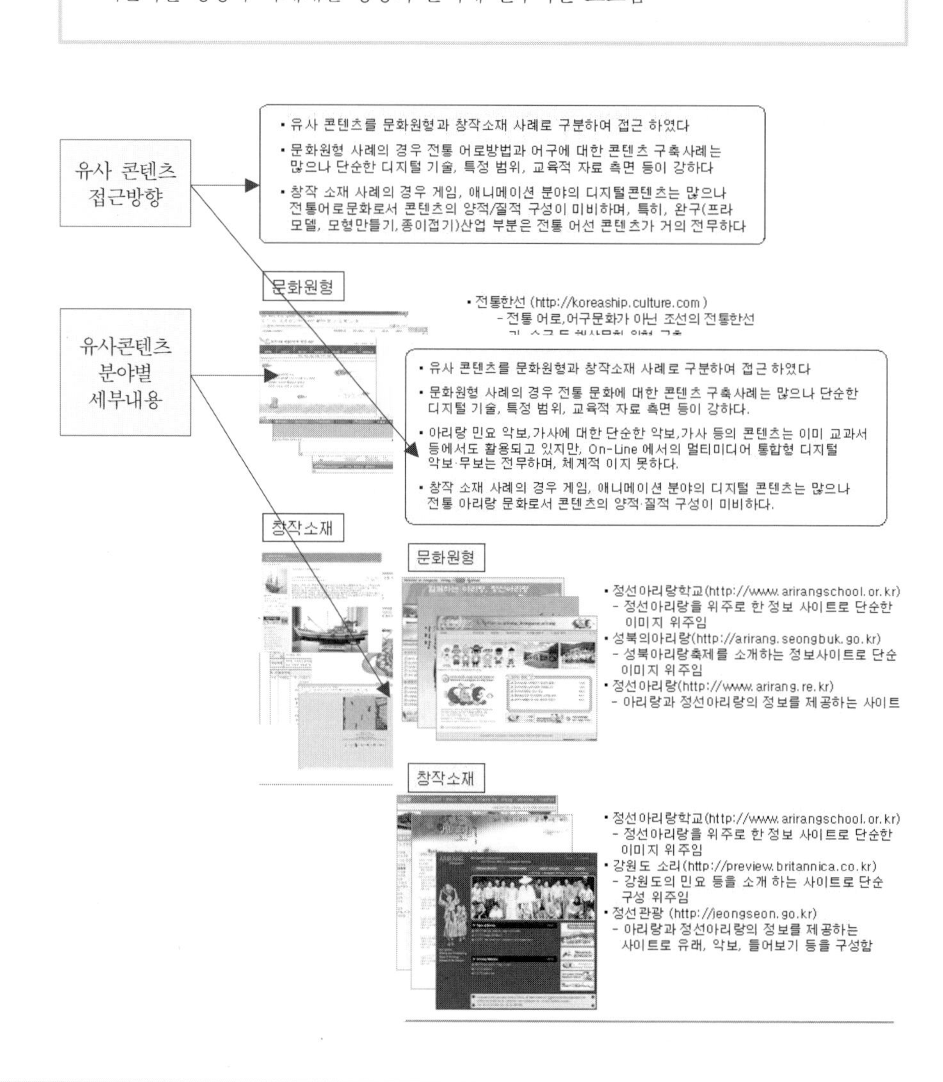

유사 콘텐츠 접근방향
• 유사 콘텐츠를 문화원형과 창작소재 사례로 구분하여 접근 하였다
• 문화원형 사례의 경우 전통 어로방법과 어구에 대한 콘텐츠 구축사례는 많으나 단순한 디지털 기술, 특정 범위, 교육적 자료 측면 등이 강하다
• 창작 소재 사례의 경우 게임, 애니메이션 분야의 디지털콘텐츠는 많으나 전통어로문화로서 콘텐츠의 양적/질적 구성이 미비하며, 특히, 완구(프라모델, 모형만들기, 종이접기)산업 부분은 전통 어선 콘텐츠가 거의 전무하다
문화원형
• 전통한선 (http://koreaship.culture.com)
- 전통 어로, 어구문화가 아닌 조선의 전통한선
유사콘텐츠 분야별 세부내용
• 유사 콘텐츠를 문화원형과 창작소재 사례로 구분하여 접근 하였다
• 문화원형 사례의 경우 전통 문화에 대한 콘텐츠 구축사례는 많으나 단순한 디지털 기술, 특정 범위, 교육적 자료 측면 등이 강하다.
• 아리랑 민요 악보, 가사에 대한 단순한 악보, 가사 등의 콘텐츠는 이미 교과서 등에서도 활용되고 있지만, On-Line 에서의 멀티미디어 통합형 디지털 악보·무보는 전무하며, 체계적 이지 못하다.
• 창작 소재 사례의 경우 게임, 애니메이션 분야의 디지털 콘텐츠는 많으나 전통 아리랑 문화로서 콘텐츠의 양적·질적 구성이 미비하다.
창작소재
문화원형
• 정선아리랑학교(http://www.arirangschool.or.kr)
- 정선아리랑을 위주로 한 정보 사이트로 단순한 이미지 위주임
• 성북의아리랑(http://arirang.seongbuk.go.kr)
- 성북아리랑축제를 소개하는 정보사이트로 단순 이미지 위주임
• 정선아리랑(http://www.arirang.re.kr)
- 아리랑과 정선아리랑의 정보를 제공하는 사이트
창작소재
• 정선아리랑학교(http://www.arirangschool.or.kr)
- 정선아리랑을 위주로 한 정보 사이트로 단순한 이미지 위주임
• 강원도 소리(http://preview.britannica.co.kr)
- 강원도의 민요 등을 소개 하는 사이트로 단순 구성 위주임
• 정선관광 (http://jeongseon.go.kr)
- 아리랑과 정선아리랑의 정보를 제공하는 사이트로 유래, 악보, 들어보기 등을 구성함

차별화 방안 - 분야별 차별화

◎유사콘텐츠 분석에 의한 분야별 차별화 방안 제시
상대적 열세분야: 극복방안 중심으로 기술
상대적 우세분야: 특장화시키는 전략 중심으로 기술

3.2. 차별와 방안

원천 자료의 차별화

□ 어로방법과 어구 관련 전문가로 구성된 자문위원의 철저한 검증을 통해 정확성, 신뢰성 및 전문성 확보
□ 동해안, 서해안, 제주도로 구분 현장 중심의 시각에서 문화원형 접근
□ 단순 데이터 수집/조사가 아닌 사례 위주의 접근과 현장조사를 통한 어로 문화원형자료의 질적 양적 확보
□ 생존하는 어부들의 생생한 증언을 바탕으로 전례되는 어로 문화원형의 접근

창작 소재(시나리오) 제공

□ 어로도구, 어선원형의 게임 소재화와 어로관련지식, 어법 등을 활용한 해양 ... 한 프라모델, 모형 만들기, ... 사전과, 교육용CD, 부교재, ... 창작 소재 제공 ... 등 문화/관광 산업에

... 털 콘텐츠의 다양성 확보
... 기술 및 각종 표준 스펙을 ... 위해 EJB기술 및 표준 적용
... ing 기법과 플래시 이미지
... 데이터베이스 설계

- 아리랑 민요의 가사와 악보 및 교육자료 활용을 위한 최고의 자문 위원 확보와 다수의 원천 자료 확보에 대한 철저한 확보 계획
- 아리랑 민요의 가사와 악보의 디지털콘텐츠를 위한 최상의 조직 구성
  - 국립목포대학교 : 전통문화자원디지털연구실 중심의 연구진과 노하우
  - ㈔ 한민족아리랑연합회 : 다양한 아리랑 원형 소장 및 전시와 연구진
  - ㈜ 데커 : 게임, 애니메이션 등 개발 원천 기술, 노하우 및 기술진

최상의 협력체 구성

아리랑 관련 전문 연구 위원
광범위한 원천자료 철저한 확보 계획
강등학,최상일,김효성, 강숭대,락명자,김학주, 나승만 교수 등 총 10인
아리랑 민요의 디지털콘텐츠화
진도역사박물관
(사)한민족아리랑연합회
러시아,중국,일본 현지 조사
정선,밀양,진도 등 전국 자료조사

㈔ 한민족 아리랑연합회
국립목포대학교 전통문화자원 디지털연구실
㈜ 데커

- 정선아리랑,진도아리랑 등 다수의 저서와 논문 및 자료 보유
- 아리랑 문화(축제,방송,음반 등) 기획 연구진
- 문화원형 제공 및 수요처

- 예술자원의 문화기술 구현방법론 기발
- 디지털기반의 자동채보기술 기발
- 디지털 무보 알고리즘 기발
- 디지털 무보 시스템 구현

- 게임, 애니메이션전문업체
- 보유장비 및 기술자 보유
- CT관련산업 다수 수행경험
- 문화 콘텐츠 수요처

분야별차별화 개조

분야별차별화 도해

차별화 방안-응모자(기관)의 특장

◎응모자(기관)의 대외적 특장 부분을 구체적 사례를 통해 제시
특장이 되는 보유원천기술, 원천보유자료 등을 사례를 통해 예시
특장 분야를 통한 차별화 방안을 포함하여 기술

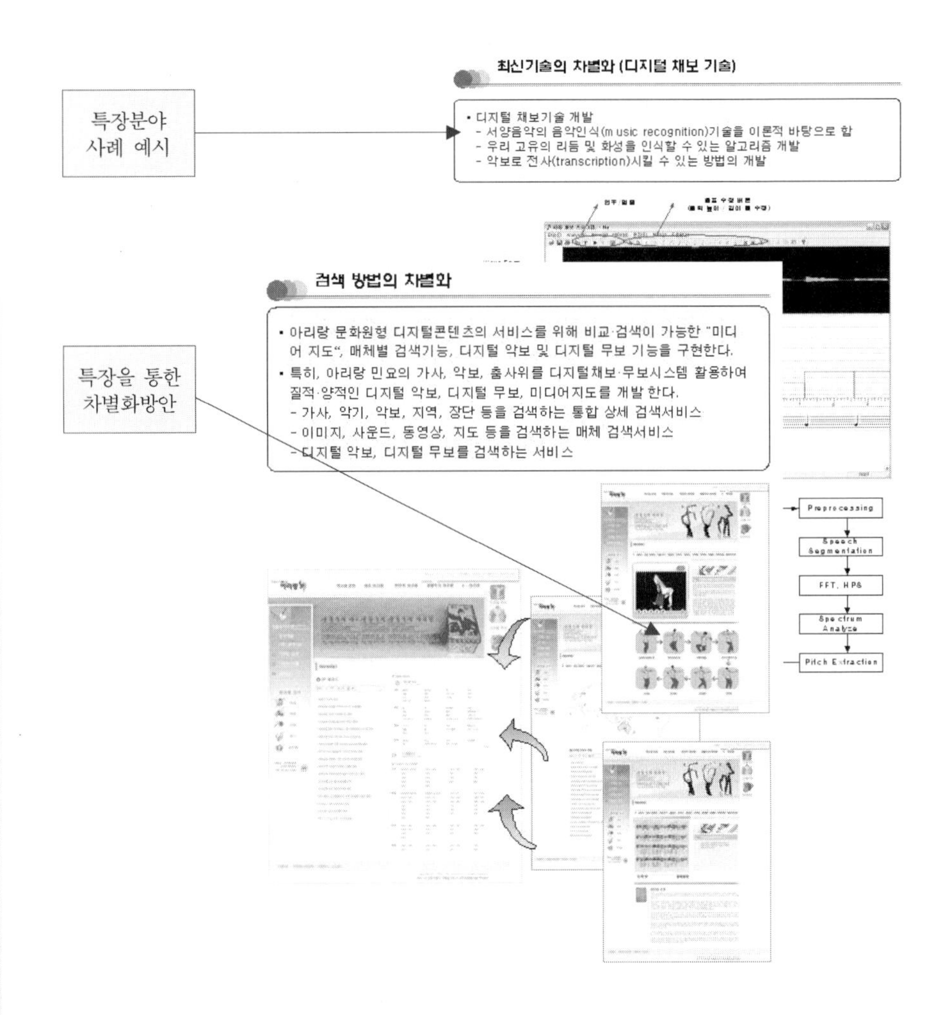

특장분야 사례 예시
최신기술의 차별화 (디지털 채보 기술)
• 디지털 채보기술 개발
- 서양음악의 음악인식(music recognition)기술을 이론적 바탕으로 함
- 우리 고유의 리듬 및 화성을 인식할 수 있는 알고리즘 개발
- 악보로 전사(transcription)시킬 수 있는 방법의 개발
특장을 통한 차별화방안
검색 방법의 차별화
• 아리랑 문화원형 디지털콘텐츠의 서비스를 위해 비교·검색이 가능한 "미디어 지도", 매체별 검색기능, 디지털 악보 및 디지털 무보 기능을 구현한다.
• 특히, 아리랑 민요의 가사, 악보, 춤사위를 디지털채보·무보시스템 활용하여 질적·양적인 디지털 악보, 디지털 무보, 미디어지도를 개발 한다.
- 가사, 악기, 악보, 지역, 장단 등을 검색하는 통합 상세 검색서비스
- 이미지, 사운드, 동영상, 지도 등을 검색하는 매체 검색서비스
- 디지털 악보, 디지털 무보를 검색하는 서비스
Preprocessing
Speech Segmentation
FFT, HPS
Spectrum Analyze
Pitch Extraction

2) 콘텐츠화 대상

◎ 대상의 필요성과 전망을 한눈에 이해할 수 있게 도해
개괄적 콘텐츠화 대상을 수치로 제시

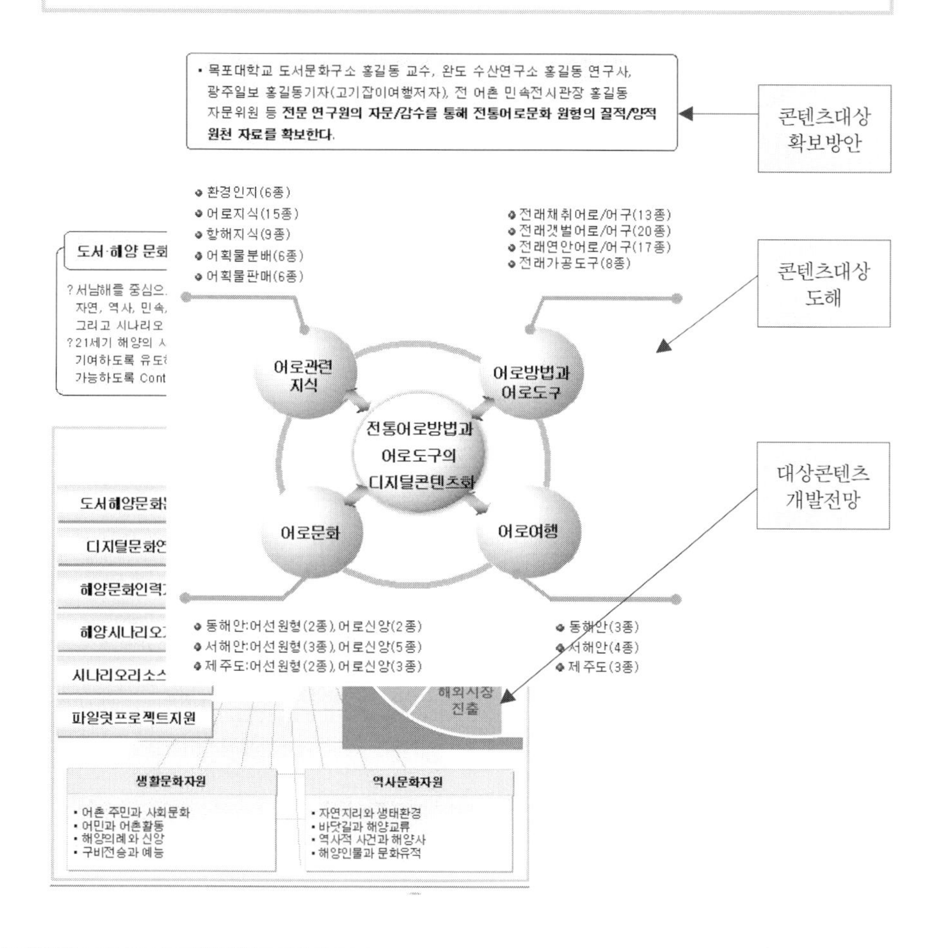

콘텐츠화 범위-개괄

◎콘텐츠화 범위를 입체적으로 이해할 수 있도록 도해
콘텐츠화 범위를 시간축과 공간축에 의해 개괄적으로 정리

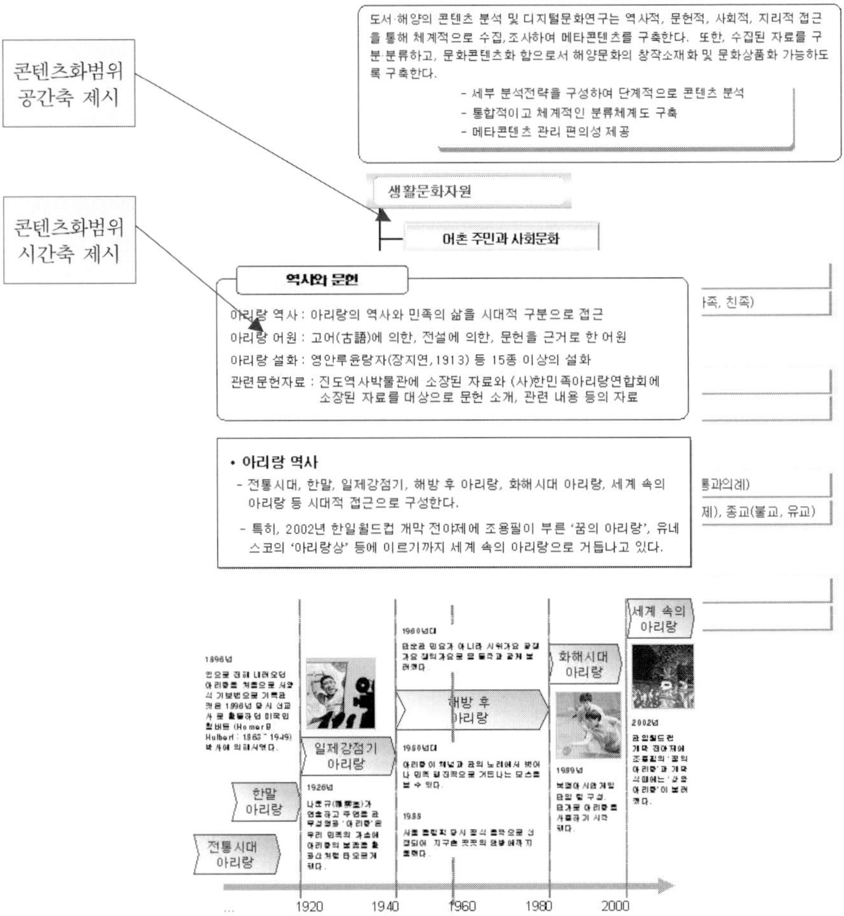

콘텐츠화범위
공간축 제시

콘텐츠화범위
시간축 제시

도서·해양의 콘텐츠 분석 및 디지털문화연구는 역사적, 문헌적, 사회적, 지리적 접근을 통해 체계적으로 수집,조사하여 메타콘텐츠를 구축한다. 또한, 수집된 자료를 구분·분류하고, 문화콘텐츠화 함으로서 해양문화의 창작소재화 및 문화상품화 가능하도록 구축한다.

- 세부 분석전략을 구성하여 단계적으로 콘텐츠 분석
- 통합적이고 체계적인 분류체계도 구축
- 메타콘텐츠 관리 편의성 제공

생활문화자원

어촌 주민과 사회문화

ㅏ족, 친족)

역사와 문헌

아리랑 역사 : 아리랑의 역사와 민족의 삶을 시대적 구분으로 접근
아리랑 어원 : 고어(古語)에 의한, 전설에 의한, 문헌을 근거로 한 어원
아리랑 설화 : 영안루윤랑자(장지연,1913) 등 15종 이상의 설화
관련문헌자료 : 진도역사박물관에 소장된 자료와 (사)한민족아리랑연합회에 소장된 자료를 대상으로 문헌 소개, 관련 내용 등의 자료

• 아리랑 역사
- 전통시대, 한말, 일제강점기, 해방 후 아리랑, 화해시대 아리랑, 세계 속의 아리랑 등 시대적 접근으로 구성한다.
- 특히, 2002년 한일월드컵 개막 전야제에 조용필이 부른 '꿈의 아리랑', 유네스코의 '아리랑상' 등에 이르기까지 세계 속의 아리랑으로 거듭나고 있다.

통과의례)

제), 종교(불교, 유교)

전통시대 아리랑 / 한말 아리랑 / 일제강점기 아리랑 / 해방 후 아리랑 / 화해시대 아리랑 / 세계 속의 아리랑

1896년 / 1926년 / 1960년대 / 1950년대 / 1988 / 1989년 / 2002년

… 1920 1940 1960 1980 2000

콘텐츠화 범위 분야별 분류

◎ 콘텐츠화 범위를 분야별 항목과 내용으로 나누어 제시
콘텐츠화 범위의 분야별 항목을 해당자료(기술) 설명과 함께 제시

민족문화 아리랑

강원도를 비롯 지역별 접근과 지역외 창작편 이형편 등 9분류로 구분되는 국내 아리랑과 북한 아리랑 그리고 한민족 이주사와 함께한 해외 아리랑의 원형과 문화 그리고 민족사를 수집, 분석, 정리한다.

• 국내 아리랑

- (사)한민족아리랑연합회 홍길동 상임이사의 분류체계에 따라 강원도, 정선 아라리, 서울·경기, 충청도, 전라도, 경상도, 지역외, 창작편, 이형편으로 분류 접근 한다.

콘텐츠화 분야별분류와 내용제시

구분	내 용	비고
강원도	강원도아리랑, 강원도 아리랑 타령, 옛목 아리랑, 원주 아리랑, 학산 아리랑 등 약 25종	
정선아라리	정선 아리랑, 구 정선 아리랑, 정선엮음 아리랑 등 4종	
서울, 경기	경기 아리랑, 본조 아리랑, 어리랑 타령, 농부사, 서울	
	ㅏ리랑, 공주 아리랑, 아	
	ㅣ 아리랑, 영암 아리랑, ㅑ 15종	
	ㅣ 아리랑, 영일 아리랑, 약 25종	
	2개, 최신식 아리랑, 아	
	ㅣ랑 곡, 신 아리랑, 농촌 ㅏ팔선 등 약 30종	
	ㅣ, 초부요, 방아 타령, 종	

• 관련문헌자료

- 진도역사박물관에 소장된 자료 약 50여종과 그외 관련문헌(국내외 관련 자료) 약 100여종의 문헌속에 아리랑 소개 및 원형 자료, 이미지
* 특히, 한민족 이주사와 아리랑 전파양상의 문헌적 접근

제시된 분야별 콘텐츠 세부내용

진도 소장 자료

남국의 섬에는 낭만이 풍부했다. 진도 사람들은 노래를 좋아하고 밭매는 사람과 길가는 사람이 노래로 화답하는 일도 있다. 창자의 즉흥에 의해서 불려지는 진도 아리랑에는 무한한 사랑이 담겨져 있다.

사단법인 보유자료

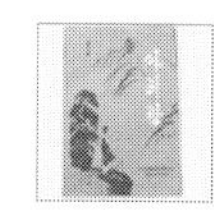

동강 주변에 살고 있는 사람들의 민속과 문화를 풍부한 시각 자료를 곁들여 소개한 책. 동강의 지형과 생태, 동강의 지명유래, 동강 마을 사람들의 세시풍속 등을 상세하게 다뤘다. 특히 한국화가 이호신씨가 그린 「동강 12경」 도 실었다.

국외 자료

외국인의 <아리랑>에 관한 기록 중에서 1896년 H.B. 헐버트란 선교사의 <아리랑>에 관한 기록이 <Korea Repository>라는 잡지에 있다. 영문과 함께 우리글로 후렴구를 기록하고 있다. "아르랑 아르랑아라리오 아르랑 얼싸 배띄어라"

콘텐츠화 대상 선정 배경

◎콘텐츠화 대상의 선정배경을 분야별로 나누어 제시
대상 선정이 꼭 필요한 이유를 개괄적으로 설명

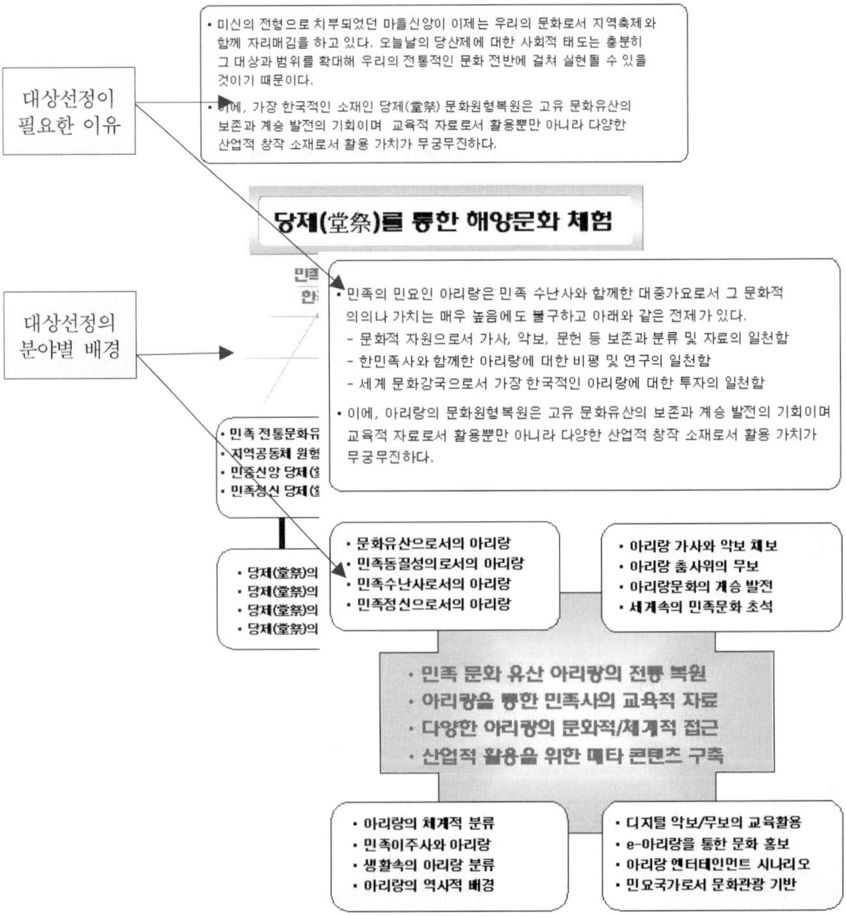

대상선정이 필요한 이유
• 미신의 전형으로 치부되었던 마을신앙이 이제는 우리의 문화로서 지역축제와 함께 자리매김을 하고 있다. 오늘날의 당산제에 대한 사회적 태도는 충분히 그 대상과 범위를 확대해 우리의 전통적인 문화 전반에 걸쳐 실현될 수 있을 것이기 때문이다.
• 이에, 가장 한국적인 소재인 당제(堂祭) 문화원형복원은 고유 문화유산의 보존과 계승 발전의 기회이며 교육적 자료로서 활용뿐만 아니라 다양한 산업적 창작 소재로서 활용 가치가 무궁무진하다.
당제(堂祭)를 통한 해양문화 체험
대상선정의 분야별 배경
• 민족의 민요인 아리랑은 민족 수난사와 함께한 대중가요로서 그 문화적 의의나 가치는 매우 높음에도 불구하고 아래와 같은 전제가 있다.
- 문화적 자원으로서 가사, 악보, 문헌 등 보존과 분류 및 자료의 일천함
- 한민족사와 함께한 아리랑에 대한 비평 및 연구의 일천함
- 세계 문화강국으로서 가장 한국적인 아리랑에 대한 투자의 일천함
• 이에, 아리랑의 문화원형복원은 고유 문화유산의 보존과 계승 발전의 기회이며 교육적 자료로서 활용뿐만 아니라 다양한 산업적 창작 소재로서 활용 가치가 무궁무진하다.
• 민족 전통문화유
• 지역공동체 원형
• 민중신앙 당제(堂
• 민족정신 당제(堂
• 당제(堂祭)의
• 당제(堂祭)의
• 당제(堂祭)의
• 당제(堂祭)의
• 문화유산으로서의 아리랑
• 민족동질성의로서의 아리랑
• 민족수난사로서의 아리랑
• 민족정신으로서의 아리랑
• 아리랑 가사와 악보 채보
• 아리랑 춤사위의 무보
• 아리랑문화의 계승 발전
• 세계속의 민족문화 초석
• 민족 문화 유산 아리랑의 전통 복원
• 아리랑을 통한 민족사의 교육적 자료
• 다양한 아리랑의 문화적/세계적 접근
• 산업적 활용을 위한 메타 콘텐츠 구축
• 아리랑의 체계적 분류
• 민족이주사와 아리랑
• 생활속의 아리랑 분류
• 아리랑의 역사적 배경
• 디지털 악보/무보의 교육활용
• e-아리랑을 통한 문화 홍보
• 아리랑 엔터테인먼트 시나리오
• 민요국가로서 문화관광 기반

콘텐츠화 대상 확보방안

◎콘텐츠화 대상 확보방안을 전략과 전술로 나누어 제시
확보방안 전술, 전략을 보유 문화 배경과 함께 도해

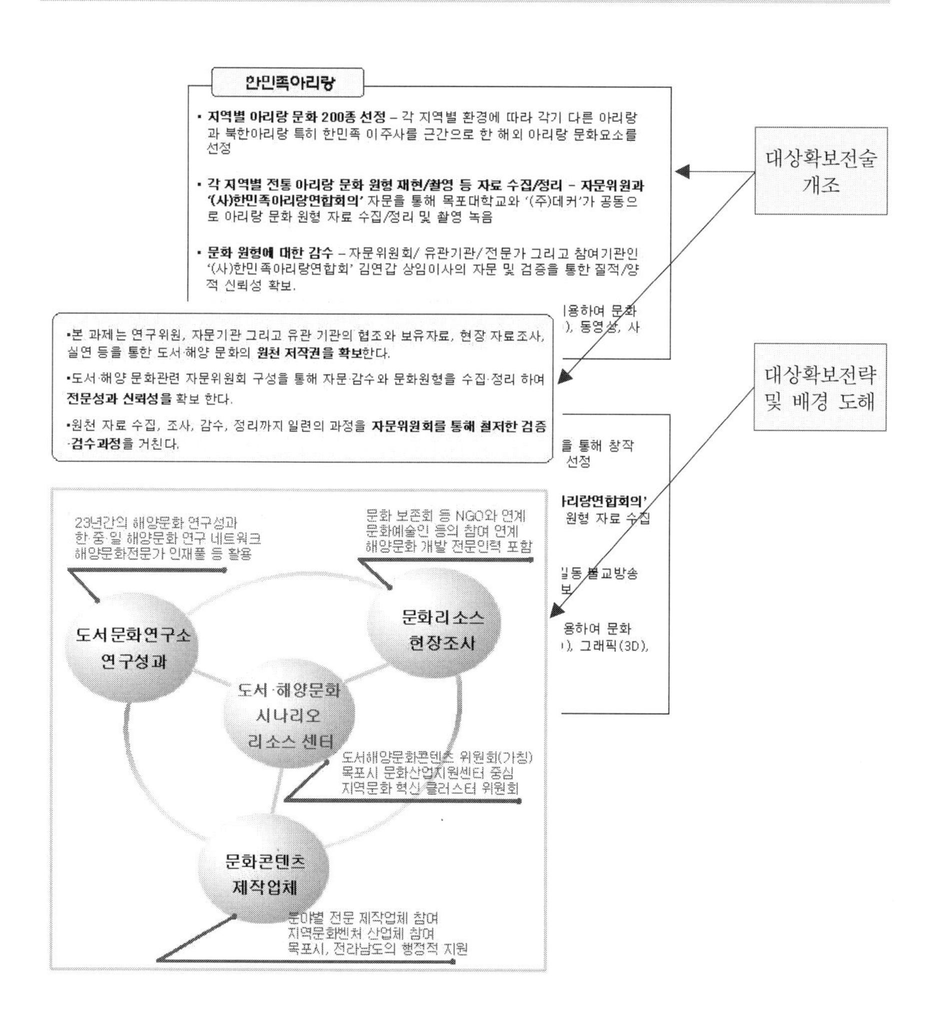

한민족아리랑
▪ 지역별 아리랑 문화 200종 선정 – 각 지역별 환경에 따라 각기 다른 아리랑과 북한아리랑 특히 한민족 이주사를 근간으로 한 해외 아리랑 문화요소를 선정
▪ 각 지역별 전통 아리랑 문화 원형 재현/촬영 등 자료 수집/정리 – 자문위원과 '(사)한민족아리랑연합회의' 자문을 통해 목포대학교와 '(주)데커'가 공동으로 아리랑 문화 원형 자료 수집/정리 및 촬영 녹음
▪ 문화 원형에 대한 감수 – 자문위원회/ 유관기관/ 전문가 그리고 참여기관인 '(사)한민족아리랑연합회' 김연갑 상임이사의 자문 및 검증을 통한 질적/양적 신뢰성 확보.
대상확보전술 개조
•본 과제는 연구위원, 자문기관 그리고 유관 기관의 협조와 보유자료, 현장 자료조사, 실연 등을 통한 도서·해양 문화의 원천 저작권을 확보한다.
•도서·해양 문화관련 자문위원회 구성을 통해 자문·감수와 문화원형을 수집·정리 하여 전문성과 신뢰성을 확보 한다.
•원천 자료 수집, 조사, 감수, 정리까지 일련의 과정을 자문위원회를 통해 철저한 검증·검수과정을 거친다.
대상확보전략 및 배경 도해
23년간의 해양문화 연구성과
한·중·일 해양문화 연구 네트워크
해양문화전문가 인재풀 등 활용
문화 보존회 등 NGO와 연계
문화예술인 등의 참여 연계
해양문화 개발 전문인력 포함
도서문화연구소 연구성과
문화리소스 현장조사
도서·해양문화 시나리오 리소스 센터
도서해양문화콘텐츠 위원회(가칭)
목포시 문화산업지원센터 중심
지역문화 혁신 클러스터 위원회
문화콘텐츠 제작업체
분야별 전문 제작업체 참여
지역문화벤처 산업체 참여
목포시, 전라남도의 행정적 지원

3) 콘텐츠 구성안

전체 구성도

◎ 콘텐츠 원천자료에서부터 개발, 응용분야에 이르는 구성을 한눈에 이해할 수 있도록 도식화

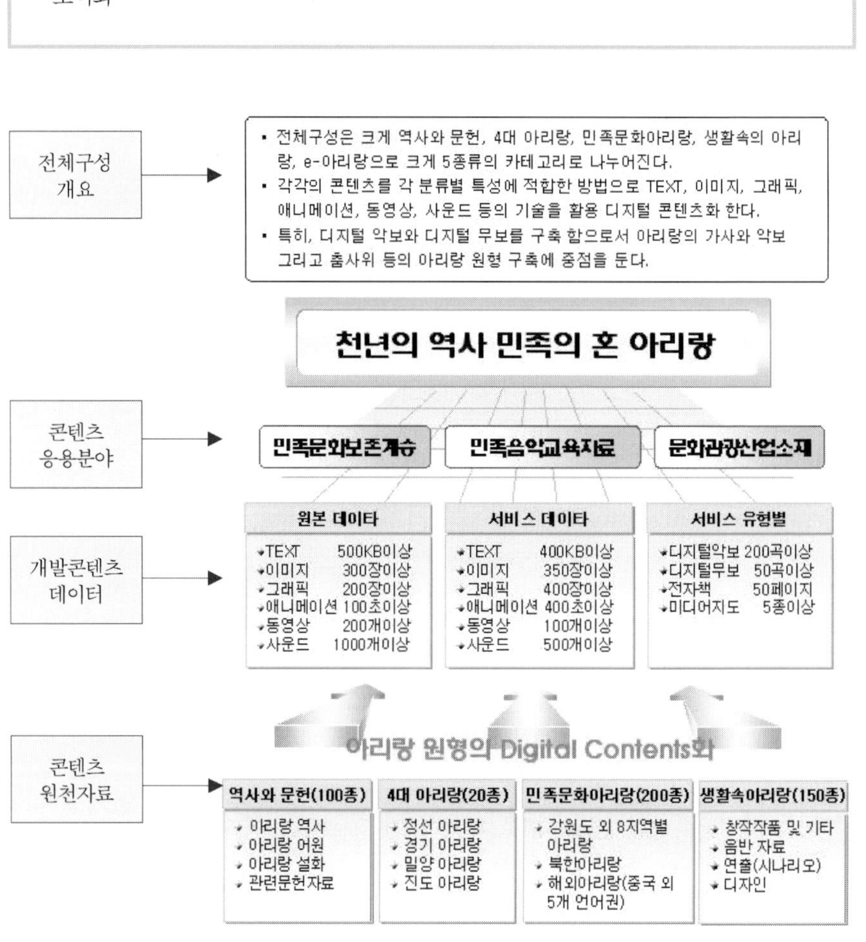

전체구성 개요
▪ 전체구성은 크게 역사와 문헌, 4대 아리랑, 민족문화아리랑, 생활속의 아리랑, e-아리랑으로 크게 5종류의 카테고리로 나누어진다.
▪ 각각의 콘텐츠를 각 분류별 특성에 적합한 방법으로 TEXT, 이미지, 그래픽, 애니메이션, 동영상, 사운드 등의 기술을 활용 디지털 콘텐츠화 한다.
▪ 특히, 디지털 악보와 디지털 무보를 구축 함으로서 아리랑의 가사와 악보 그리고 춤사위 등의 아리랑 원형 구축에 중점을 둔다.
천년의 역사 민족의 혼 아리랑
콘텐츠 응용분야
민족문화보존계승
민족음악교육자료
문화관광산업소재
개발콘텐츠 데이터
원본 데이타
TEXT 500KB이상
이미지 300장이상
그래픽 200장이상
애니메이션 100초이상
동영상 200개이상
사운드 1000개이상
서비스 데이타
TEXT 400KB이상
이미지 350장이상
그래픽 400장이상
애니메이션 400초이상
동영상 100개이상
사운드 500개이상
서비스 유형별
디지털악보 200곡이상
디지털무보 50곡이상
전자책 50페이지
미디어지도 5종이상
아리랑 원형의 Digital Contents화
콘텐츠 원천자료
역사와 문헌(100종)
아리랑 역사
아리랑 어원
아리랑 설화
관련문헌자료
4대 아리랑(20종)
정선 아리랑
경기 아리랑
밀양 아리랑
진도 아리랑
민족문화아리랑(200종)
강원도 외 8지역별 아리랑
북한아리랑
해외아리랑(중국 외 5개 언어권)
생활속아리랑(150종)
창작작품 및 기타
음반 자료
연출(시나리오)
디자인

세부구성도 – 메인화면

◎ 메인페이지 화면을 실제 구성 및 설명란으로 제시
화면구성의 특징과 장점을 구체적 사례를 통해 제시

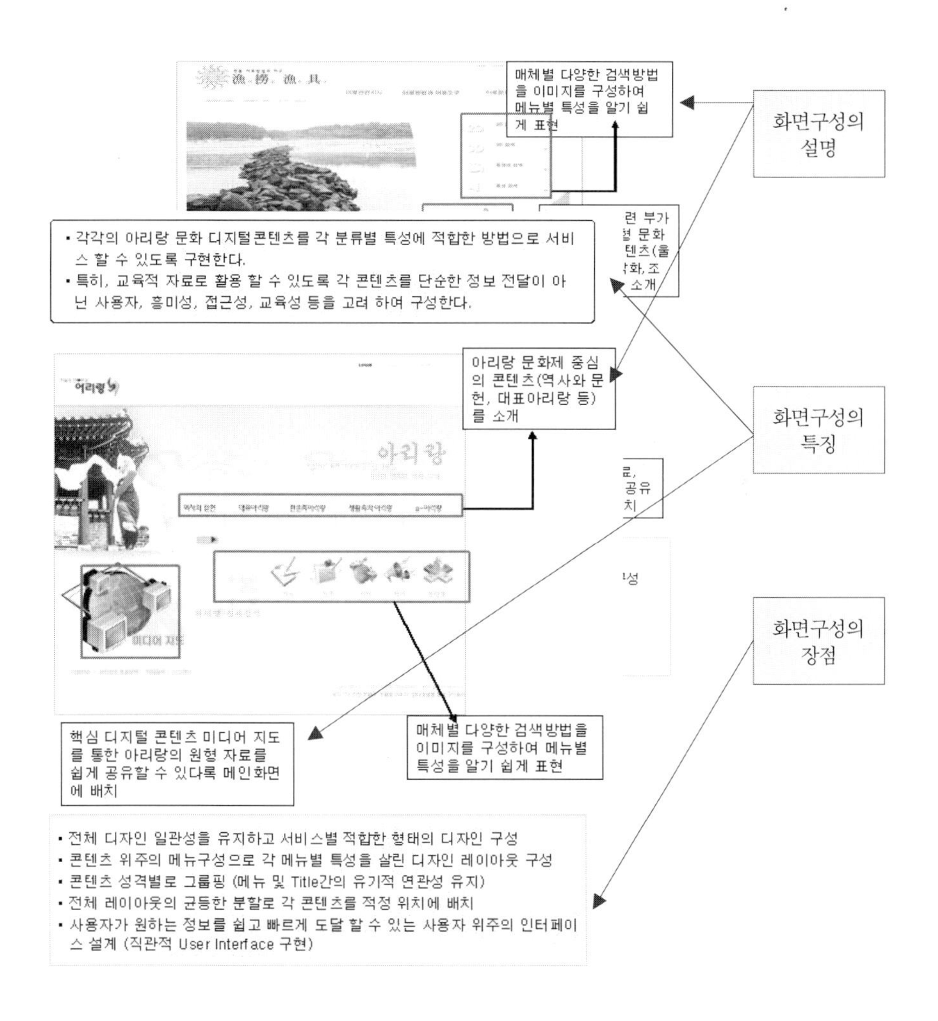

매체별 다양한 검색방법을 이미지를 구성하여 메뉴별 특성을 알기 쉽게 표현
화면구성의 설명
• 각각의 아리랑 문화 디지털콘텐츠를 각 분류별 특성에 적합한 방법으로 서비스 할 수 있도록 구현한다.
• 특히, 교육적 자료로 활용 할 수 있도록 각 콘텐츠를 단순한 정보 전달이 아닌 사용자, 흥미성, 접근성, 교육성 등을 고려 하여 구성한다.
아리랑 문화제 중심의 콘텐츠(역사와 문헌, 대표아리랑 등)를 소개
화면구성의 특징
아리랑
미디어 지도
화면구성의 장점
핵심 디지털 콘텐츠 미디어 지도를 통한 아리랑의 원형 자료를 쉽게 공유할 수 있다록 메인화면에 배치
매체별 다양한 검색방법을 이미지를 구성하여 메뉴별 특성을 알기 쉽게 표현
• 전체 디자인 일관성을 유지하고 서비스별 적합한 형태의 디자인 구성
• 콘텐츠 위주의 메뉴구성으로 각 메뉴별 특성을 살린 디자인 레이아웃 구성
• 콘텐츠 성격별로 그룹핑 (메뉴 및 Title간의 유기적 연관성 유지)
• 전체 레이아웃의 균등한 분할로 각 콘텐츠를 적정 위치에 배치
• 사용자가 원하는 정보를 쉽고 빠르게 도달 할 수 있는 사용자 위주의 인터페이스 설계 (직관적 User Interface 구현)

세부구성도-서브화면

◎서브페이지 화면을 실제 구성 및 설명란으로 제시
콘텐츠 부문별, 뎁스별로 단계적으로 구분하여 실제 화면 제시
네비게이션 바 해당 서브화면은 가능한 제시하는 것이 좋음

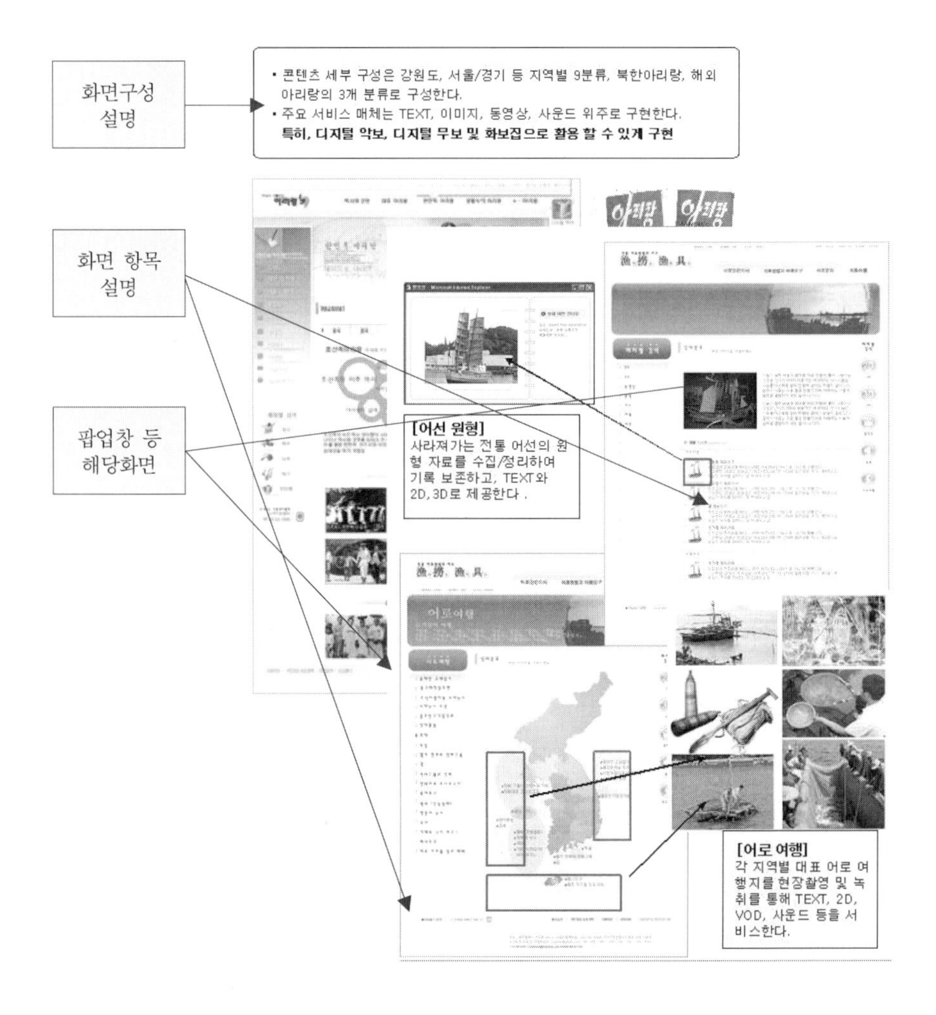

화면구성 설명
• 콘텐츠 세부 구성은 강원도, 서울/경기 등 지역별 9분류, 북한아리랑, 해외 아리랑의 3개 분류로 구성한다.
• 주요 서비스 매체는 TEXT, 이미지, 동영상, 사운드 위주로 구현한다.
특히, 디지털 악보, 디지털 무보 및 화보집으로 활용 할 수 있게 구현
화면 항목 설명
팝업창 등 해당화면
[어선 원형]
사라져가는 전통 어선의 원형 자료를 수집/정리하여 기록 보존하고, TEXT와 2D, 3D로 제공한다.
[어로 여행]
각 지역별 대표 어로 여행지를 현장촬영 및 녹취를 통해 TEXT, 2D, VOD, 사운드 등을 서비스한다.

메뉴구성도

◎ 메뉴구성도를 전체메뉴와 상세메뉴로 나누어 단계적으로 제시
전체 메뉴 구성에서는 메뉴구성 원칙과 의도를 설명하는 것이 좋음

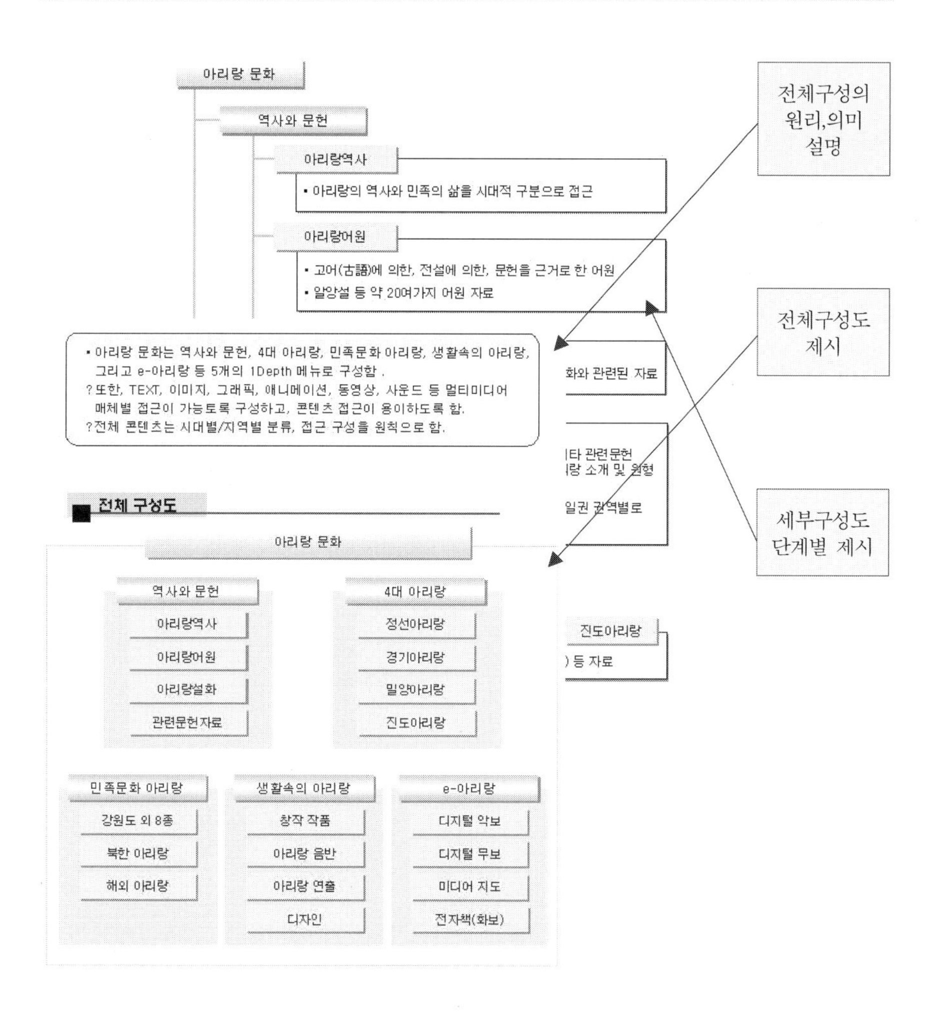

표현전략 - 인터페이스

◎ 표현전략의 인터페이스 제작방안을 분야별로 나누어 제시
실제 개발 콘텐츠 형태를 예시하고 설명하면 좋음

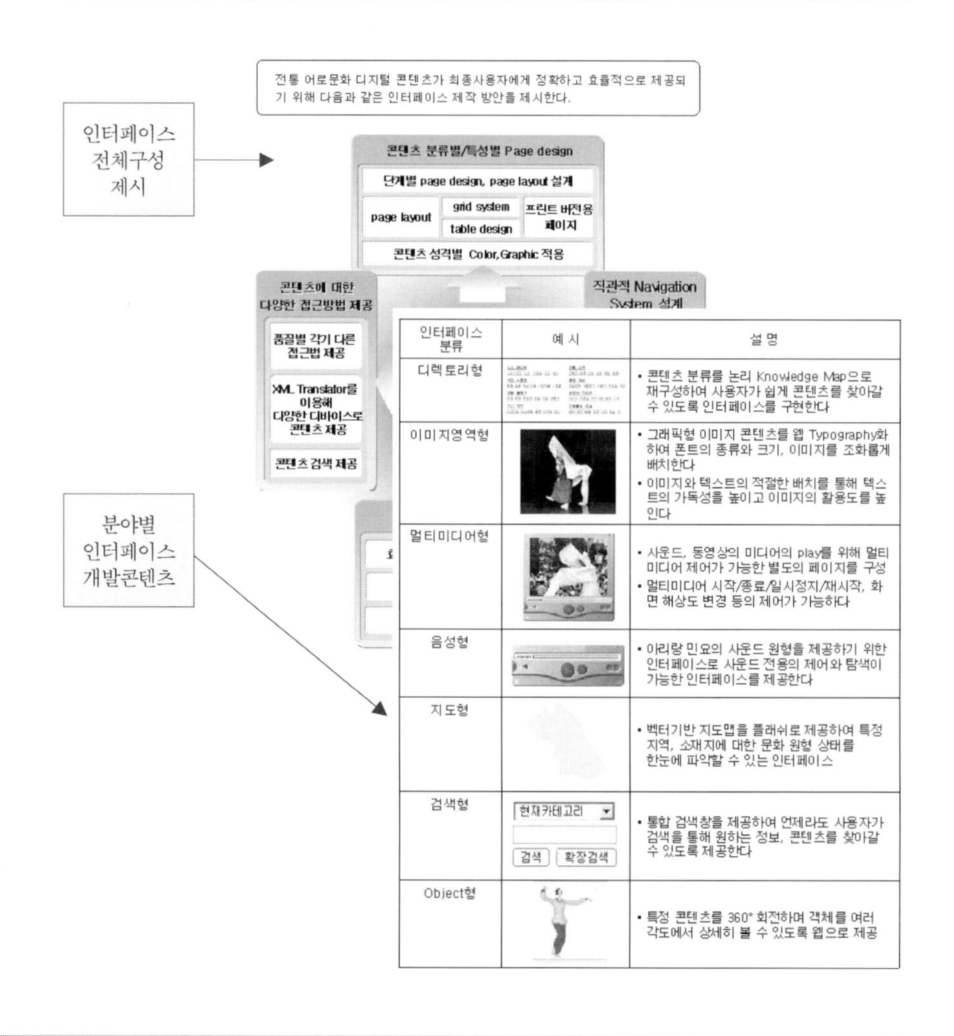

인터페이스 분류	예 시	설 명
디렉토리형		• 콘텐츠 분류를 논리 Knowledge Map으로 재구성하여 사용자가 쉽게 콘텐츠를 찾아갈 수 있도록 인터페이스를 구현한다
이미지영역형		• 그래픽형 이미지 콘텐츠를 웹 Typography화하여 폰트의 종류와 크기, 이미지를 조화롭게 배치한다 • 이미지와 텍스트의 적절한 배치를 통해 텍스트의 가독성을 높이고 이미지의 활용도를 높인다
멀티미디어형		• 사운드, 동영상의 미디어의 play를 위해 멀티미디어 제어가 가능한 별도의 페이지를 구성 • 멀티미디어 시작/종료/일시정지/재시작, 화면 해상도 변경 등의 제어가 가능하다
음성형		• 아리랑 민요의 사운드 원형을 제공하기 위한 인터페이스로 사운드 전용의 제어와 탐색이 가능한 인터페이스를 제공한다
지도형		• 벡터기반 지도맵을 플래쉬로 제공하여 특정 지역, 소재지에 대한 문화 원형 상태를 한눈에 파악할 수 있는 인터페이스
검색형	현재카테고리 검색 확장검색	• 통합 검색창을 제공하여 언제라도 사용자가 검색을 통해 원하는 정보, 콘텐츠를 찾아갈 수 있도록 제공한다
Object형		• 특정 콘텐츠를 360° 회전하며 객체를 여러 각도에서 상세히 볼 수 있도록 웹으로 제공

표현전략 - 적용기술

◎표현 적용기술을 일반기술과 특화기술로 나누어 제시
콘텐츠기술 보유시, 인터페이스화 방안을 설명하고 관련화면을 예시

아리랑 문화 원형 디지털 콘텐츠가 최종사용자에게 정확하고 효율적으로 제공되기 위해 검증된 고품질의 문화 원형을 구축/개발하여 향후 다양한 용도로 변경 활용이 가능하도록 구축한다.

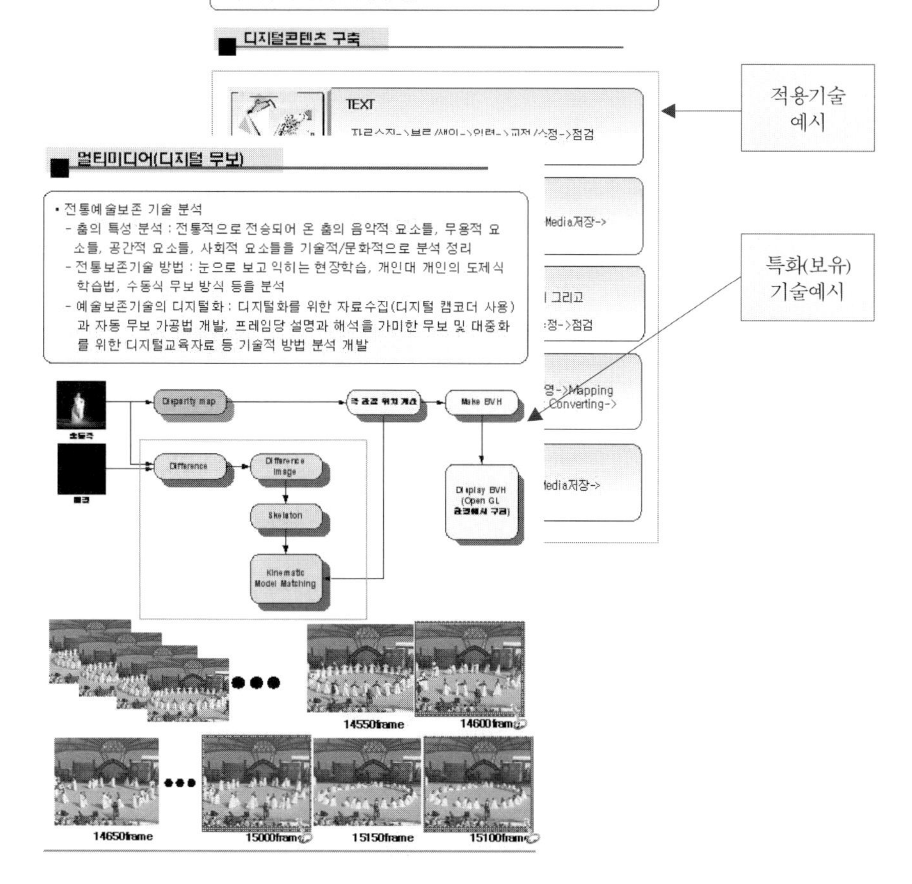

디지털콘텐츠 구축
TEXT
적용기술
예시
멀티미디어(디지털 무보)
• 전통예술보존 기술 분석
- 춤의 특성 분석 : 전통적으로 전승되어 온 춤의 음악적 요소들, 무용적 요소들, 공간적 요소들, 사회적 요소들을 기술적/문화적으로 분석 정리
- 전통보존기술 방법 : 눈으로 보고 익히는 현장학습, 개인대 개인의 도제식 학습법, 수동식 무보 방식 등을 분석
- 예술보존기술의 디지털화 : 디지털화를 위한 자료수집(디지털 캠코더 사용)과 자동 무보 가공법 개발, 프레임당 설명과 해석을 가미한 무보 및 대중화를 위한 디지털교육자료 등 기술적 방법 분석 개발
Media저장->
그리고
정->점검
특화(보유)
기술예시
Disparity map
Make BVH
Difference
Difference Image
Skeleton
Kinematic Model Matching
Display BVH (Open GL
영->Mapping
Converting->
Media저장->
14550frame
14600frame
14650frame
15000frame
15150frame
15100frame

표현전략-최종 데이터 표현

◎ 개발데이터 표현을 분야별로 나누어 해당화면과 함께 설명
분야별 표현 방식을 나누어 설명

최종데이터 전체표현	아리랑 민요의 가사와 악보 채집, 관련 문화원형, 한민족의 이주사와 아리랑의 분포도 등을 다양한 멀티미디어 디지털 기술(TEXT, 이미지, 그래픽, 애니메이션, 동영상, 사운드 등)을 활용 표현 한다. 특히, 교육적 자료로서 활용가능 하도록 디지털 악보, 디지털 무보, 미디어 지도 그리고 전자책(화보)으로 표현한다.

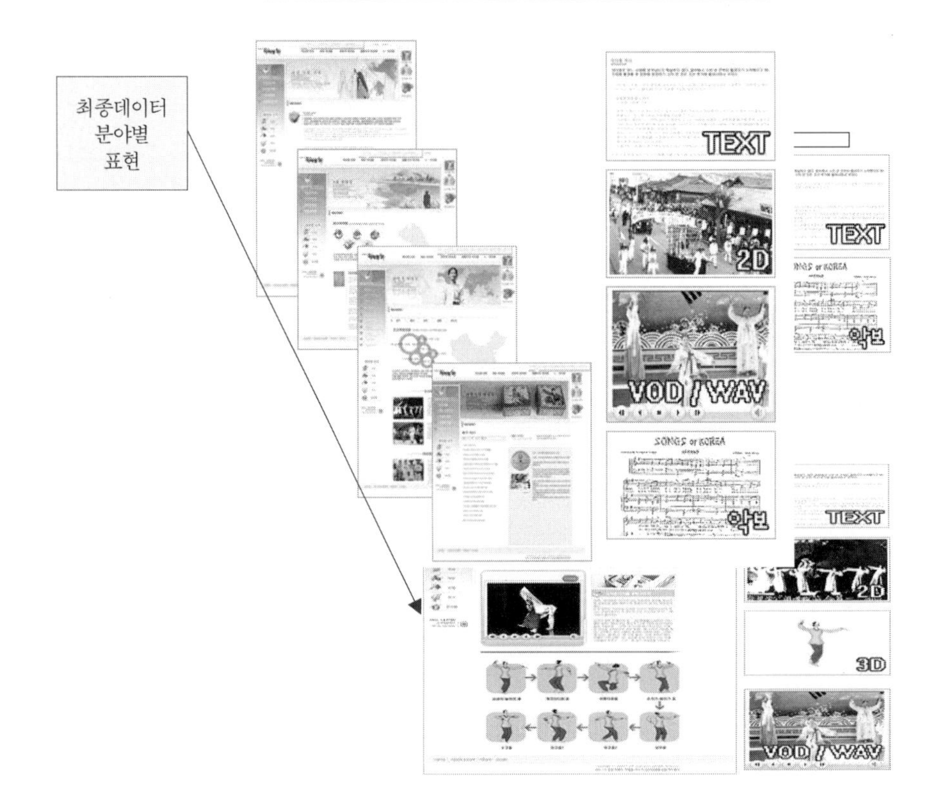

4) 콘텐츠화 추진계획

전체추진 프로세스

◎ 전체추진 과정을 방법론과 같이 도해

- 각종 TEXT/시각/음성 자료의 수집/촬영/녹취를 통한 **아리랑 문화 원형 분석**, TEXT, 이미지, 그래픽, 애니메이션, 동영상, 사운드를 활용한 **디지털콘텐츠 개발**, 아리랑 문화 디지털 콘텐츠를 이용한 **콘텐츠 서비스 제공**의 단계로 구축한다.
- 콘텐츠 개발의 구체적인 공정은 최종 사용자에게 보여 주게 될 아리랑 문화 콘텐츠를 중심으로 분석, 설계, 개발(구현), Release해 나가는 **Contents-Driven 접근방법**을 취한다.

전체프로세스 방법론 제시

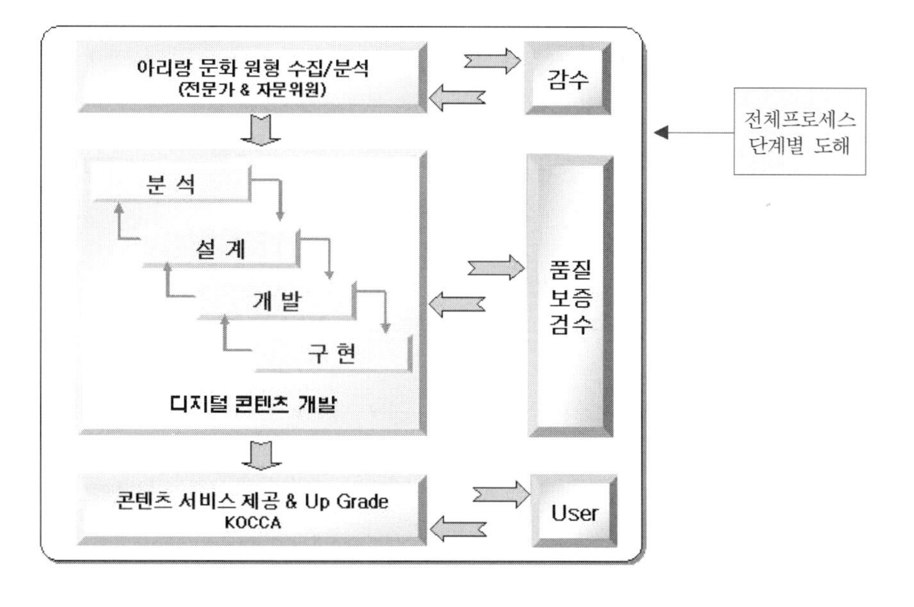

1단계 - 원천(원형)자료 분석

◎ 개발 프로세스의 첫 단계인 원천자료의 분석 방법론 제시
분야별 원천자료 분석방법이 다를 경우, 각각의 방법론을 제시

원천자료분석 방법론예시

1단계 어구·어법·어로문화 원형분석

어구·어법, 어구 원형, 어선 원형의 원형적 접근과 지역별 어로문화, 어로 여행 자료의 문화적 접근을 통해 전통 및 현대를 망라한 어로관련 자료를 구축한다.
어로문화 원형 콘텐츠의 효율적인 관리를 위해 차별화된 분류 체계를 제공한다.

분야별 원천자료 분석방법예시

어로관련지식

환경인지(6종), 어로지식(15종), 항해지식(9종), 어획물분배(6종), 어획물판매(6종)의 자료를 해역별로 발굴, 수집/정리 및 체계적인 분류 체계 구축.

목포대학교 도서문화연구소 : 자료 수집/정리, 디지털 콘텐츠화 총괄
국립 해양유물 전시관 : 자료 수집/정리/분류 및 감수
어로문화 연구자 **홍길동** : 원형 체계적 분류, 감수
완도군 문화재전문위원 **홍길동** : 원형자료 증언 및 제공

전통어로방법과 어로도구

시대별로 구분, 수집/정리한 전래채취어로·어구(13종), 전래갯벌어로·어구(20종), 전래연안어로·어구(17종), 전래가공도구(8종)에 대해 어로·어구의 특성, 지역별 특성, 재료의 종류 등 다양한 분석을 통해 분류 체계 구축.

목포대학교 도서문화연구소 : 자료 수집/정리, 디지털 콘텐츠화 총괄
국립 해양유물 전시관 : 자료 수집/정리/분류 및 감수
완도수산연구소 이학박사 **홍길동** : 원형 체계적 분류, 감수
전통젓중선 기술보유 **홍길동** : 원형자료 증언 및 제공

2~3단계 - 디지털콘텐츠 개발 및 웹서비스 개발

◎ 두 번째 단계인 디지털콘텐츠 개발을 텍스트, 2D, 3D, VOD, 사운드 캐릭터, 애니메이션 등으로 나누어 각각의 과정을 예시함
◎ 세 번째 단계인 웹사이트 서비스 방안에 대해 해당 페이지 예시

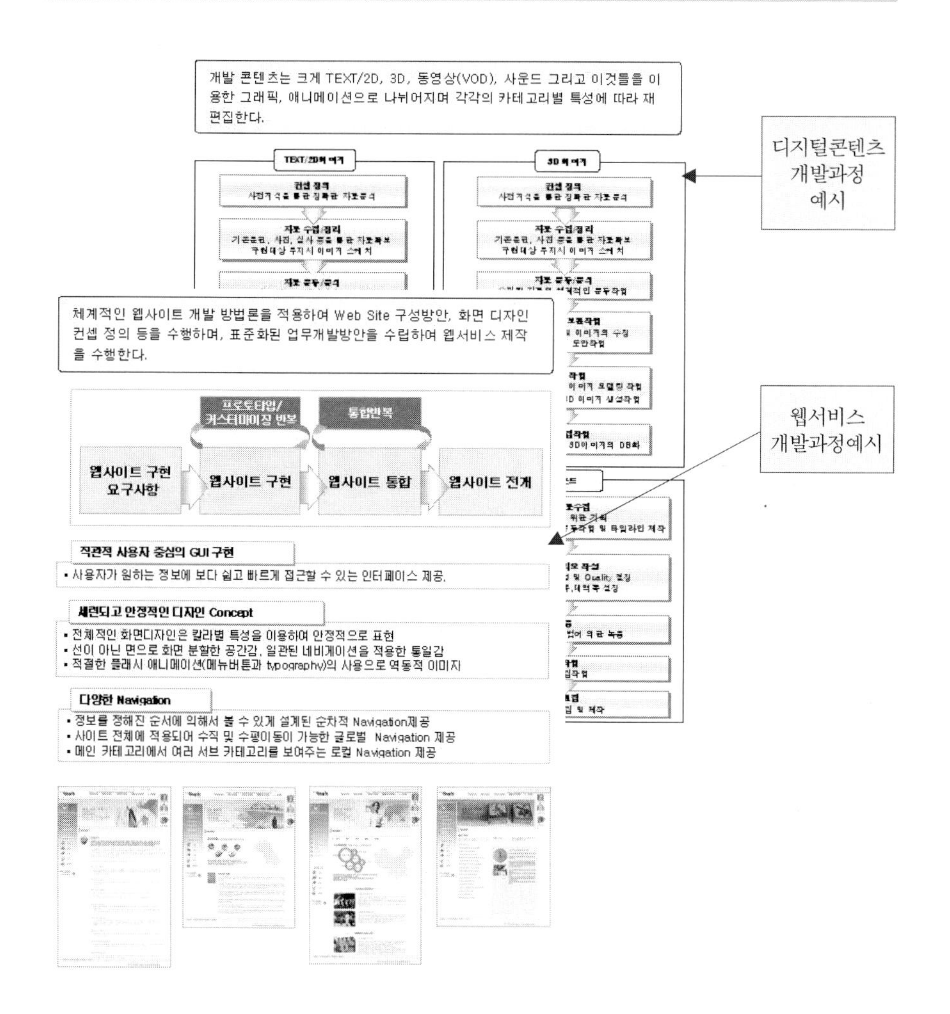

최종결과물 감수 방안

◎최종결과물 감수는 해당 전문가들의 자문이 매우 중요한
전문가들의 프로필과 자문영역, 그리고 감수 및 검수 영역 필수

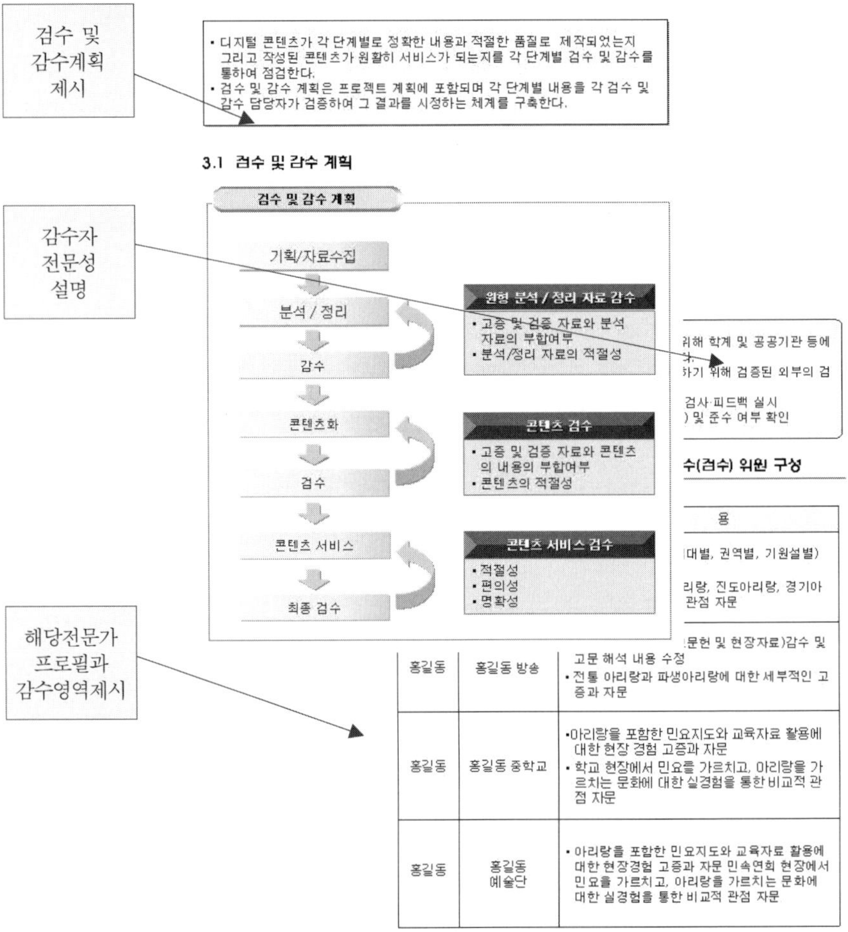

검수 및 감수계획 제시

- 디지털 콘텐츠가 각 단계별로 정확한 내용과 적절한 품질로 제작되었는지 그리고 작성된 콘텐츠가 원활히 서비스가 되는지를 각 단계별 검수 및 감수를 통하여 점검한다.
- 검수 및 감수 계획은 프로젝트 계획에 포함되며 각 단계별 내용을 각 검수 및 감수 담당자가 검증하여 그 결과를 시정하는 체계를 구축한다.

3.1 검수 및 감수 계획

감수자 전문성 설명

검수 및 감수 계획

기획/자료수집 → 분석 / 정리 → 감수 → 콘텐츠화 → 검수 → 콘텐츠 서비스 → 최종 검수

원형 분석 / 정리 자료 감수
- 고증 및 검증 자료와 분석 자료의 부합여부
- 분석/정리 자료의 적절성

콘텐츠 검수
- 고증 및 검증 자료와 콘텐츠의 내용의 부합여부
- 콘텐츠의 적절성

콘텐츠 서비스 검수
- 적절성
- 편의성
- 명확성

...위해 학계 및 공공기관 등에 ...
...하기 위해 검증된 외부의 검...
...검사·피드백 실시
...) 및 준수 여부 확인

...수(검수) 위원 구성

해당전문가 프로필과 감수영역제시

		...용
		...대별, 권역별, 기원설별)
		...리랑, 진도아리랑, 경기아... 관점 자문
홍길동	홍길동 방송	...문헌 및 현장자료)감수 및 고문 해석 내용 수정 • 전통 아리랑과 파생아리랑에 대한 세부적인 고증과 자문
홍길동	홍길동 중학교	•아리랑을 포함한 민요지도와 교육자료 활용에 대한 현장 경험 고증과 자문 • 학교 현장에서 민요를 가르치고, 아리랑을 가르치는 문화에 대한 실경험을 통한 비교적 관점 자문
홍길동	홍길동 예술단	• 아리랑을 포함한 민요지도와 교육자료 활용에 대한 현장경험 고증과 자문 민속연희 현장에서 민요를 가르치고, 아리랑을 가르치는 문화에 대한 실경험을 통한 비교적 관점 자문

5) 콘텐츠화 추진체계

조직 및 구성도

◎구성만 봐도 과제추진 의지가 나타날 수 있도록 체계도 제시
특히 주관, 참여 이외에 자문기관과 유관기관과의 네트워크가 중요함

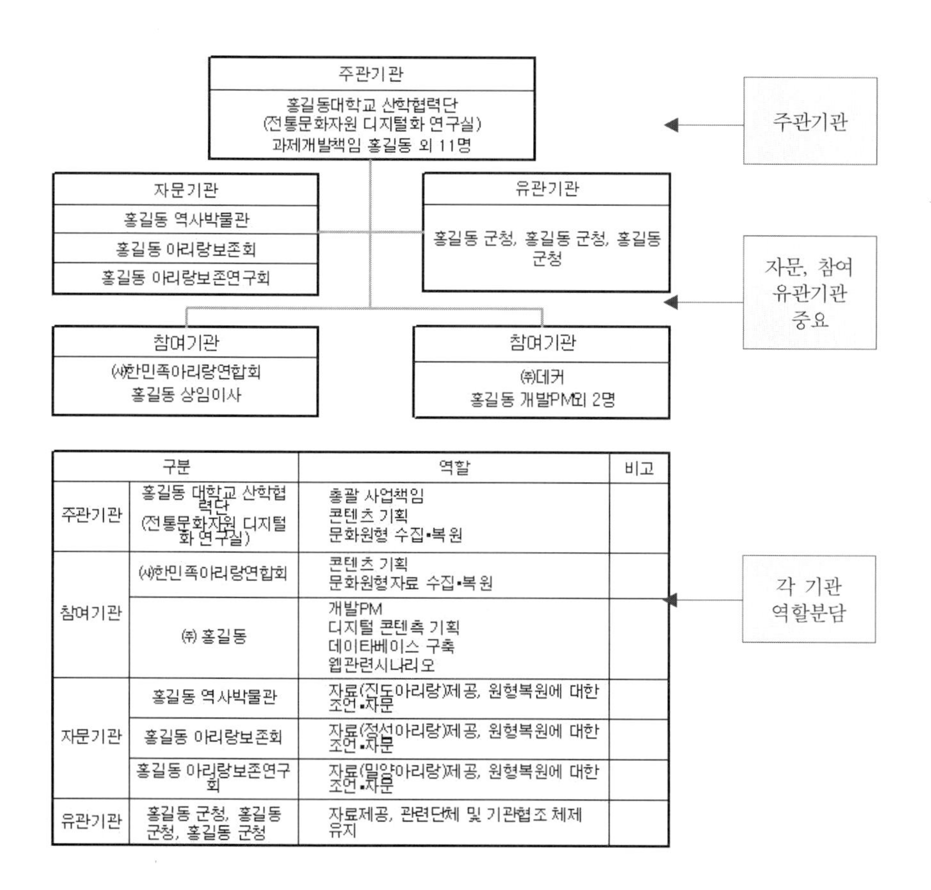

구분		역할	비고
주관기관	홍길동 대학교 산학협력단 (전통문화자원 디지털화 연구실)	총괄 사업책임 콘텐츠 기획 문화원형 수집•복원	
참여기관	㈔한민족아리랑연합회	콘텐츠 기획 문화원형자료 수집•복원	
	㈜ 홍길동	개발PM 디지털 콘텐츠 기획 데이타베이스 구축 웹관련시나리오	
자문기관	홍길동 역사박물관	자료(진도아리랑)제공, 원형복원에 대한 조언•자문	
	홍길동 아리랑보존회	자료(정선아리랑)제공, 원형복원에 대한 조언•자문	
	홍길동 아리랑보존연구회	자료(밀양아리랑)제공, 원형복원에 대한 조언•자문	
유관기관	홍길동 군청, 홍길동 군청, 홍길동 군청	자료제공, 관련단체 및 기관협조 체제 유지	

참여인력 및 자문위원

◎ 참여인력을 개발팀별로 구분하고 구성원 및 역할을 제시
특히 자문위원과 해당 전문 프로필이 중요함

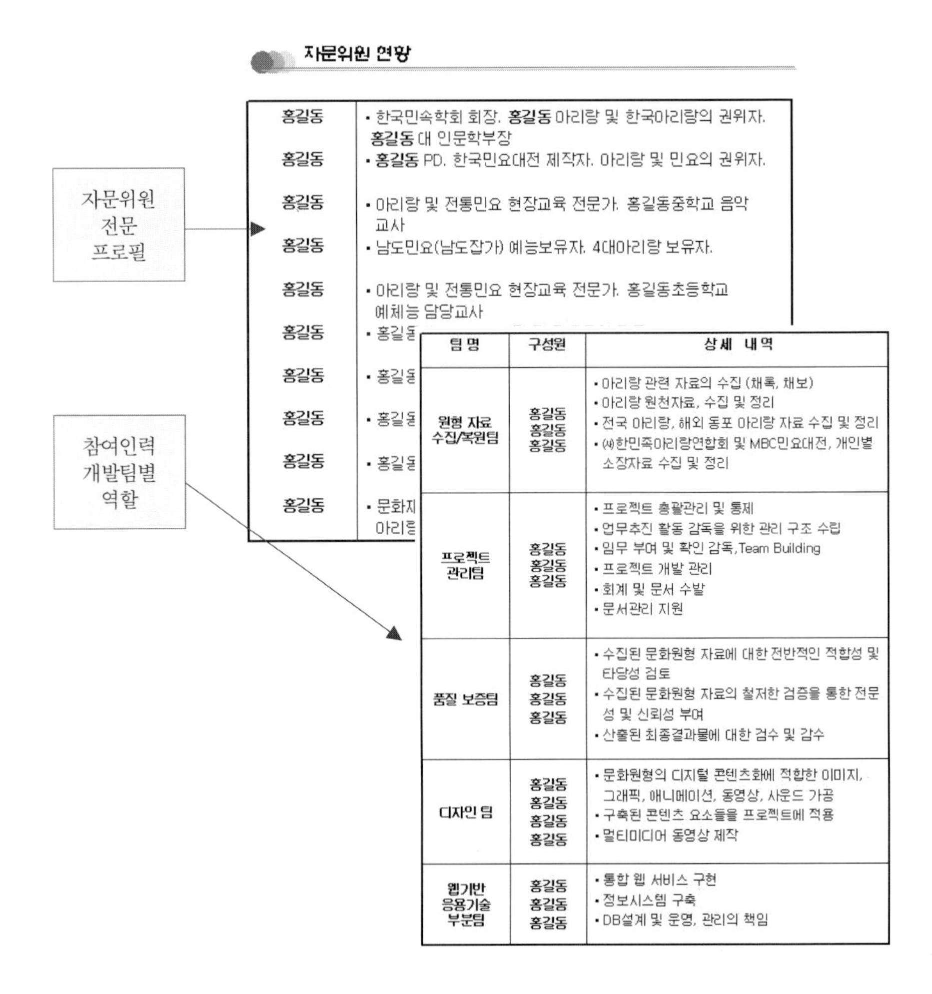

홍길동	• 한국민속학회 회장. **홍길동** 아리랑 및 한국아리랑의 권위자. **홍길동** 대 인문학부장
홍길동	• **홍길동** PD. 한국민요대전 제작자. 아리랑 및 민요의 권위자.
홍길동	• 아리랑 및 전통민요 현장교육 전문가. 홍길동중학교 음악교사
홍길동	• 남도민요(남도잡가) 예능보유자. 4대아리랑 보유자.
홍길동	• 아리랑 및 전통민요 현장교육 전문가. 홍길동초등학교 예체능 담당교사
홍길동	• 홍길
홍길동	• 홍길
홍길동	• 홍길
홍길동	• 홍길
홍길동	• 문화지 아리

팀 명	구성원	상세 내역
원형 자료 수집/복원팀	홍길동 홍길동 홍길동	• 아리랑 관련 자료의 수집 (채록, 채보) • 아리랑 원천자료, 수집 및 정리 • 전국 아리랑, 해외 동포 아리랑 자료 수집 및 정리 • ㈔한민족아리랑연합회 및 MBC민요대전, 개인별 소장자료 수집 및 정리
프로젝트 관리팀	홍길동 홍길동 홍길동	• 프로젝트 총괄관리 및 통제 • 업무추진 활동 감독을 위한 관리 구조 수립 • 임무 부여 및 확인 감독,Team Building • 프로젝트 개발 관리 • 회계 및 문서 수발 • 문서관리 지원
품질 보증팀	홍길동 홍길동 홍길동	• 수집된 문화원형 자료에 대한 전반적인 적합성 및 타당성 검토 • 수집된 문화원형 자료의 철저한 검증을 통한 전문성 및 신뢰성 부여 • 산출된 최종결과물에 대한 검수 및 감수
디자인 팀	홍길동 홍길동 홍길동 홍길동	• 문화원형의 디지털 콘텐츠화에 적합한 이미지, 그래픽, 애니메이션, 동영상, 사운드 가공 • 구축된 콘텐츠 요소들을 프로젝트에 적용 • 멀티미디어 동영상 제작
웹기반 응용기술 부분팀	홍길동 홍길동 홍길동	• 통합 웹 서비스 구현 • 정보시스템 구축 • DB설계 및 운영, 관리의 책임

운영방안 및 검토방안

◎운영방안을 개발 프로세스에 의해 단계적 제시
◎검토방안에 대해 한눈에 이해할 수 있도록 도해

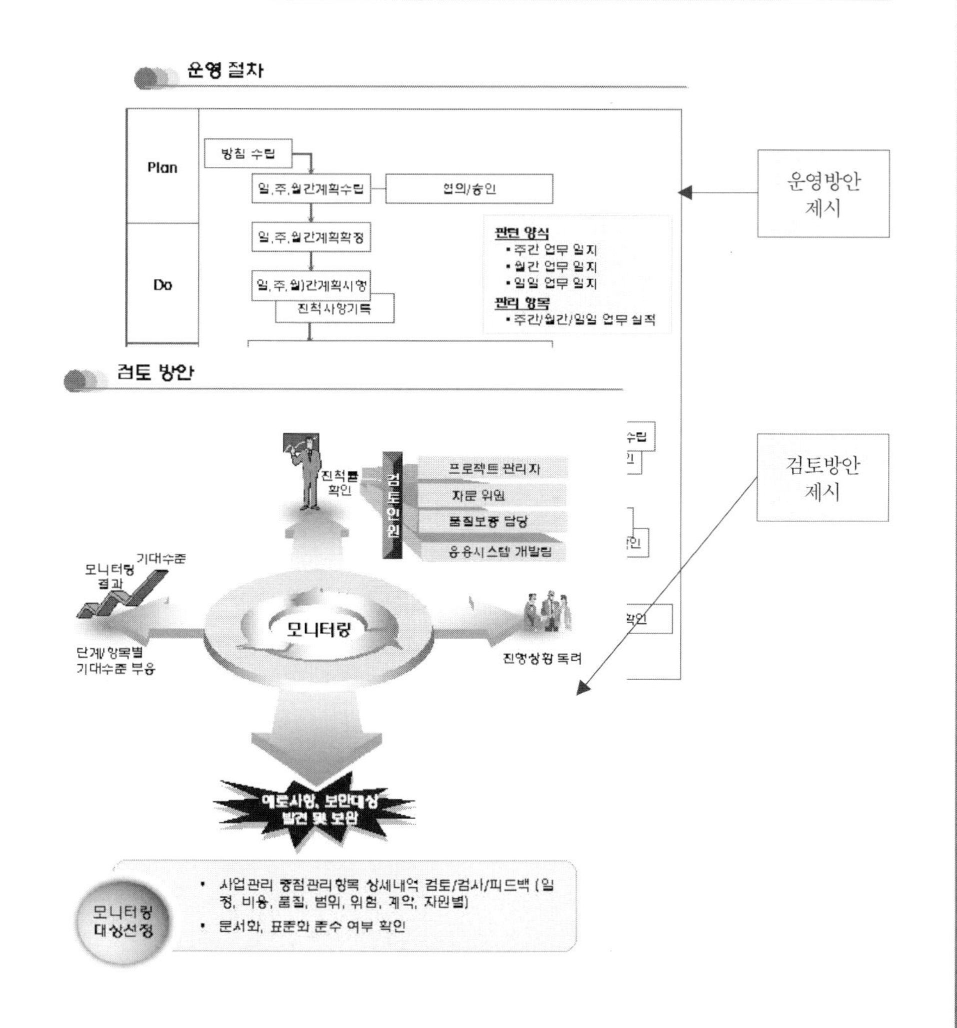

6) 최종 결과물의 형태

서비스 페이지

◎ 최종결과물을 서비스하는 홈페이지 화면을 분야별로 구성하여 제시
해당 콘텐츠(오브젝트)에 대한 설명을 부가하면 더 좋을 것임

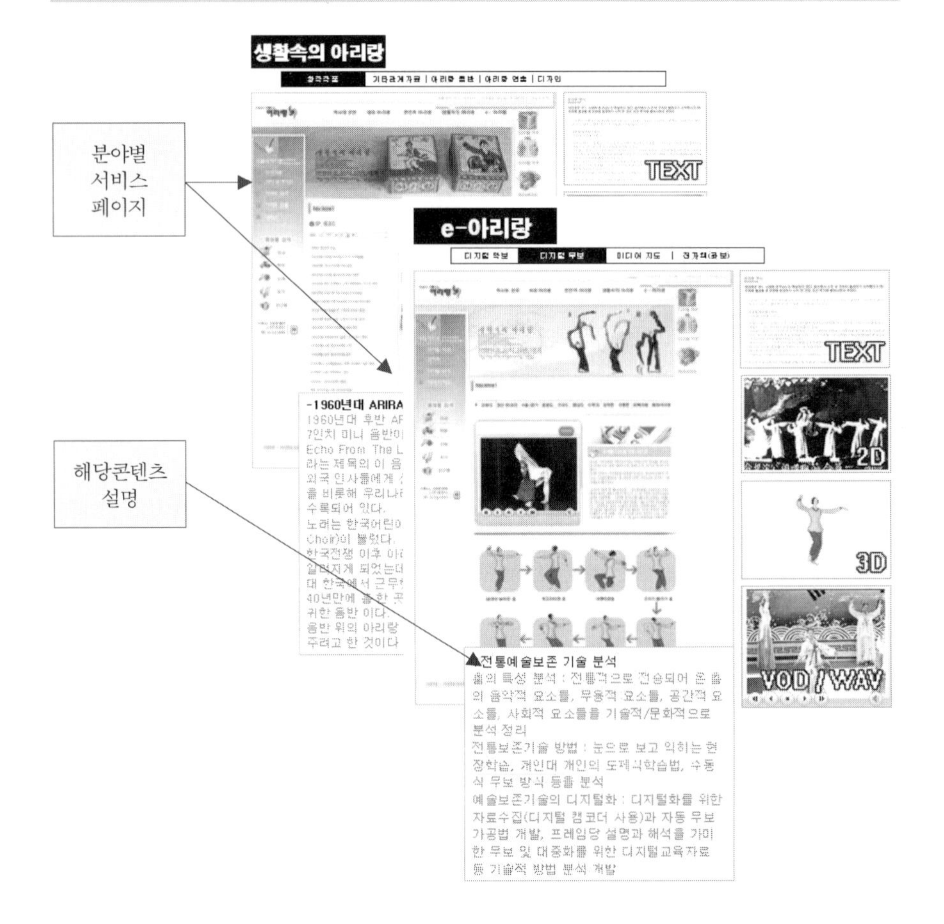

생활속의 아리랑
분야별 서비스 페이지
e-아리랑
TEXT
2D
3D
VOD / WAV
해당콘텐츠 설명
-1960년대 ARIRA
전통예술보존 기술 분석
춤의 특성 분석 : 전통적으로 전승되어 온 춤의 음악적 요소들, 무용적 요소들, 공간적 요소들, 사회적 요소들을 기술적/문화적으로 분석 정리
전통보존기술 방법 : 눈으로 보고 익히는 현장학습, 개인대 개인의 도제식학습법, 수동식 무보 방식 등을 분석
예술보존기술의 디지털화 : 디지털화를 위한 자료수집(디지털 캠코더 사용)과 자동 무보 가공법 개발, 프레임당 설명과 해석을 가미한 무보 및 대중화를 위한 디지털교육자료 등 기술적 방법 분석 개발

개발콘텐츠 매체별 검색

◎ 최종결과물을 서비스하는 홈페이지 화면을 매체검색창으로 제시
매체별 특성과 페이지 구성이 어울릴 수 있도록 구성함

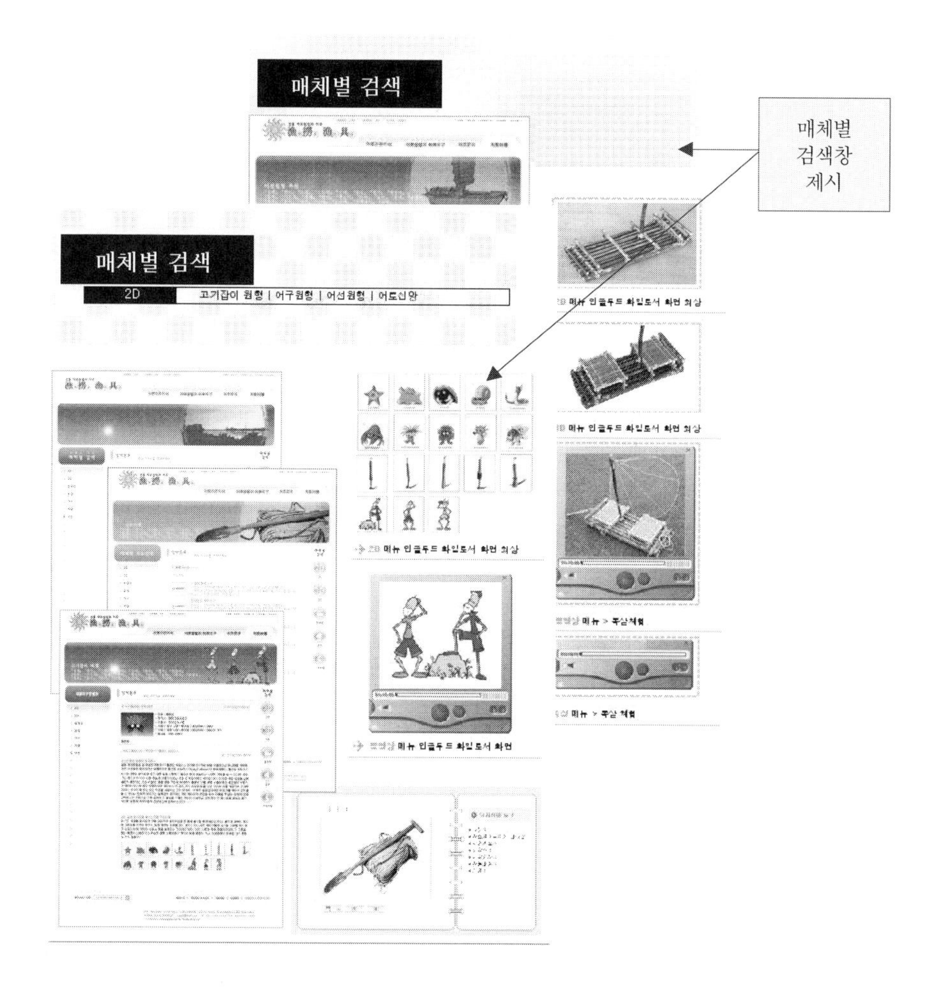

가장 중심적인 콘텐츠 예시

◎본 기획을 통해서 가장 주목하거나 중심 콘텐츠라고 예상되는 것을 예시하여 이목을 집중시킴
특히 이 콘텐츠가 가지는 의미와 콘텐츠 산업화 전략을 간략하게 제시하면 좋음

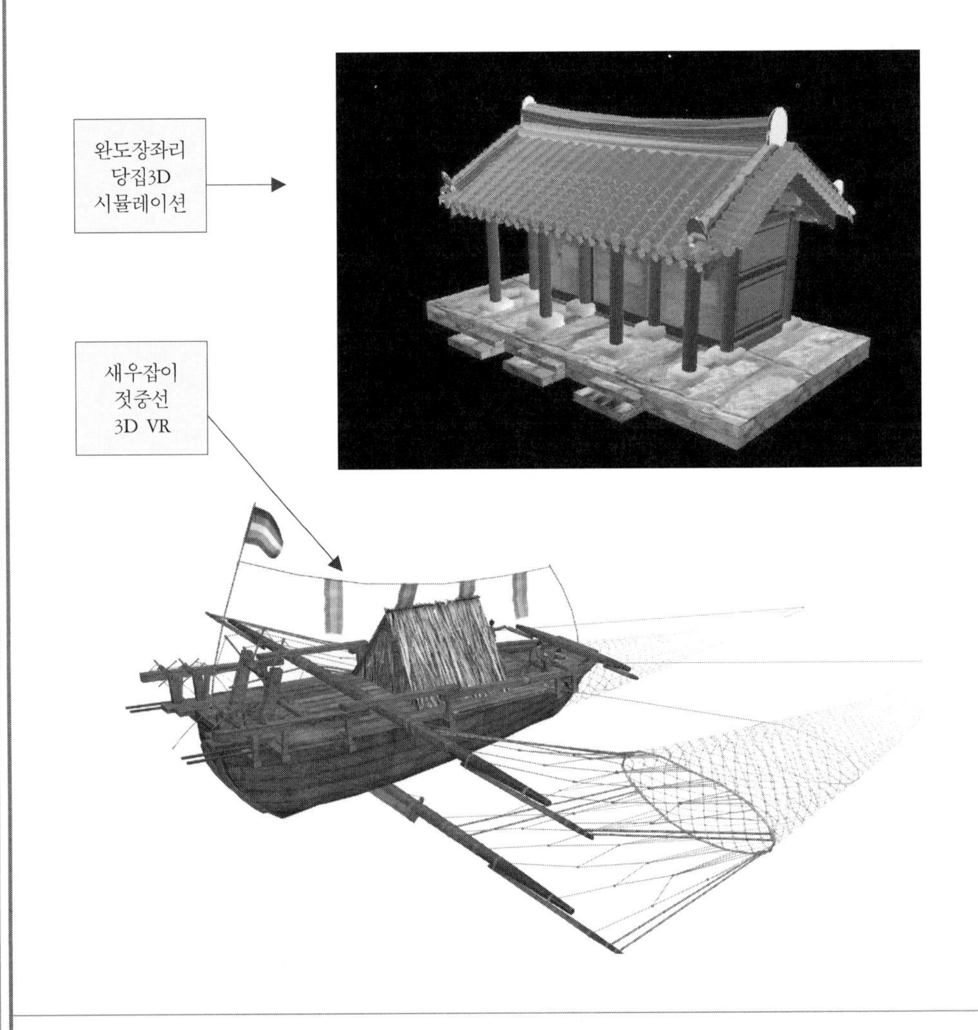

7) 최종 결과물의 수량

최종결과물

◎ 최종결과물의 수량을 원본용과 웹사이트용으로 나누어서 수치화

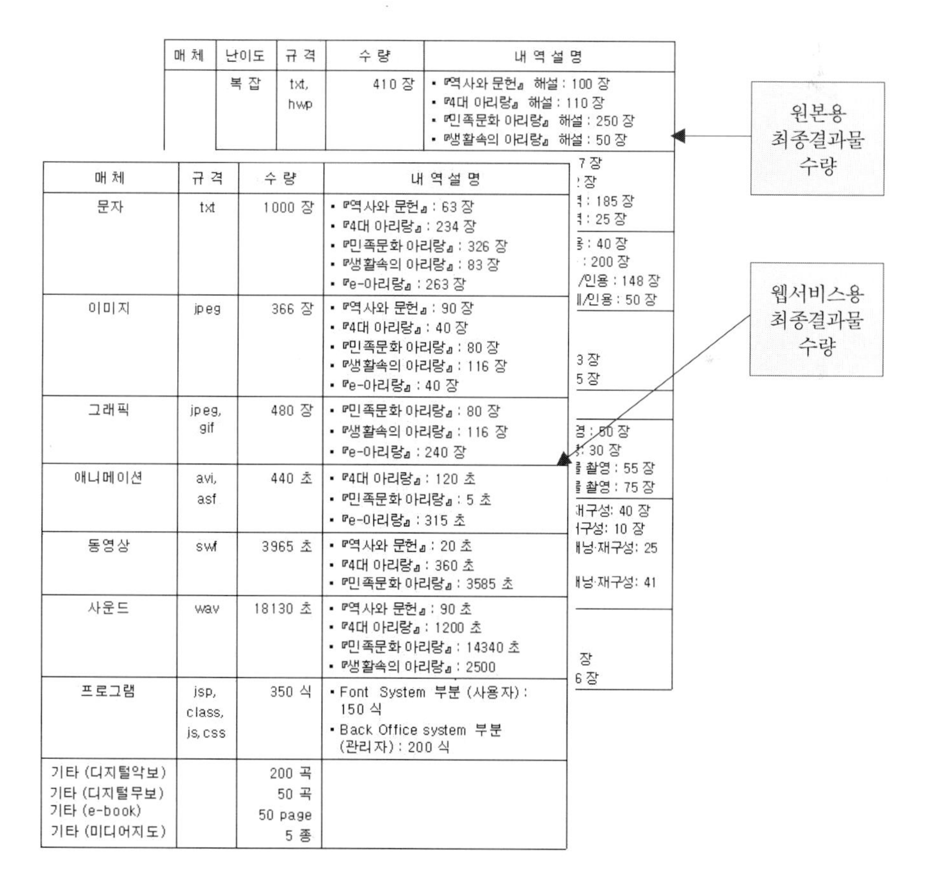

매체	난이도	규격	수량	내역설명
	복 잡	txt, hwp	410 장	• 『역사와 문헌』 해설 : 100 장 • 『4대 아리랑』 해설 : 110 장 • 『민족문화 아리랑』 해설 : 250 장 • 『생활속의 아리랑』 해설 : 50 장

매체	규격	수량	내역설명
문자	txt	1000 장	• 『역사와 문헌』 : 63 장 • 『4대 아리랑』 : 234 장 • 『민족문화 아리랑』 : 326 장 • 『생활속의 아리랑』 : 83 장 • 『e-아리랑』 : 263 장
이미지	jpeg	366 장	• 『역사와 문헌』 : 90 장 • 『4대 아리랑』 : 40 장 • 『민족문화 아리랑』 : 80 장 • 『생활속의 아리랑』 : 116 장 • 『e-아리랑』 : 40 장
그래픽	jpeg, gif	480 장	• 『민족문화 아리랑』 : 80 장 • 『생활속의 아리랑』 : 116 장 • 『e-아리랑』 : 240 장
애니메이션	avi, asf	440 초	• 『4대 아리랑』 : 120 초 • 『민족문화 아리랑』 : 5 초 • 『e-아리랑』 : 315 초
동영상	swf	3965 초	• 『역사와 문헌』 : 20 초 • 『4대 아리랑』 : 360 초 • 『민족문화 아리랑』 : 3585 초
사운드	wav	18130 초	• 『역사와 문헌』 : 90 초 • 『4대 아리랑』 : 1200 초 • 『민족문화 아리랑』 : 14340 초 • 『생활속의 아리랑』 : 2500
프로그램	jsp, class, js, css	350 식	• Font System 부분 (사용자) : 150 식 • Back Office system 부분 (관리자) : 200 식
기타 (디지털악보) 기타 (디지털무보) 기타 (e-book) 기타 (미디어지도)		200 곡 50 곡 50 page 5 종	

4. 결과 및 기대효과 작성법

1) 산업적 활용방안

◎산업적 활용모델을 한눈에 이해할 수 있도록 도해

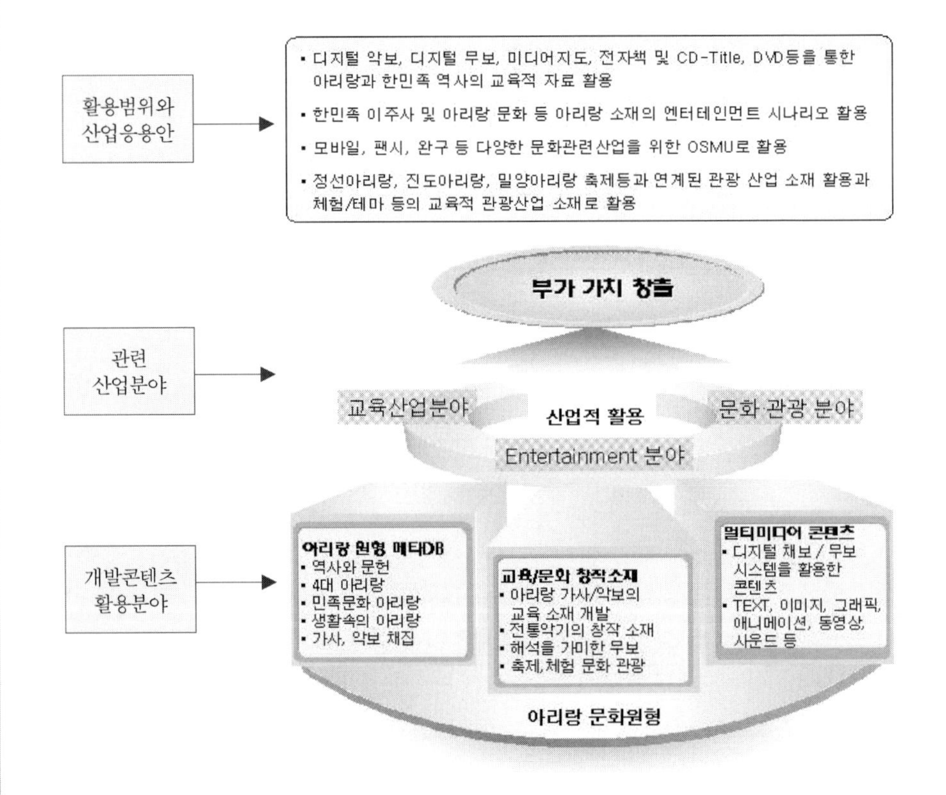

활용범위와 산업응용안
• 디지털 악보, 디지털 무보, 미디어지도, 전자책 및 CD-Title, DVD등을 통한 아리랑과 한민족 역사의 교육적 자료 활용
• 한민족 이주사 및 아리랑 문화 등 아리랑 소재의 엔터테인먼트 시나리오 활용
• 모바일, 팬시, 완구 등 다양한 문화관련산업을 위한 OSMU로 활용
• 정선아리랑, 진도아리랑, 밀양아리랑 축제등과 연계된 관광 산업 소재 활용과 체험/테마 등의 교육적 관광산업 소재로 활용
관련 산업분야
부가 가치 창출
교육산업분야
산업적 활용
문화 관광 분야
Entertainment 분야
개발콘텐츠 활용분야
아리랑 원형 메타DB
• 역사와 문헌
• 4대 아리랑
• 민족문화 아리랑
• 생활속의 아리랑
• 가사, 악보 채집
교육/문화 창작소재
• 아리랑 가사/악보의 교육 소재 개발
• 전통악기의 창작 소재
• 해석을 가미한 무보
• 축제,체험 문화 관광
멀티미디어 콘텐츠
• 디지털 채보 / 무보 시스템을 활용한 콘텐츠
• TEXT, 이미지, 그래픽, 애니메이션, 동영상, 사운드 등
아리랑 문화원형

목표 시장 분석

◎목표시장을 콘텐츠분야에 따라 국내외로 나누고 현황분석을 함
콘텐츠 시장 예측치를 적용하여 전망을 제시하는 것이 중요함
특히 인용 출처와 출판연도가 매우 중요함

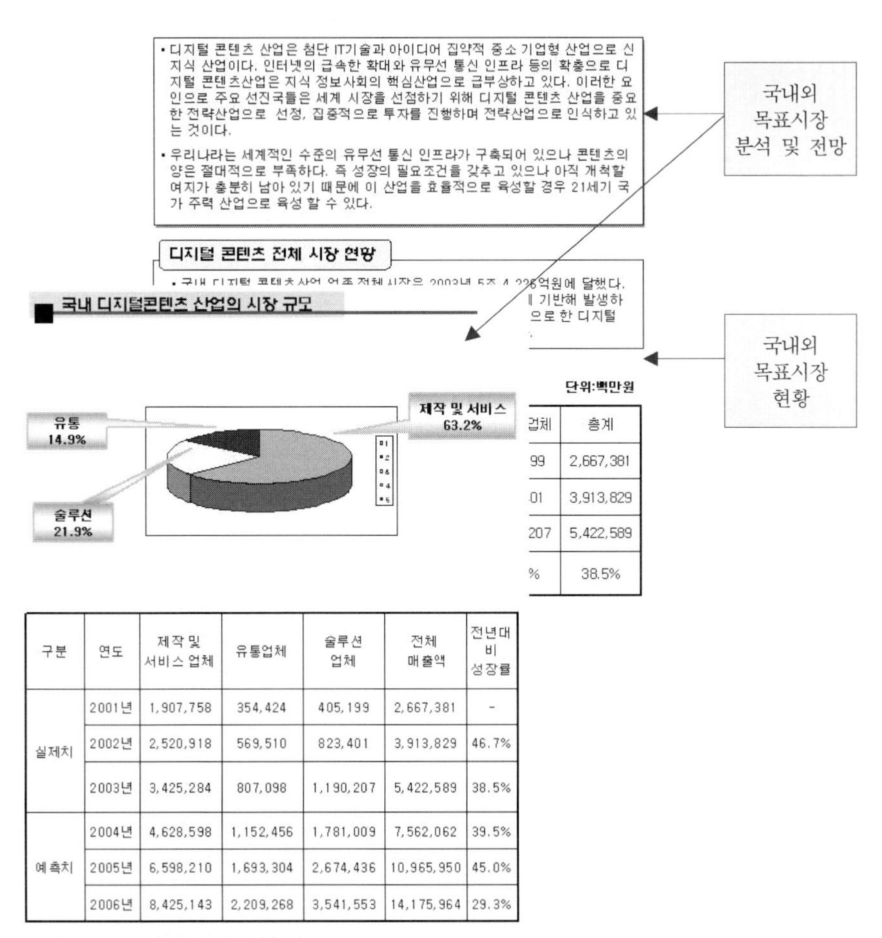

• 디지털 콘텐츠 산업은 첨단 IT기술과 아이디어 집약적 중소 기업형 산업으로 신지식 산업이다. 인터넷의 급속한 확대와 유무선 통신 인프라 등의 확충으로 디지털 콘텐츠산업은 지식 정보사회의 핵심산업으로 급부상하고 있다. 이러한 요인으로 주요 선진국들은 세계 시장을 선점하기 위해 디지털 콘텐츠 산업을 중요한 전략산업으로 선정, 집중적으로 투자를 진행하며 전략산업으로 인식하고 있는 것이다.

• 우리나라는 세계적인 수준의 유무선 통신 인프라가 구축되어 있으나 콘텐츠의 양은 절대적으로 부족하다. 즉 성장의 필요조건을 갖추고 있으나 아직 개척할 여지가 충분히 남아 있기 때문에 이 산업을 효율적으로 육성할 경우 21세기 국가 주력 산업으로 육성 할 수 있다.

구분	연도	제작 및 서비스 업체	유통업체	솔루션 업체	전체 매출액	전년대비 성장률
실제치	2001년	1,907,758	354,424	405,199	2,667,381	-
	2002년	2,520,918	569,510	823,401	3,913,829	46.7%
	2003년	3,425,284	807,098	1,190,207	5,422,589	38.5%
예측치	2004년	4,628,598	1,152,456	1,781,009	7,562,062	39.5%
	2005년	6,598,210	1,693,304	2,674,436	10,965,950	45.0%
	2006년	8,425,143	2,209,268	3,541,553	14,175,964	29.3%

출처 : '국내 디지털 콘텐츠 산업 시장조사 보고서'

콘텐츠분야별 시장 분석

◎ 응모분야와 상관성이 깊은 콘텐츠분야의 시장에 대한 현황과 분석
근거 있는 수치자료를 통해 분석의 결과와 전망에 대한 신뢰성 확보

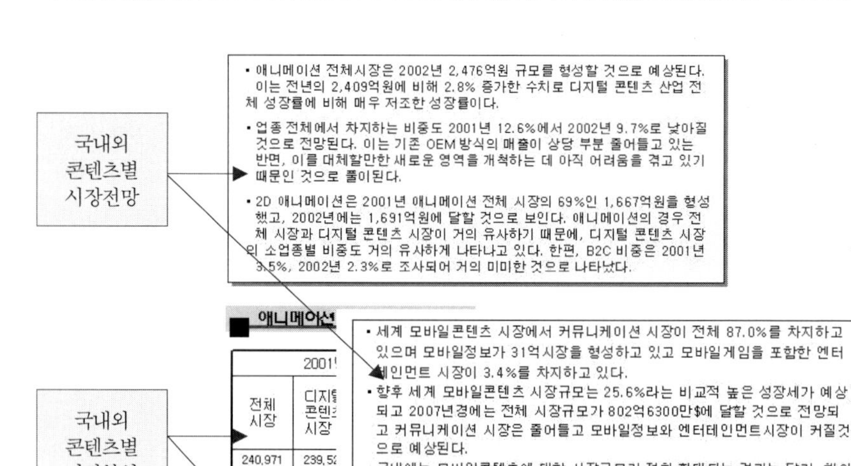

국내외 콘텐츠별 시장전망
• 애니메이션 전체시장은 2002년 2,476억원 규모를 형성할 것으로 예상된다. 이는 전년의 2,409억원에 비해 2.8% 증가한 수치로 디지털 콘텐츠 산업 전체 성장률에 비해 매우 저조한 성장률이다.
• 업종 전체에서 차지하는 비중도 2001년 12.6%에서 2002년 9.7%로 낮아질 것으로 전망된다. 이는 기존 OEM 방식의 매출이 상당 부분 줄어들고 있는 반면, 이를 대체할만한 새로운 영역을 개척하는 데 아직 어려움을 겪고 있기 때문인 것으로 풀이된다.
• 2D 애니메이션은 2001년 애니메이션 전체 시장의 69%인 1,667억원을 형성했고, 2002년에는 1,691억원에 달할 것으로 보인다. 애니메이션의 경우 전체 시장과 디지털 콘텐츠 시장이 거의 유사하기 때문에, 디지털 콘텐츠 시장의 소업종별 비중도 거의 유사하게 나타나고 있다. 한편, B2C 비중은 2001년 3.5%, 2002년 2.3%로 조사되어 거의 미미한 것으로 나타났다.
국내외 콘텐츠별 시장분석
애니메이션
2001
전체 시장
디지털 콘텐츠 시장
240,971
애니메이션
• 세계 모바일콘텐츠 시장에서 커뮤니케이션 시장이 전체 87.0%를 차지하고 있으며 모바일정보가 31억시장을 형성하고 있고 모바일게임을 포함한 엔터테인먼트 시장이 3.4%를 차지하고 있다.
• 향후 세계 모바일콘텐츠 시장규모는 25.6%라는 비교적 높은 성장세가 예상되고 2007년경에는 전체 시장규모가 802억6300만$에 달할 것으로 전망되고 커뮤니케이션 시장은 줄어들고 모바일정보와 엔터테인먼트시장이 커질것으로 예상된다.
• 국내에는 모바일콘텐츠에 대한 시장규모가 점차 확대되는 것과는 달리, 해외에서는 아직까지 모바일콘텐츠 시장이 본격화되지 않고 있으며 향후 지속적으로 발전할 예상

출처 : '국내 디

무선 시장 매출액 규모

(단위:백만원)

구분	금액
전체	436.793
제작 및 서비스	320.278
솔루션	116.515

출처 : '국내 디지털 콘텐츠 산업 시장조사 보고서'

◎ 산업분야별 활용방안 제시

◎목표시장 분석과 전망에 근거한 개발 콘텐츠에 대한 산업분야별 활용방안을 제시함

- 업종 중에서 정보 분야는 일반적으로 서비스되는 정보 콘텐츠 제공업체로서 교육, 금융/경제, 생활, 의료, 법률, 공공, 과학기술 콘텐츠 등을 포함하고 있다.
- 전체매출을 기준으로 본 정보업종 전체에서 차지하는 소업종별 비중을 보면, 교육이 가장 높은 것으로 나타났다. 교육은 2001년 766억원에서 2002년 1,179억원까지 성장할 것으로 예상됐다. 전체 정보업종 매출에서 차지하는 비중도 2002년 기준으로 35% 이상이 된다. 입시교육, 외국어교육, IT교육, 유아교육, 입시정보 등 그 대상도 다양해 사업체가 매우 폭 넓게 분포해 있음을 알 수 있다.

산업분야별 시장분석

게임 시장 매출액 규모

(단위:백만원)

구분		교육	금융/경제	생활	기타	계
2001년	전체매출	76,671	57,404	54,889	19,859	208,826
	평균매출	270	683	262	374	331
[illegible]	[illegible]	[illegible]	[illegible]	79,880	44,496	331,418
	[illegible]	[illegible]	[illegible]	382	838	525

사 보고서'

- 출판업종에서 가장 큰 비중을 차지하고 있는 분야는 신문으로 출판업종에서 차지하는 매출 비중이 전체의 41.7%에 달했다. 신문의 경우, 뉴스 정보를 기본으로 하여 이용자를 유도하고 여기에 각종 콘텐츠 및 서비스를 부가하는 형태로 사업을 진행하고 있어 콘텐츠 자체의 매출은 크지 않은 것으로 나타났다.
- 다음으로는 e-Book업종의 매출이 출판제작업종 전체 매출에서 4%대 수준을 차지하고 있는 것으로 나타났다. 그 다음이 만화로 출판 업종에서 2%대를 차지하는 것으로 조사되었다. 나머지는 웹진과 기타 출판 분야로 전체시장에서 약 57% 가량을 차지하고 있는 것으로 조사되었다.

산업분야별 활용예측치

출판업종 전체시장 소업종별 비중

(단위:백만원)

구분		신문	만화	E-Book	기타	계
전체시장	2001년	54,385	3,222	5,670	67,276	130,553
	2002년	69,419	5,445	8,151	110,645	193,660

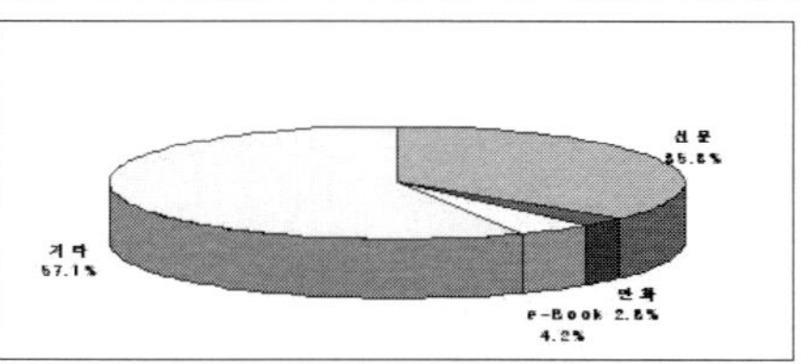

* 자료 출처 : '국내 디지털 콘텐츠 산업 시장조사 보고서'

2) 기대효과

산업 및 공익적 기대효과

◎ 목표시장 분석과 전망에 근거한 기대효과를 산업 및 공익적 기대효과로 나누어 기술함 산업기대효과는 근거와 출처 및 출판연도를 명확하게 밝힘

전통어로문화를 통해 조상의 지혜와 문화를 재조명하고, 동해안, 서해안, 제주도의 지역별 전통문화로서 원형을 보존하며, 전통성, 다양성, 우수성, 예술성을 종합적이고 체계적인 콘텐츠로 제공한다.

또한, 게임, 애니메이션,완구, 모바일 등 산업에 다양한 창작소재를 제공한다.

공익적 기대효과 분석 → **4.1. 공익적 부분**

□ 전통 어로방법과 어로도구의 디지털콘텐츠화로 전통문화의 보존/계승/발전의 기회 제공 및 해양문화의 저변 확대

□ 주변 수역국
분쟁 예방, ㅋ

□ 인터넷을 이
해양수족관

□ 전통 해양문
전통 문화콘

□ 전통 해양문
- 전국 연안

• 산업적 부분 :
- 아리랑 문화 디지털콘텐츠 구축 및 체계적 분류를 통한 아리랑 문화 원형 보존
- 아리랑 문화를 통한 우리문화 알리기 등 기초교육 소재 활용을 통한 전통 문화 교육 활성화
- 문화·관광산업의 창작 소재 제공

산업적 기대효과 분석 → **4.2. 산업적**

4.2.1. 모바

□ 애니메이션
이는 전년의
산업 전체 ᄉ

□ 전통어로문
2002년 대비

- 자료출처 :

콘텐츠 분야별 기대효과

◎ 목표시장 분석과 전망에 근거한 기대효과를 콘텐츠 분야별로 나누어 제시
콘텐츠별 기대효과는 근거와 출처 및 출판연도를 명확하게 밝힘

콘텐츠 분야별 기대효과 전망

우리나라 캐릭터소비시장규모는 4조 8,085억원. 2002년의 5조 2,771억원에 비해 약 8.9%가 감소했다. 경기침체로 인한 전반적인 소비심리 위축이큰 원인인 것으로 추정된다. 그러나 캐릭터상품 보유율은 크게 증가한 것으로 나타났다.
특히 국산 캐릭터의 경쟁력이 높아지는 추세여서 주목된다. 국산 캐릭터 선호도는 2002년의 44%에서 2003년에는 47.8%로 다소 늘었고, 국산 캐릭터의 시장점유율 또한 2002년보다 3.3%정도 늘어난 38.3%로 확대됐다. 높아진 국산 캐릭터의 시장 경쟁력은 국내시장의 체질과 내용이 개선된 것으로 평가된다. 따라서 올해 국내경기와 소비심리가 다소 회복된다면 올해 캐릭터 시장은 전년대비 약 9% 가량 성장할 것으로 전망된다.

콘텐츠 분야별 기대효과 분석

4.2.2. 게임분야

(단위 : 억원)

구분	2000	2001		2002		2003	
	금액	금액	성장률	금액	성장률	금액	성장률
온라인	1,915	2,682	40%	4,425	65%	5,531	25%
모바일	100	358	430%	1,002	180%	2,505	150%
아케이드	5,129	5,060	-1.3%	4,048	-20%	3,643	-10%
PC	1,162	1,939	67%	1,650	-15%	1,490	-10%
비디오	125	162	29%	1,540	850%	2,464	60%
PC방	11,125	12,014	8%	14,416	20%	16,578	15%
게임장	10,126	8,302	-18%	7,057	-15%	6,704	-5%
복합업소	-	-	-	-	-	2,328	N/A
합계	29,682	30,516	3%	34,138	12%	41,243	21%

2002년	
구입빈도 (회/년)	1회 평균 구입금액 (원)
18.8	4,726
11.5	14,147
10.6	28,078
10.5	19,486
5.6	24,016
5.7	19,822
10.5	5,109
11.1	19,166

* 자료출처 : 문화관광부 제공 문화산업통계(http://www.mct.go.kr)

- 전통 어로방법과 도구 관련 이미지, 캐릭터, 시나리오를 게임분야에 0.1%제공 했을 때, 약 41억원의 매출 상승효과를 기대한다.

4.2.3. 모바일분야

- 벨소리와 통화대기음, 모바일 영상, 캐릭터등 모바일 콘텐츠 제공이 가능하며, 특히 모바일 시장의 2001년 대비 성장률은 60.0%에 달해 유선 시장의 성장률인 23.9%를 크게 상회하고 있다.
- 전통 어로방법과 도구의 모바일콘텐츠 개발 시장에 0.1%제공했을 때, 2002년 대비 약 2억4천만원의 매출 효과를 기대한다.

자료출처 : '국내 디지털 콘텐츠산업 시장조사 보고서'

3) 일정계획

일정계획

◎ 일정계획을 통하여 사업의 규모와 성과가 한눈에 드러날 수 있게 함

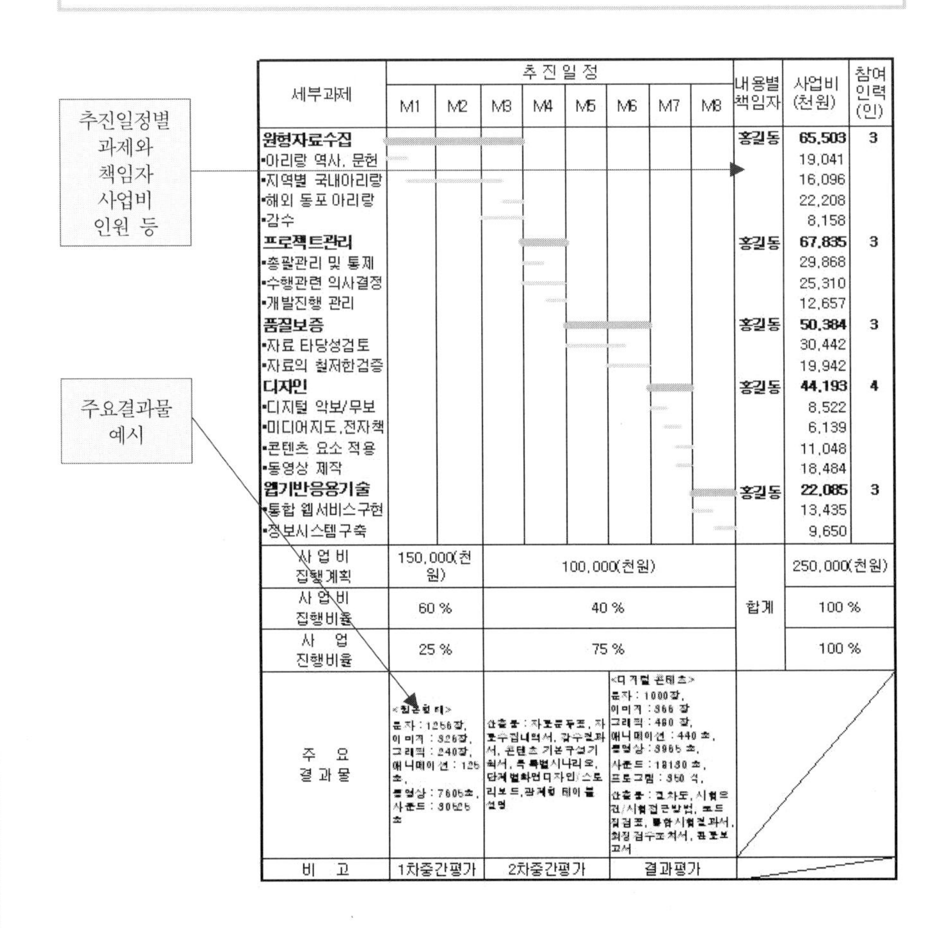

세부과제	추진일정								내용별 책임자	사업비 (천원)	참여 인력 (인)
	M1	M2	M3	M4	M5	M6	M7	M8			
원형자료수집									홍길동	**65,503**	3
•아리랑 역사, 문헌										19,041	
•지역별 국내아리랑										16,096	
•해외 동포 아리랑										22,208	
•감수										8,158	
프로젝트관리									홍길동	**67,835**	3
•총괄관리 및 통제										29,868	
•수행관련 의사결정										25,310	
•개발진행 관리										12,657	
품질보증									홍길동	**50,384**	3
•자료 타당성검토										30,442	
•자료의 철저한검증										19,942	
디자인									홍길동	**44,193**	4
•디지털 악보/무보										8,522	
•미디어지도,전자책										6,139	
•콘텐츠 요소 적용										11,048	
•동영상 제작										18,484	
웹기반응용기술									홍길동	**22,085**	3
•통합 웹서비스구현										13,435	
•정보시스템구축										9,650	

사업비 집행계획	150,000(천원)	100,000(천원)		합계	250,000(천원)
사업비 집행비율	60 %	40 %		합계	100 %
사업 진행비율	25 %	75 %		합계	100 %
주요 결과물	<원콘텐츠> 문자 : 1256장, 이미지 : 326장, 그래픽 : 240장, 애니메이션 : 126초, 동영상 : 7605초, 사운드 : 30525초	산출물 : 자료분류표, 자료수집내역서, 감수결과서, 콘텐츠 기본구성기획서, 주제별시나리오, 단계별화면디자인/스토리보드, 관계형 테이블 설명	<디지털 콘텐츠> 문자 : 1000장, 이미지 : 366 장, 그래픽 : 480 장, 애니메이션 : 440 초, 동영상 : 3965 초, 사운드 : 18180 초, 프로그램 : 350 식, 산출물 : 구조도, 시험요건/시험접근방법, 코드 점검표, 통합시험결과서, 최종 검수조치서, 완료보고서		
비고	1차중간평가	2차중간평가	결과평가		

IV부 민속문화 기반의 공연문화콘텐츠

민속문화 기반의 공연문화콘텐츠

1. 무속신앙의 문화원형과 공연문화콘텐츠

1) 서론

진도 씻김굿에 대한 연구는 다수의 선학들에 의해 이루어진 바 있다.[1] 논

1) 진도씻김굿을 소재나 대상으로 한 논의 중에서 중요한 몇 개를 소개하면 다음과 같다.
박미경, 윤화중 역, 『한국의무속과 음악－진도씻김굿 연구』(세종출판사, 1996).
박미경, 「진도씻김굿의 미적 경험과 의미화」, 『미학·예술학연구』 제15집(한국미학예술학회, 2002).
______, 「진도 당골의 즉흥성 연구 : 그 퇴화양상」, 『음악과 민족』 제24호(민족음악학회, 2002).
______, 「한국 굿음악의 변화연구 : 진도 씻김굿을 중심으로」, 『음악과 문화』 제3호(세계음악학회, 2002).
______, 「진도씻김굿 무가의 음악형식과 구조연구(Ⅰ)－범주와 단위양상 논의」, 『韓國音樂史學報』 제29집(한국음악사학회, 2002).
______, 「진도씻김굿 무가의 음악형식과 구조 연구(Ⅱ)－반복, 순환, 발전, 그리고 열림의 양상」, 『韓國音樂史學報』 제30집(한국음악사학회, 2003).
조경만, 「무의식」, 『진도무속현지조사』(국립민속박물관, 1988).

의된 분야는 주로 음악학과 민속학에 집중되어 있다. 음악분야는 박미경을 중심으로 한 국악분야의 작업이, 문학 분야는 이경엽을 중심으로 한 구비문학 및 민속학분야의 작업이 대표적이라고 할 수 있다. 박미경은 진도씻김굿의 음악적 완성도에 매료되어, 그 질적 깊이에 대해 천착하였다. 이경엽은 진도씻김굿의 문학 분야뿐만 아니라 본래 굿이 가지고 있는 연행의 맥락까지 고찰하였다.

본고는 이러한 선학들의 연구업적을 한편으로 수용하면서 진도씻김굿이 무대화 되는 과정에서 파생된 여러 문제점들을 문화원형과 문화콘텐츠라는 측면에서 접근해보고자 한다. 기왕의 진도씻김굿에 대한 논의들이 씻김굿의 정체성을 규명하는 데 초점이 맞춰져 있었다면 본고는 그것이 활용되고 변용되는 무대 현장의 맥락을 규명해보는데 초점이 있다고 하겠다. 무대현장은 진도씻김굿이 가장 왕성하게 공연작품으로 활용되는 <진도토요민속여행>을 소재로 삼고자 한다.[2] <진도토요민속여행>(이하 <토요공연>으로 축약)은 전남 진도군 향토문화회관 대공연장에서 겨울철을 제외한 연중 매주 토요일 열

나경수, 「진도씻김굿 연구」, 『호남문화연구』 17(전남대 호남문화연구소, 1988).
이경엽, 「씻김굿의 제의적 기능과 현세주의적 태도」, 『韓國民俗學』 31집(한국민속학회, 1999).
______, 「굿의 전승환경과 현행 현장」, 『도서문화』 19집(목포대 도서문화연구소, 2001).
______, 「무속의 전승 주체-호남의 당골제도와 세습무계의 활동-」, 『韓國民俗學』 36집(한국민속학회, 2002).
____, 「진도씻김굿의 예술성과 연희성」, 『한국음악: 한국의 굿-진도씻김굿』 제34집(국립국악원, 2003).
______, 「씻김굿 무가의 연행 방식과 그 특징」, 『비교민속학』 29집(비교민속학회, 2005).
김은정, 「망자천도굿에서 상징하는 무복의 특성-진도 씻김굿과 서울 진오기굿을 중심으로-」, 『한국의류학회지』 27호(한국의류학회, 2003).
양미경, 「한국 무복(巫服)의 비언어적 커뮤니케이션에 관한 연구-진도 씻김굿을 중심으로-」, 『服飾』 31호(한국복식학회, 1997).
최진이, 「진도 씻김굿의 넋당삭(龍船)연구」, 『한국무속학』 제8집(2004).
이윤선, 「도서지역 무속의 변천에 대한 연구」, 『남도민속연구』 10집(남도민속학회, 2004).

2) <토요공연>은 진도군립민속예술단에 의해 공연된다. 필자는 군립민속예술단의 연출단장을 겸하고 있으므로, 이하 관련 자료에 있어서는 출처와 인용 등의 각주를 생략하기로 하겠다.

리는 민속공연을 말한다. 이 공연에서는 진도의 7개 국가지정 및 도지정 무형문화재를[3] 중심으로 하여 진도가 보유하고 있는 다양한 민속연희물을 무대에 올리고 있다. 1997년부터 시작된 이 공연은 무형문화재의 시연 중심으로 운영되다가 2002년부터 테마 중심의 공연으로 꾸려지고 있다. 본고에서는 테마 중심의 공연이 비교적 두드러지기 시작한 2003년부터 2005년 현재까지의 기간을 분석 대상으로 삼고자 한다. 진도씻김굿의 무대적 변용을 살피기에 용이할 것으로 생각되기 때문이다.

진도씻김굿은 널리 알려진 대로 남도창 및 남도음악의 백미로 꼽힌다. 연행의 맥락이나 서사의 중요성 보다는 음악적 구성이 뛰어남을 의미한다. 그래서 진도에서는 "어느 당골이 잘한다 못한다."는 평가를 할 때, 굿 효험이 있냐 없냐를 크게 따지지 않고 음악적 개성을 평가기준으로 삼기도 한다.[4] 그러나 현재 세습무 보다 강신무의 현장 연행이 全般을 차지하는 맥락을 음악만으로 설명하기에는 무리가 있다. 씻김굿의 본래적 기능이 망자의 한을 풀어주고 씻겨 줘서 천도시키는 데 있기 때문이다. 그래서 망자가 이승을 떠나 저승에 이르는 과정이 드라마처럼 연출되는 극적 의례성이[5] 전제되게 된다. 곧, 진도씻김굿은 의식음악이자 기능음악이면서 동시에 극적인 요소와 의례적인 요소를 통합하고 있는 복합 연행물이다.

진도씻김굿은 문화재 지정기를 전후한 과도기를 거쳐 부분적으로 소멸되거나 분화되어 왔다. 필자는 진도씻김굿의 전개과정을 강신무와 세습무의 병존시대와 분리시대로 나누고, 다섯 가지 형태로 분화되어 갈 것으로 예측한 바 있다.[6] 현재 <토요공연>에 올려지는 씻김굿은 지전 살풀이 등 굿과 분리

3) 국가지정 중요무형문화재로는, 강강술래, 남도들노래, 진도씻김굿, 다시래기가 있고, 도지정 무형문화재로는 진도북놀이, 진도만가, 남도잡가(남도민요)가 있다.
4) 박미경, 「진도씻김굿의 미적 경험과 의미화」, 앞의 책(2002), 104~105쪽.
5) 이경엽, 「씻김굿 무가의 연행 방식과 그 특징」, 앞의 책(2005), 308쪽.
6) 굿과 분리된 형태의 예술, 예술화된 굿, 강신적・세습적 새로운 형태의 굿, 강신무 굿, 사주・점

된 형태의 작품과 예술화된 굿 두 가지 측면에서 고찰될 수 있다. 수요자의 요청에 의해서 현장에서 연행되는 씻김굿과는 다른 맥락에서 공연 씻김굿을 고찰해야 될 필요성을 말해준다. 실제 진도 거주의 당골들과 고인들도 무대용 씻김굿과 현장용을 따로 인식하고 있을 뿐 아니라,[7] 씻김굿 공연에 임하는 진도군립민속예술단 단원들도 현장의 씻김굿과 무대의 씻김굿을 맥락이 다르다고 인식하고 있다. 이것은 <토요공연>의 씻김굿이 현장의 것이 아닌 공연문화 콘텐츠로 자리 잡았거나, 자리잡아가고 있음을 반증하는 것이다.

먼저 본래의 씻김굿이 가지고 있는 제 절차와 그 서사구성에 대해 살펴보고, <토요공연>에 나타난 씻김굿의 양상을 분석하여 공연문화콘텐츠로서의 씻김굿을 들여다보고자 한다. 이 작업은 진도씻김굿이 가지고 있는 전통과 창조의 맥락을 일정 부분 점검하는 의미를 지닐 것으로 판단한다.

2) 진도씻김굿의 서사적 절차와 연행 환경

씻김굿은 한편의 드라마라고 할 수 있다. 청신請神에서 송신送神까지 의뢰자와 매개자(당골)뿐 아니라 참여한 모든 구성원들이 유기적으로 넘나드는 구성을 지니고 있는 까닭이다. 참여자가 많다는 것은 연행의 가변성이 존재함을 말한다. 가변성은 비고정적 진행을 말하는 것으로, 망자와의 재회를 통한 절차, 그리고 선율과 장단을 뛰어넘는 음악 구성 등에 잘 나타난다. 전자는 주로 노랫말과 대화를 통해서, 후자는 주로 당골과 악사의 음악적 교감을 통해서 이루어진다. 따라서 본래의 서사구성인 고정적 요소들과 비고정적 진행으로 돌출되는 가변적인 요소들이 유기적으로 연결된다. 씻김굿의 절차는 어느

쟁이로 나눈 것이 그것이다.
이윤선, 「도서지역 무속의 변천에 대한 연구」, 앞의 책(2004), 261쪽.
7) 박미경, 「한국 굿음악의 변화연구 : 진도 씻김굿을 중심으로」, 앞의 책(2002), 20~21쪽.

대하드라마보다도 역동적이다. 사람의 죽음을 다룬다는 측면 외에도 죽은자와 산자의 갈등과 화해를 견인해 내는 사회적, 의례적 장치이기 때문이다.

무대공연과의 맥락을 엿보기 위해서는 바로 이 점들을 고찰하는 데서 출발할 필요가 있다. 이를 위해서 진도씻김굿이 지니고 있는 구성과 절차의 맥락을 점검해본다. 진도씻김굿은 같은 지역임에도 무계에 따라 진행절차가 다르게 나타난다.[8] 이 절차의 다름과 같음은 서사구성에 있어 중요한 맥락이기도 하다. 그러나 씻김굿의 기본 연행 절차인 청신請神-오신娛神-송신送信의 절차를 벗어나는 것은 아니다. 이 3단계의 절차는 다시 청신-오신-절연-천도-배송의 5단계 절차로 나누어질 수 있다. 더 나아가면 각각의 '거리'로 나누어지는데, 이 굿거리가 무계 혹은 지역에 따라 차별성을 보이는 것이다. 5단계의 구성을 전제로 각각의 거리를 살펴보면, 청신은 <안당>, <혼맞이>, <초가망석>, <손님굿>이, 오신은 <제석굿>, <액막이>가, 절연은 <고풀이>, <씻김>, <넋올림>이, 천도는 <천근>, <희설>, <길닦음>이, 배송은 <종천>이 해당된다.[9] 이것을 진도씻김굿 문화재 지정 당시의 '거리'로 살펴보면 아래와 같다.[10]

> 1.조왕반, 2.안당(안땅), 3.혼맞이, 4.초가망석, 5.처올리기, 6.손님굿, 7.제석굿(제석근본 찾는 대목, 제석맞이, 제석 유람, 시주받기, 명당터 잡기, 성국터 잡기, 지경다구기, 집짓기, 입춘 붙이기, 성주경, 벼슬궁, 축원, 노적청, 업청, 군웅, 조상굿, 액막음), 8.고풀이, 9,영돈말이, 10.이슬털기(씻김), 11.왕풀이, 12.넋풀이, 13.동갑풀이,

---

8) 진도뿐만 아니라 씻김굿의 절차는 지역마다 각기 다르고 굿거리 이름도 약간씩 차이가 있다. 어떤 지역의 경우는 10거리의 제차로 이루어져 있지만 어떤 지역은 15거리로 되어 있다. 이경엽, 「씻김굿의 제의적 기능과 현세주의적 태도」, 앞의 책(1999), 27쪽.

9) 이경엽, 『전남 무가 연구』(박이정, 1988).

10) 지춘상, 「진도의 민속-진도씻김굿」, 『예향진도』 창간호~통권11호(1984~1986). 이것은 '지춘상 외, 「진도씻김굿」, 『중요무형문화재 조사보고서』(전통무용연구소, 1979)'을 토대로 하여 재수록 한 것이다.

14.약풀이, 15.넋올리기, 16.손대잡이, 17.희설, 18.길닦음, 19.종천

이 안을 기본으로 삼고 대표적인 무계의 연행 절차를 비교해보면 대체로 이완순본과 채정례본, 박병천본이 다르게 나타남을 볼 수 있다. 박병천본은 문화재 지정 씻김굿에서 연행되는 박병천일가 중심의 연행 절차인데, 독자적인 연행절차를 가지고 있는 김대례, 정숙자, 이완순이 각각 분담된 거리를 진행시키는 것이 관례화 되어 있었다. 근래에는 고풀이 등의 몇 거리를 악사인 박병천이 담당하기도 했다. 이완순, 정숙자가 차례로 타계하고 나서부터는 각각의 역할을 송순단, 박미옥이 승계하여 진행시키고 있다.[11] 대표적 무계별 연행 절차는 아래와 같다.[12]

〈표 1〉 진도지역 씻김굿 연행 절차

무계	1	2	3	4	5	6	7	8	9	10	11	12	13
① 문화재	조왕반 안당	혼맞이초 가망석처 올리기	손님굿	제석굿 (선영*)	고풀이	영돈말이 이슬털기 (씻김)	왕풀이 *	넋올리기	손대잡이	희설	길닦음	종천	
② 이완순	안당굿	초가망석	손님굿	제석굿	선영굿	액풀이	고풀이	씻김	넋올림	천근	희설	길닦음	종천
③ 채정례	안당	초가망석	손님굿	제석굿	선영모시기	넋올리기	희설	씻김	고풀이	길닦음	종천맥이		
④ 박병천	조왕반 안당	혼맞이굿 초가망석	손님굿	제석굿	고풀이	영돈말이 씻김	왕풀이 *	넋올리기	길닦음	종천			

11) 송순단은 조교로 활동중이면서 현장연행이 왕성한 편이고, 박미옥은 박병천의 1녀인데, 문화재 중심의 공연 이외는 현장 연행이 많지 않은 편이다.

12) 무계 항목에서 '문화재'는 각주 10)번에서 설명한 문화재 지정 보고서의 연행 절차를 말하고, '박병천'은 '이경엽·박정경·박환영, 『한국음악: 한국의 굿-진도씻김굿』 제34집(국립국악원, 2003)'에서 채록되고 채보된 절차를 근거로 한 것이다.

각각의 거리는 단계별 의미들을 지니고 있다. 청신에서 <조왕반>과 <안당>은 굿을 시작하는 절차에 해당되므로 동일한 범주라고 할 수 있다. 대개 <조왕반>은 부엌신인 조왕이 하강하는 날 등의 특별한 경우를 제외하고는 생략되기 때문에, 일반적인 굿은 <안당>으로부터 시작된다. <초가망석>과 <혼맞이>도 동일한 범주의 절차에 해당된다. <혼맞이>는 객사한 망자에 한해서 연행되기 때문에 일반적인 굿에서는 연행되지 않는다.[13] 진도씻김굿에서 일반적으로 <초혼지악> 또는 <혼맞이>라는 거리 이름을 본래의 <혼맞이>와 구분하지 않고 사용하는 경우가 있는데, 이것은 <초가망석>을 부르는 이칭이다. <처올리기>도 <초가망석>을 통해 초대한 신을 흠향하게 하는 대목이므로 따로 분리하지 않아도 동일 굿거리 속에 포함된다. 일부에서는 <손님굿>에 포함시키기도 한다.

오신은 <제석굿>을 중심으로 한 거리이다. 씻김굿 중의 가장 현실적인 대목이다. <제석굿>은 산자들의 부귀와 영화를 다룬다. 제석맞이, 중타령을 통해 제석신의 모습을 묘사하고, 제석풀이를 통해 신의 내력을 풀어내는 것은 복덕과 재수를 관장하는 제석신을 청배해서 떠들썩한 잔치판의 분위기를 펼쳐 내기 위함이다.[14] <제석굿>에서는 관람자들이 직접 참여하여 장기자랑을 하는 등 의뢰자와 당골, 마을 사람들이 유기적으로 소통된다.

절연은 망자와의 인연을 끊어내기 위한 거리로 해석된다. 모두 망자와 관련되기 때문에 '망자굿'으로도 불린다.[15] <조상굿> 혹은 <선영굿>은 실제 조상의 현신으로 상징되는 절차를 통해 산자와 죽은자가 소통하는 공간이다. 이 조상의 현신 및 신맞이에서 하강한 신(亡者)을 전제해 놓고 액풀이, 고풀이,

13) 지춘상, 「진도의 민속－진도씻김굿」, 앞의 책(1984~1986), 10쪽.
14) 이경엽, 「씻김굿 무가의 연행 방식과 그 특징」, 앞의 책(2005), 306쪽.
15) 이경엽, 「진도씻김굿의 예술성과 연희성」, 앞의 책(2003), 15쪽.

씻김, 넋올리기, 천근, 희설, 길닦음까지 절연의 절차를 밟아 나가는 것이다. 그런데 ①의 경우는 제석굿 속에 선영굿이 포함되어 있고, ②와 ③의 경우는 각각 선영굿, 선영모시기 거리가 독립되어 있으며, ④의 경우는 아예 조상굿이 구성되어 있지 않다. 이는 현장성의 담보와 상당한 인과관계를 지니고 있는 현상으로 보인다. 조상으로부터의 공수는 수요자의 씻김굿 의뢰에 필요조건일터인데, 이것이 약화되거나 소멸된 셈이 된다. 또 ①의 경우 왕풀이 뿐만 아니라, 넋풀이, 동갑풀이, 약풀이를 독립된 거리로 설정하고 있으나 그렇게 부르기에는 제 조건이 빈약하다. ②와 ③의 경우에는 왕풀이 자체가 설정되어 있지 않다. 무계별로 결연의 순서도 다르게 설정되어 있음을 알 수 있다. 그러나 세부적인 차이에도 불구하고, 이 선후의 차이가 결연의 의미를 뒤바꾸는 등의 역할로 이어지는 것은 아니다.

배송에는 종천이 해당된다. 종천은 굿판에 초청받지 못한 잡귀잡신들을 달래는 거리이자 망자를 마지막 보내는 대단원에 해당된다. 이로써 씻김굿은 막을 내리게 되고, 망자는 생전의 한을 풀어내며, 의뢰자는 망자와 온전히 절연하게 된다. 이 절차들은 각각 부엌에서(조왕반) 마루로(안당) 마당으로(이하 전반적인 굿거리) 다시 대문밖으로(종천) 이어지는 공간 이동을 보여준다. 이처럼 건물 안에서 밖으로, 그리고 대문 밖으로 옮겨지는 공간 이동은 망자를 산 사람들의 거처에서 분리시켜내는 과정이라고 할 수 있다. 죽음으로부터 비롯된 물리적 단절을 문화적으로 수용하여 그 절연을 구상화하는 과정인 것이다. 이는 망자를 좋은 곳으로 천도시키고자 하는 바람이기도 하지만, 궁극적으로 산 사람들의 삶을 적극적으로 보호하고 지속시키고자 하는 현세주의적 태도의 표출이라고 할 수 있다.[16)]

16) 이경엽, 「씻김굿 무가의 연행 방식과 그 특징」, 앞의 책(2005), 295쪽.

절차가 갖는 의미가 절연의 구상화에 머무는 것은 아니다. 씻김굿 음악이 가지고 있는 정서적 기능과 더불어 절차의 공유를 통한 사회적 기능을 또한 실현하기 때문이다. 씻김굿의 절차에 참여했던 마을 사람들은 굿 의뢰자와 망자의 절연에 대해 공동 배심원의 자격을 지닌다. 따라서 굿의 전반에 걸쳐 망자를 만나서 생전의 일들을 이야기하고, 갈등을 풀어내며 좋은 곳으로 돌려보내는 절차를 공유하게 되는 것이다. 이것은 예기치 못한 죽음에 대한 의뢰자의 슬픔을 씻김굿의 절차를 통해 함께 극복해가는 것이며, 결국은 의뢰자가 슬픔을 딛고 공동의 일원으로 돌아오는 역할을 하게 된다. 각각의 '거리'마다 마을사람(청중)들이 적극적인 추임새 등의 호응을 보내거나 아예 장기자랑 등으로 직접 참여하는 것은 망자와의 절연 절차에 대한 공동적인 추인인 셈이다. 망자의 경우도 마찬가지 맥락에서 해석할 수 있다. 씻김굿에서의 망자는 의뢰자만의 신神이 아니라, 오랜 세월동안 생활공동체 속에서 축적되어 고정되어 온 문화 집단의 신으로 수용되는 것이다. 결국 씻김굿이 성사되기 위해서는 망자와 의뢰자(가족), 그리고 매개자(당골) 뿐만 아니라 그 굿을 결과적으로 추인해주는 마을사람(청중)이 있어야 한다.[17]

곧 씻김굿은 망자와의 단절 혹은 갈등을 풀어냈다는 사실을 사회구성원들에게 공지하는 절차인 셈이며 이것을 고도의 음악성이 곁들여진 예술적 양식으로 풀어낸다고 할 수 있다. 이 갈등을 풀어내기 위해서는 굿의 집행자가 망자의 가족과 마을에 대해서 가장 잘 아는 사람일 필요가 있다. 공수를 통해

---

17) 원래 진도씻김굿의 매개자는 당골뿐만 아니라 점쟁이의 역할이 큰 비중을 차지하고 있었다. 의뢰자가 점쟁이에게 굿에 대한 기본 정보를 수신하고, 당골에게 의뢰해서 굿판을 벌였기 때문이다. 이 시스템이 와해된 것은 본래 점쟁이였던 강신계 무당들이 씻김굿의 연행까지 담당하면서부터이다. 1960년대 강신무들의 잔비나리 역할과, 당골판의 추이로 짐작하건대, 이 시기부터 서서히 붕괴되었을 것으로 추정된다. 점쟁이의 역할이 와해된 것은 씻김굿의 사회적 기능이 그만큼 약화되었음을 의미한다.
이윤선, 「도서지역 무속의 변천에 대한 연구」, 앞의 책(2004), 255쪽.

생전의 갈등을 풀어내기 위해서는 의뢰자의 개별적·사회적 배경을 사전에 인지하고 있어야 가능한 일이기 때문이다. 손대잡이에서 신을 가장 잘 받는 사람들이 대부분 망자와 가장 가까운 사람인 까닭이 바로 여기에 있다. 진도 지역에서 1980년대까지 그 명맥을 유지하던 당골판의 기능도 사실은 여기서 그 이면을 찾을 수 있다.

3) 무대공연의 각편 씻김굿 양상

<토요공연>의 씻김굿은 월평균 2~3회에 이른다. 그만큼 씻김굿이 진도 민속연희에서 차지하는 비중이 크다고 할 수 있겠다. 씻김굿 공연은 특집 공연이 아닌 이상 단편 씻김 즉, 각편의 씻김을 올리는 경우가 대부분이다. 이것은 <토요공연> 자체가 진도민속연희물의 여러 장르들을 습합하여 하나의 테마로 연결시키는 구성을 취하기 때문이다. 한 공연에 5~7개의 민속연희들이 구성되면 씻김에 할당되는 시간은 10~20분 안팎에 지나지 않는다. 이 시간 동안에 각각의 거리들이 배분되고, 하나의 테마로 조합되거나 재창조된다. 따라서 낱개로 공연된 씻김의 거리들을 분석해 보면, 진도에서 공연되는 씻김굿에 대한 선호도 및 공연의 의미를 추측해볼 수 있다.[18] 앞서 제시한 진도씻김굿의 공연화 맥락을 들여다 볼 수 있는 2003년 4월부터 2005년 6월 현재까지의 공연 내역을 보면 아래와 같다.

18) 다만, 본고에서 <진도토요민속여행>의 공연 맥락까지 논의하기에는 범위의 한계를 넘어선다고 보기 때문에 이 부분은 차후의 과제로 남기기로 한다.

〈표 2〉 토요민속공연 중의 씻김굿 공연 내역(2003~2005년)

일시(토)	공연주제	씻김 소제목	공연형태	공연 참여자
2003. 4. 5	개막공연 서방정토로 가는 길	비나리(축원) 살풀이 지전춤	선 비나리축원 살풀이와 지전춤	박미옥, 강은영, 함금선, 김복자1, 박종숙, 김복자2.
2003. 4. 12	200회 특집, 진도 그 오래된 미래	초청 씻김굿	축원 비나리, 앉은조달	채정례
2003. 5. 17	5월항쟁 특집공연	씻김굿	넋풀이, 길닦음	박미옥, 송순단 외 단원들
2003. 5. 31	남도의 혼	도살풀이	경기 도살풀이 춤	양길순
2003. 6. 14	재생의 꿈	지전 살풀이	지전 살풀이	김해진
2003. 6. 21	진도 씻김굿 특집 공연	남도삼현, 초가망석, 처올리기, 제석굿, 앉은조달, 지전춤, 고풀이, 씻김, 넋올리기, 길닦음		박미옥, 송순단, 강은영, 박병원, 김오현외 단원들
2003. 7. 5	우리 삶의 마지막 여행전	비나리(축원) 지전 살풀이	비나리 지전 살풀이	송순단 강은영
2003. 7. 19	<갱번>의 꿈	비나리(축원)	비나리	송순단
2003. 7. 26	진도의 후예들	비나리(축원) 시나위와 살풀이	비나리 시나위와 지전살풀이	송순단 강은영 외
2003. 8. 9	GOOD of chindo(진도의 굿)	삼현지악, 지전이 있는 비나리, 지전춤, 고풀이, 길닦음		송순단, 박종숙 외 단원들
2003. 8. 30	서방정토로 가는 길	비나리 고풀이	비나리 고풀이 지전춤	송순단 박종숙 외 단원들
2003. 9. 6	옥주골의 가실 한마당	진도씻김굿	종천	송순단
2003. 9. 13	한가위 특집공연	지전 살풀이	지전 살풀이	박종숙 외 단원들
2003. 10.18	특집공연－巫와 藝	진도무가와 무예	무가 기천문 춤, 칼춤	송순단 및 기천문주 외 기천문 기예단
2003. 10.25	이야기가 있는 진도민속 한마당	길닦음	길닦음, 당골과 대화	송순단 외 단원들
2004. 4. 3	개막 축하공연	손굿 비나리	선 비나리	송순단
2004. 4. 10	진도의 신명, 그 원형의 소리전	손굿 비나리	선 비나리	송순단
2004. 4. 17	진도쌀과 진도 민속의 만남	손굿 비나리	선비나리 및 장구악사	송순단, 박병원
2004. 4. 24	진도아리랑,그 한과 신명의 소리	손굿 비나리	선 비나리	송순단

일시(토)	공연주제	씻김 소제목	공연형태	공연 참여자
2004. 5. 1	씻김과 재생	진도 씻김굿	신맞이, 희설, 고풀이, 씻김, 넋올리기, 길닦음	송순단 외 단원들
2004. 5. 22	진도아리랑, 그 한과 신명의 소리	손굿 비나리	선 비나리	송순단
2004. 5. 29	진도아리랑, 날 다려가오	손굿 비나리	앉은 비나리	송순단
2004. 6. 5	신명 지향의 원무전	단막 씻김굿 지전춤	신맞이, 넋올리기, 씻김, 지전 살풀이 춤	송순단 외 단원들 노부희
2004. 6. 12	진도여자들의 삶	단막 씻김굿 지전춤	고풀이, 씻김 지전살풀이 춤	송순단 외 단원들 박종숙
2004. 6. 19	진도쌀과 신명	단막 씻김굿	안낭	송순난
2004. 6. 26	우리 삶의 마지막 여행지 진도	지전춤	지전 살풀이 춤	박종숙, 김복자1, 김복자2, 강인순, 노부희
2004. 7. 3	남도의 한과 홍	제석거리	제석거리	송순단 외 단원들
2004. 7. 10	남도사람들의 삶과 죽음	혼건짐 굿	혼건짐 굿	송순단 외 단원들
2004. 7. 17	남도사람들의 한과 해후	혼사굿	혼사굿	송순단 외 단원들
2004. 7. 24	남도사람들의 재생과 꿈	씻김굿	신맞이, 씻김, 길닦음	송순단 외 단원들
2004. 8. 7	진도의 소리	살풀이와 안당	안당	송순단
2004. 8. 21	남도사람들의 삶과 한	씻김굿	고풀이, 씻김	송순단 외 단원들
2004. 8. 28	해변으로 가요	씻김굿	제석굿	송순단 외 단원들
2004. 9. 4	진도의 풍물	초가망석	신맞이, 씻김, 길닦음	송순단 외 단원들
2004. 9. 11	남도의 풍물	씻김굿	신맞이, 씻김, 길닦음	송순단 외 단원들
2004. 9. 18	진도의 한과 신명	씻김굿	신맞이, 씻김, 길닦음	송순단 외 단원들
2004. 9. 25	추석 특집 공연	씻김굿	제석굿	송순단 외 단원들
2004. 10. 2	타령, 그 한과 신명의 소리	씻김굿	종천	송순단 외 단원들
2004. 10. 9	우리 삶의 마지막 여행지 진도	씻김굿	신맞이, 고풀이, 씻김	송순단 외 단원들
2004. 10.16	명창 강송대와 4대의 아리랑	씻김굿	길닦음	송순단 외 단원들
2004. 10.23	명창 박동매 특집공연	고 조공례 씻김	길닦음	송순단 외 단원들
2004. 10.30	명인 박종숙 특집 공연	씻김굿	길닦음	송순단 외 단원들

일시(토)	공연주제	씻김 소제목	공연형태	공연 참여자
2004. 11. 6	여수시립 초청 공연	씻김굿	길닦음	송순단 외 단원들
2004. 11. 3	명인 양태옥 추모공연	씻김굿	신맞이, 고풀이, 씻김, 넋올리기, 길닦음	송순단 외 단원들
2004. 11.20	다시래기 명인 강준섭 특집공연	비손	선 비나리	송순단
2004. 11.27	엿타령 조오환 특집공연	비손	선 비나리	송순단
2005. 4. 9	진도 그 오래된 미래	살풀이와 지전춤	살풀이 춤과 지전춤	김복자2, 강은영, 강인순
2005. 4. 16	진도 생태와 쌀	기원굿	앉은 비나리	송순단
2005. 4. 30	송순단과 함께하는 민속여행	씻김굿	씻김, 고풀이, 길닦음	송순단 외 단원들
2005. 5. 21	모세의 기적-바다가 갈라져요	뽕할머니 기원굿	선 비나리	송순단 외 단원들
2005. 6. 11	진도의 신명전	길닦음	길닦음	송순단 외 단원들
2005. 6. 18	내삶의 마지막 여행지	비손 씻김굿	비나리, 씻김, 길닦음, 종천	송순단 외 단원들

위에서 볼 수 있듯이, 씻김굿은 대부분 각 편 공연으로 무대에 올려졌다. 이 각 편들은 독립적 의미를 가지고 공연에 배치되었으며, 이것은 다시 전체 공연의 주제에 복속되는 구성을 지니고 있다. 예를 들어 <내 삶의 마지막 여행지>라는 주제의 <토요공연>은, 삶의 시작(자장가, 홍그레타령), 삶의 고난(들노래, 닻배노래, 둥덩애타령 등), 삶의 격정(강강술래, 진도북춤 등), 삶의 마무리(씻김굿, 만가 등) 등으로 구성된다. 일종의 일대기적 서사구성으로 편성하는 것이다. 따라서 전체 주제가 달라지면 각 편의 소주제들도 달라지고, 이에 따라 서로 다른 각 편들이 선택되는 것이다.

<토요공연>에 각 편의 씻김굿만 편성되었던 것은 아니다. <표 2>에서 나타나듯이 몇 개의 각 편들을 엮어서 무대에 올린 경우가 나타난다. 이것을

엮음 씻김굿이라고 표현할 수 있다. 나아가 전체적인 구성을 가지고 무대에 올려진 경우도 있는데, 이것은 전체 씻김굿이라고 표현할 수 있다. 대체로 전체 씻김굿이라고 할 때는 <신맞이(초가망석)>를 시작으로 <길닦음>까지 가는 구성을 말한다. 현장의 씻김굿이 보통 <안당>에서 시작하여 <종천>으로 끝나는 것과 절차가 다르다는 점을 알 수 있다.

먼저 각 편 씻김굿을 보면 <비나리>가 16회로 압도적으로 많은 분포를 나타낸다. <비나리>가 속한 공연의 주제는 "개막 축하공연", "진도의 신명, 그 원형의 소리전", "진도쌀과 진도 신명의 만남" 등 다양하다. <비나리>가 속한 주제가 일정한 패턴을 가지고 있지 않다는 점을 말해 준다. <토요공연>에 활용할 수 있는 가장 무난한 각편인 셈이다. 공연은 <희설>의 연행 형태인 <무장구 선비나리> 형태가 많고, 가옥 등의 무대 셋트가 있는 경우에는 <안당>의 연행 형태인 <앉은 비나리> 형태로 공연되었다. <선비나리>에서는 주로 고깔을 썼고 <앉은 비나리>에서는 고깔을 쓰지 않았다.

<살풀이>와 <지전춤>도 9회로 비교적 많은 편에 속한다. <지전춤>은 대개 4명 이상이 참여하는 형태로, 고 정숙자(씻김굿 조교)가 안무한 작품이다.[19] 보편적으로 고깔을 쓰고 반팔의 흰색 장삼을 입는다. 다음으로 <길닦음>이 5회를 차지한다. 엮음씻김굿에서 주로 <길닦음>과 <씻김>, <고풀이> 등이 구성된 점을 감안하면 <길닦음>이 차지하는 비율은 높은 편이다. 주로 넋당삭을 사용해 질베 위를 쓸어가는 형태로 공연되고, 이때 3~4명이 주무主巫 양 옆에서 <지전춤> 사위를 선보인다. 각 편 <제석굿>은 3회로 나타난다. 대신 엮음 씻김굿에서는 나타나지 않고, 씻김굿 특별공연

19) 고 정숙자는 박병천의 배우자로 현대적 살풀이 춤을 배워서 씻김굿에 도입한 사람이라고 할 수 있다. 문화재 씻김굿의 연행 현장에서는 항상 제석거리 중에 정숙자의 살풀이 춤을 선보였다. 지전살풀이는 이 살풀이춤을 근거로 일부를 안무한 것이다.

때 1회 나타나기 때문에 상대적으로 공연 횟수가 적다고 할 수 있다. 이외 <안당>이 2회, <종천>이 2회로 나타난다. 대신 <안당>은 엮음 씻김굿에서 전혀 나타나지 않고 <종천>은 1회 나타나기 때문에 공연에서 선호되는 각편은 아니라고 본다. <혼건짐굿>과 <혼사굿>은 각각 1회뿐으로 공연 전체의 주제에 맞춰 설정된 까닭에 상대적으로 선호되지 않는 각 편이라고 하겠다.

엮음 씻김굿에서는 주로 <신맞이>, <씻김(고풀이, 넋올리기)>, <길닦음>의 순서가 보편적으로 나타난다. 각편을 엮어서 무대에 올릴 때 가장 선호되는 형태라고 할 수 있다. 이 형태가 확대되면 <신맞이(초가망석)>부터 <길닦음>으로 구성되고, 축소되면 각편 <길닦음>으로 나타난다고 할 수 있다. <신맞이>는 주무 1인이 <지전춤>을 동반한 무가를 공연하는 형태이다. 대신 악사와의 교감을 위해 악사쪽을 향한다든가, 망자의 상징인 젯상쪽을 향하는 법이 없이 항상 객석을 향한다. 악사의 배치는 2003년의 경우 무대의 오른편이었고, 2004년 이후부터는 무대 정면 아래쪽이었다. <고풀이>는 조무助巫 1인이 고의 한쪽 끝을 잡고 주무主巫가 다른 한쪽에서 풀어가는 형태가 보편적이고, 4인이 2개의 질베를 사방에서 풀어가거나 4개의 질베를 사방에서 풀어가는 형태도 공연되었다. <씻김>은 현장의 연행 형태대로 쑥물, 향물, 맑은 물이 실제로 준비되고 영돈을 씻는다. 조무 3~4인이 고깔을 쓰고, 흰색 장삼을 입은 채, 영돈을 잡는다. 물론 무대인 까닭에 조명의 종류나 색깔 등이 조정되어 신비한 분위기를 연출하도록 고안되었다. 각 편 씻김굿과 엮음씻김굿의 공연 횟수를 정리해보면 다음과 같다.

〈표 3〉 진도토요민속여행의 각 편 및 엮음 씻김굿 공연 횟수

각 편 씻김굿		엮음 씻김굿과 전체 씻김굿	
소제목	회수	소제목	회수
비나리	16	축원비나리, 앉은조달	1
살풀이와 지전춤	9	남도삼현, 초가망석, 처올리기, 제석굿, 앉은조달, 지전춤, 고풀이, 씻김, 넋올리기, 길닦음	1
제석굿	3	시나위와 지전살풀이	1
길닦음	5	삼현지악, 지전이 있는 비나리, 지전춤, 고풀이, 길닦음	1
안당	2	길닦음, 당골과의 대화	1
종천	2	신맞이, 희설, 고풀이, 씻김, 넋올리기, 길닦음	1
혼건짐굿	1	신맞이, 씻김, 길닦음	3
혼사굿	1	신맞이, 고풀이, 씻김	2
무가(기천문 배경)[20]	1	고풀이, 씻김	1
		신맞이, 고풀이, 씻김, 넋올리기, 길닦음	1
		씻김, 고풀이, 길닦음	1
		씻김, 길닦음, 종천	
		신맞이, 넋올리기, 씻김	
전체	40		14

4) 현장 연행의 스토리텔링과 무대공연의 기능 변화

앞서 진도씻김굿의 현장 연행의 맥락을 비롯해 무대공연 작품의 각 편과 엮음 씻김굿이 공연된 횟수와 양상을 살펴보았다. 이 분석을 통해서 볼 수 있듯이, 현장의 연행과 무대공연 작품은 여러 가지 측면에서 다른 양상을 보여주고 있다. 이것은 전승현장의 환경과 무대공연의 환경이 본질적으로 다른데서 비롯된다고 본다. 망자와 의뢰자(가족), 당골, 나아가 마을 사람들이 상호 소

20) 기천문 무예단과의 합동 공연이다. 기천문은 우리 전통무예와 예술을 결합한 전통무예 종파로, 국선도, 단학, 택견, 도화제 등과 같이 거론되며, 맨손 무예술, 검도 등으로 구성되어 있다.

통하면서 이루어지던 씻김굿이 삼면이 차단된 박스 무대를 배경으로 하여 관광객을 대상으로 이루어지기 때문이다. 씻김굿의 목적이 망자의 한을 씻어 극락왕생하는 절차적 의례라는 점을 전제한다면, 무대공연 씻김굿은 기본적으로 갖추어야 될 굿의 목적을 가지고 있지 못한 셈이 된다. 다만, <표 2>에서 일부 특집 공연은[21] 각각 고인이 된 부父나 모母 혹은 고인을 직접 대상으로[22] 한 공연이었다. 그러나 이 경우도 굿의 의뢰자 및 참여자(마을 사람들)가 전제되지 않은 까닭에, 일부의 각색된 절차와 음악을 중심으로 공연한 셈이 되었다. 전승환경과 무대환경이 상이한 점에 대해서 다음 몇 가지로 나누어 살펴보기로 하겠다.

(1) 연행환경과 무대

현장의 연행과 무대공연은 본질적으로 다르다. 앞서 거론했듯이, 현장의 연행은 망자와 의뢰자, 당골, 마을사람들이 이미 알고 있는 망자 및 가족의 정보를 통해 상호 커뮤니케이션하게 된다. 이들 모두 씻김굿 절차나 당골이 노래하는 공식구적 사설과 음악을 공유하고 있다.[23] 여기에 의뢰자(가족)와 상관되는 비공식적이고 즉흥적인 공수가[24] 돌발 상황을 전제하고 있기 때문에, 씻김굿의 극적 긴장감을 높여주게 된다. 진도씻김굿의 경우는 세습무인 까닭에 주로 망자와 가장 가까운 친인척을 대상으로 한 <손대잡이>나 <선영모시기> 등을 통해 이같은 수요욕구에 대응한다.

---

21) <명창 강송대와 4대의 아리랑>, <명창 박동매 특집공연>, <명인 박종숙 특집공연> 등
22) <명인 양태옥 추모공연>
23) 혹시 당골에 의해 굿 절차가 생략되면 마을사람으로부터 즉시 항의가 들어오거나 '잘 하지 못하는 당골'로 인식된다. 따라서 당골은 정해진 절차를 '빼먹지 않고' 성실하게 연행하려고 노력한다.
24) 황해도와 평안도의 넋굿에서는 기밀이라고 한다. 망인이 무당의 입을 빌려 생전에 못다 한 이야기를 하면서 한을 푸는 것으로 서울굿의 영실, 제주도굿의 영계울림과 유사하다.
황루시, 「황해도와 평안도 넋굿의 공연예술성」, 『공연문화연구』 제8집(박이정출판사, 2004), 13쪽.

현장 연행의 중심 되는 무대는 제청이다. 삼면을 둘러치고 있어 마치 공연 무대 기능을 하지만 기능은 전혀 다르다. 마을 사람들이 제청의 사방을 에워싸고 각 거리마다 추임새와 농담, 질문 등을 통해 당골과 소통하는 까닭에 사방으로 열려있는 무대라고 할 수 있기 때문이다. 광의적 의미에서 수요자인 마을 사람들은 당골의 노래나 주문, 공수에 직·간접적으로 끼어드는 것이 보통이다.[25]

<토요공연>의 당골은 한 사람의 배우로 나타난다. 이 배우는 관객과 마주 바라보는 대면관계로 공연을 한다. 씻김굿 현장에서 신을 향하거나 의뢰자를 향하거나 마을 사람들을 향하는 거리별 구분이 없어지는 셈이다. 이는 각 거리별 목적이 약화되거나 소멸되었음을 뜻한다. 문화재 시연에서 연행되는 씻김굿도 당골이 시종 청중을 향하고 있다는 점을 염두에 두면, 사실 '굿'이라기보다는 '공연'에 가깝다. 어쨌든 <토요공연>은 의뢰자가 없는 까닭에 업을 나주어 줄 필요도 없고, 관객을 향해 노래하기 때문에 신을 향해 기구할 필요도 없다. '거리'마다 중간 중간 끼어드는 수요자(마을 사람들)의 개입이 없기 때문에 비공식구적 사설을 붙이지 않아도 된다. 각 거리마다 바치는 천돈이 없기 때문에, 상황을 유동적으로 전개시킬 필요도 없다. 또 씻김의 절차를 결과적으로 추인하거나 공유하는 마을 상황이 아니기 때문에 절차상의 하자에 대해 크게 신경 쓰지 않아도 된다. 이것은 무대라는 공연현장 때문이기도 하지만, 각 편을 중심으로 하는 공연 구성 때문이기도 하다. 따라서 진도향토문화회관 무대의 특성상 일방 전달 이상의 교감을 갖는 것이 쉬워 보이지는 않는다.

결국 씻김굿이 공연되는 무대 환경에서 전달될 수 있는 것은 듣는 것으로서의 음악과 보는 것으로서의 이미지라고 할 수 있다. 따라서 상호 교감하는

25) 흔히 당골의 외모에 대한 성희롱적인 농담이나, 굿을 잘하느니, 못하느니 하는 질문 등 돌발 상황이 일어날 가능성이 항상 전제된다.

씻김굿의 본질적 요소들을 제외한 상황에서, 수요자인 관광객을 감동시키기 위해서는 듣는 것과 보는 것을 강화시킬 수밖에 없게 되고, 이는 음악적 장치와 이미지 연출의 작업이 뒤따를 수밖에 없게 된다. 이것은 무대뿐 아니라 연행 현장의 맥락과도 연결된다. <표 1>에서 ②나 ③에 비해 ④가 이런 경향이 강한 것은 <선영굿>, <손대잡이> 등의 교감적 거리가 약화되거나 탈락된 결과이며, 씻김 의례를 공유하고 추인해줄 마을 사람 등의 사회적 배경이 망실된 당연한 결과로 보인다.

(2) 현장의 음악과 공연 음악

진도씻김굿 음악은 아름다운 곡으로 널리 알려져 있다. 이 아름다움에 대한 요인으로는 독경식 무가의 유연한 리듬, 걸걸하면서도 탁 트인 음색, 선후창 방식의 무가에서 보여주는 형식미, 흥이 넘치는 호흡 맞추기, 특히 다양한 양식적 대비를 이루는 구성미, 음악적 개성을 용인하는 역동성과 현장의 신명으로 예술성을 드러내는 창발성 등[26]이 거론된다. 모두 현장 연행의 역동성이 전제된 해석임을 알 수 있다. 역으로 말하면 환경과 배경이 달라질 경우, 음악의 요건은 바뀌어 질 수 있는 것이고, 바뀐 음악은 어쩌면 아름답지 않을 수도 있다는 뜻이 된다.

씻김굿 음악에서 가장 중요한 것은 악사와 당골간의 교감이다. 이 교감이 씻김굿 음악을 '살아있게'도 하고, '죽어있게'도 한다. 살아있다는 것은 당골과 악사간의 음악적 교감이 잘 이루어지는 것을 포함해 수요자인 청중과 함께 소통한다는 것이고, 죽어있다는 것은 일방적인 전달만 있을 뿐 소통되지 않는다는 뜻이다. 교감한다는 것은 정해진 율곡이나 가사가 주는 자정 작용은 물론이고, 정해지지 않은 가사나 율곡이 주는 환기 작용을 더불어 말하는

26) 박미경, 「진도 당골의 즉흥성 연구 : 그 퇴화양상」, 앞의 책(2002), 129~130쪽.

것으로 이해된다. 굿의 의뢰자(망자의 가족) 측면에서 보면 사실 후자 쪽이 교감의 기능을 배가시킨다고 말할 수 있다. 열렬한 연애와 이별을 해본 사람만이 연정의 유행가가사에 눈물을 흘릴 수 있는 것과 비슷한 맥락이다. 자신의 처지에 비추어 그 가사를 공감하는 까닭이다. 진도씻김굿의 의식 및 행위적 의미가 주로 노래 가사인 사설을 통해서 청중에게 전해지는 것도[27] 이와 맥을 같이 한다.

이처럼 씻김굿의 노래양식은 크게 '즉흥적인 선율에 얹은 것'과 '관습적인 선율을 변주해서 부르는 것'으로 나눌 수 있다. 서사무가나 교술무가는 전자의 방식으로, 서정무가나 선후창방식의 무가는 후자의 방식으로 부른다. 무가의 문맥이 되는 씻김굿은 매번 거행될 때마다 종류, 시간과 장소, 수혜자와 의뢰자가 달라지므로 정형화된 음악만으로는 굿을 연행 해 나갈 수 없는 까닭에[28] 이러한 상황을 잘 읽는 당골이 소위 '굿을 잘하는' 당골이 되는 셈이다. 연행환경과 마찬가지로 이 상황을 잘 읽기 위해서는 의뢰자와 망자의 정보를 사전에 인지하고 있어야 하고, 마을사람들(청중)의 수요욕구를 어느 정도 간파하고 있어야 한다. 당골판을 통해 성씨 혹은 마을을 관리하던 당골을 포함하여 동일 생활권 내에서 동거동락하던 점쟁이가 이러한 수요욕구에 능동적으로 대처할 수 있음은 자명한 것이다.

연행 환경이 사회적 기능을 맡는다면, 현장의 음악은 정서적 기능을 맡는다고 할 수 있다. 이것은 씻김굿이 진행되는 서사적 절차 내내 긴장과 이완의 반복을 거듭하면서 망자와 온전한 결연을 유도하게 된다. 긴장과 이완은 다시 각각 비장미와 골계미를 형성하게 되는데, 참여자들은 이 반복된 구조 속에서 재미를 느끼고, 의뢰자와 함께 장시간의 절차를 마칠 수 있게 된다. 또 관악기와 현악기의 악사들을 수명씩 대동하는 현대의 씻김굿은 아주 특별한

27) 박미경, 「진도씻김굿의 미적 경험과 의미화」, 앞의 책(2002), 91쪽.
28) 박미경, 「진도 당골의 즉흥성 연구 : 그 퇴화양상」, 앞의 책(2002), 106쪽.

경우에나 있었던 것으로 보이기 때문에[29] 당골과 악사 한 명 정도로 연행된[30] 대부분의 씻김굿에서 당골과 악사, 의뢰자(가족), 마을사람들이 상호 커뮤니케이션하는 맥락은 매우 높았을 것으로 보인다.

무대에서의 음악은 이와 상반된다. 음악의 수용자들이 의뢰인으로서의 적극성을 가지고 개입하는 것이 아니기 때문에, 일방적인 전달만이 있게 된다. <토요공연>의 각편에서 <비나리>가 가장 많은 것과, 엮음 씻김굿에서 <길닦음>을 중심으로 하는 구성이 주류를 이루는 것은 이런 맥락을 드러내 준다. 전자는 수요자들의 개입을 의식하지 않고 가장 쉽게 공연으로 구성할 수 있는 각편이며, 후자는 음악 보다는 씻김굿이라는 이미지에 의미를 둔 각편이다. 다시 말하면 음악의 전달이나 사설의 전달 혹은 소통 보다는 이미지 연출에 더 비중이 있다는 것이다.

실제, 각편과 엮음씻김에서 <제석굿>이 거의 <토요공연>무대에 올려지지 않은 것은 이같은 사실을 뒷받침한다. <제석굿>은 말과 창의 교체에 의해 연행된다. 예를 들어, '명당경(창)+조달(말)+지경다구기(창)+조달(말)+집짓기(창)+조달(말)+입춘붙이기(창)+조달(말)'식의 진행을 보이는 것이다.[31] 의뢰자 및 청중들과의 교감을 전제로 함을 나타내 준다. 당골은 제석의 현신으로 하강하여 제 절차를 거치면서 복과 영화를 선물한다. 진도씻김굿에 드러난 현세주의적 태도를 전제하면, 현장의 연행에서 큰 비중을 차지하는 거리인 셈이다. 반면에 제석굿이 무대공연에 거의 올라가지 않은 것은 공연 목적이 관객과의 직접 소통에 있다기보다는 일방적 이미지 전달에 있다는 뜻이다. 제석굿에서만 사용되는 고깔과 장삼이 씻김굿 공연의 전반에 걸쳐 사용되는

29) 이윤선, 『구술 진도민속음악사』(이소북, 2004), 201쪽.

30) 여기서 악사는 주로 장구를 다루는데, 장구 옆에 징과 꽹과리를 놓고 한손에 채를 세 개를 가지고 세 개의 악기를 연주하면서 경우에 따라서는 또 한손으로 피리를 불다가 바라지 구음을 하기도 한다. 진도에서는 김귀봉과 박진섭 등이 이러한 연주를 잘한다.

31) 이경엽, 「씻김굿 무가의 연행 방식과 그 특징」, 앞의 책(2005), 302쪽.

것은 이것을 단적으로 말해준다. 따라서 제석굿의 이미지는 다른 각 편으로 이전되었고, 가변적이고 즉흥적인 대화형식의 음악은 기피되었다고 말할 수 있다.

이를 종합해 보면, 현장의 음악과 <토요공연>의 차이는 스토리텔링의 유무에 있다고 말할 수 있다. 스토리텔링은 쌍방의 교감을 전제한 다중 말하기 방식을 말한다.[32] 일방적인 전달 목적의 이야기가 아니라, 쌍방이 소통하거나 혹은 하이퍼텍스트적 소통을 통해 공유되는 이야기의 구조를 말한다.[33] 그래서 당골과 악사가 주고받는 형식과 마을사람들이 직·간접적으로 관여하는 소통의 방식을 음악적 스토리텔링 방식이라고 말할 수 있다. 망자의 이야기를 공유한다는 점을 전제한 해석이다.[34] 따라서 진도씻김굿에서의 스토리텔링은 악사와 당골이 유기적으로 소통하면서 밀고 당기는 시나위적 구성을 통해 공식 선율과 비공식선율들을 조합해 나가는 것이다. 망자와 의뢰자에 대한 이야기를 노래를 통해 주고 받는 것이며 이것은 다시 절묘한 조화를 이루어 마을 사람들에게 전달된다. 이것이 다중의 교감이며 이 교감이야말로 진도씻김굿 음악을 아름답다고 이야기하는 근거가 된다. 이같은 시나위적 음악 구성 방식은 반복·축소·확대 등의 기법으로 앞 선율에서 새로운 선율을 창조적으로 이끌어내던지, 완전히 새로운 재료를 끌어들이고, 또한 조밀한 리듬으로 된 선율의 경향을 바꾸어 주어서 명백한 대비를 만들기도 한다.[35]

32) 배주영, 『디지털 애니메이션 스토리텔링』(살림, 2005), 9쪽.
33) 이윤선, 「진도아리랑의 기원 스토리텔링과 문화마케팅 고찰」, 『도서문화』 25집(경인문화사, 2005).
34) 사실 스토리텔링이 가장 극적으로 표현되는 것은 음악 보다는 병굿이나 혼건짐 씻김굿 등의 공수 때이다. 망자는 예기치 못한 죽음을 당하게 되지만, 일반적으로 망자의 가까운 친인척 혹은 이웃은 망자와 죽음과의 인과관계에 대한 사전정보를 인지하고 있는 편이다. 그래서 망자의 생전에 대한 인식과 죽음 너머로 떠나보내는데 대한 산자들의 공동의 바램을 공수라는 형식을 빌어 담게 된다. 신(망자)의 이름을 빌리고, 손대를 잡은 사람의 신체를 빌리는 것이지만 사실은 다름 아닌 공동의식의 발현인 셈이다.
35) 박미경, 「진도씻김굿 무가의 음악형식과 구조 연구(Ⅱ)-반복, 순환, 발전, 그리고 열림의 양상」, 앞의 책(2003).

이것은 대개 유절형식과 통절형식의 조화를 통해 이루어진다.[36)]

따라서, <토요공연>의 씻김굿에는 현장에서 소통되는 스토리텔링이 없다고 말할 수 있다. 이것은 흥이 넘치는 호흡 맞추기나 음악적 개성의 용인이 거세된 것이어서 긴장과 이완을 반복하는 현장의 역동성을 드러내지 못하게 된다. 사설의 전달에 있어서도 긴장과 비장미를 가진 비공식구 보다는 일부분의 공식구를 중심으로 공연된다. 그러나 이 공식구마저도 일정한 사설의 전개를 축으로 하는 것이 아니라, 장단의 전개 등 음악적 구성에 의하여 진행되는 것이 보편적이다. 내용은 사라지고 소리로서의 선율만 전달되는 셈이다.

(3) 의례적 상징과 공연소품의 이미지

진도씻김굿의 상징물로는 소도구와 의상 등을 거론할 수 있다. 정주, 사슴뿔, 지전, 넋, 넋당삭(반야용선), 영돈말이 자리, 누룩, 솥뚜겅, 망자의 옷, 당골의 옷 등이 그것이다. <토요공연>에서는 주로 지전, 넋, 넋당삭, 의상 등이 사용되고 있다.

지전紙錢은 말 그대로 종이돈이다. 저승에서 사용할 노자를 의미한다는데, 실제로는 굿거리 전반에 걸쳐 당골의 연행 소품으로 사용된다. 넋은 망자의 영혼을 상징한다. 본래 작은 크기의 망자 형상이 남자, 여자로 구분되어 오

36) 구조적으로 반복을 사용하여 음악형식의 틀을 마련하는 것은 우리가 소의 유절형식(strophic form)이라고 말하는 유형에서 발견된다. 유절형식은 시의 한 단락(장, 또는 연이라고 부름)을 한 모둠의 악구(group of phrases)에 얹어 부르고, 다음 단락들도 같은 모둠의 악구를 사용하는 것이다. 그래서 장시라도 짧은 곡에 붙어 반복하여 얹는다. 유절형식에는 일반적으로 후렴이라는 부분이 들어가는데, 여기에는 선율뿐만 아니라 가사도 반복하여 사용한다. 반복구조를 뚜렷이 취하지 않는 곡을 우리는 통절형식(through-compoes form)이라고 한다. 이것은 한 연을 같은 선율군에 담아 반복하지 않고, 매 시 행을 새로운 선율에 붙이는, 그래서 "끝까지 작곡"하는 형식이다. 반복구조가 없는 통절형식에서는 악구연결로 만들어지는 선율의 추이(succession of phrases)와 형식이 세워지는 과정(form-building process)을 구조적인 틀로 살펴보게 된다.
박미경, 「진도씻김굿 무가의 음악형식과 구조연구(Ⅰ)-범주와 단위양상 논의」(2002), 320쪽.

려지는데, <토요공연>의 경우에는 무대 뒷면에 대형 넋을 제작하여 배경으로 사용하고 있다. 무명베는 <고풀이>와 <길닦음>에서 사용하는 중요한 소품이다. <고풀이>에서는 풀지 못한 이승의 한을, <길닦음>에서는 극락으로 인도하는 길을 상징한다. 이것을 무대의 위쪽과 옆쪽으로 길게 늘어뜨리거나 연결하는 등 상황에 따라 장식 배경으로 사용한다. 넋당삭은 크게 네 가지의 의미를 지닌다. 망자의 넋이 일시적으로 안치되는 용기, 상여喪輿와 영여靈輿의 의미, 망자를 저승까지 안전하게 운반해줄 배舟의 의미, 망자가 저승 가는 길과 저승에서 일시적으로 살 집이라는 의미 등이다.[37] 이것은 공연에서도 길닦음 거리에서만 사용하고 있다. 지화紙花, 돈전, 영여 등을 종이와 죽편 등으로 만들어 의식에서 사용하다가 의식이 끝나면 태워버렸다는[38] 기록으로 보아 현장에서의 넋당삭이 크고 화려했던 것으로 보이지는 않는다. 1950~1960년대에 영돈말이가 주로 가마니를 사용했고, 망자옷은 종이로 만들었던 점을[39] 전제하면 현재 전해지고 있는 상당 부분의 씻김굿에 대한 이미지가 아주 오래된 전통으로 비춰지는 것은 오해일 가능성이 높다.

의례 상징에서 대표적인 것은 아무래도 당골의 의상이다. 특히 천신天神 혹은 제석帝釋으로 상징되는 고깔과 장삼, 붉은띠이다. 2003년 초의 <토요공연>에서는 보편적으로 이 의상이 씻김굿 전반全般을 차지한다. 2003년 하반기 공연부터 <제석굿>으로만 제한되고 장삼이 활용되는데, 고깔은 마찬가지로 전반적으로 활용되었다. 대신 <안당>이나 <종천>에서는 고깔이 사용

37) 넋당삭이라는 용어는 주로 전라도의 씻김굿에서 사용되며, '당삭', '신광주리', '용선', '반야용선', '용화선', '영용화선' 등의 이칭을 지닌다.
최진이, 「진도 씻김굿의 넋당삭(龍船)연구」, 앞의 책(2004), 127쪽.

38) 최길성 외, 「민간신앙: 무속」, 『한국민속종합조사보고서: 전라남도편』 1(문화재관리국, 1969), 175쪽.

39) 이윤선, 앞의 책(2004), 296쪽.

되지 않았다.[40] 이것은 <제석굿>을 제외한 일반적인 거리가 모두 소복素服 중심인 연행 현장의 질서와 상반된다. 씻김굿의 직접 소품은 아니지만 명정銘旌이나 공포功布는 망자의 상징으로 이해되는 것들인데, <토요공연>에서는 때때로 빨간 색의 본래적 의미는 사라지고, 검은 배경색에 조화를 이룰 내형大形의 백색 프랑카드로 대체되기도 한다. 그러나 상징을 통해 의미를 드러내는 것은 비언어적 커뮤니케이션을 통한 사회의 가치를 반영하는 것으로[41] 볼 수 있는데, <토요공연>에서 사용되는 소품들은 상징의 내용들이 상당부분 사라지고 이미지만 남게 된 것으로 평가할 수 있다.

5) 문화원형의 복원과 문화콘텐츠의 재창조

앞서 분석해보았듯이 <토요공연>은 망자를 천도하는 '굿'으로서의 씻김굿이 아니라 씻김굿이라는 소재를 사용한 공연문화콘텐츠라는 입장에서 접근하는 것이 유용할 것으로 보인다. 이것을 보는 관점은 두 가지가 있을 수 있다. 하나는 문화론적 혹은 민속학적 입장에서 진도씻김굿의 진정성을 보는 것이고, 다른 하나는 문화콘텐츠학적 입장에서 문화자원으로 기능할 문화원형을 보는 것이다.[42] 본고는 후자의 입장을 취하고 있는 까닭에 문화콘텐츠를 공연자원 혹은 관광문화자원이 되는 문화적 요소로 보고 있는 셈이다. 결

40) 이것은 공연 연도의 맥락과는 상관이 없다. 왜냐하면 2003년 초기에는 씻김굿 담당 단원이 박미옥(박병천의 1녀)이었고, 하반기부터는 송순단(이완순의 무계 상속자)이었기 때문이다. 즉, 박병천 무계와 이완순 무계의 색깔 차이라고 하는 것이 옳다.

41) 양미경, 「한국 무복(巫服)의 비언어적 커뮤니케이션에 관한 연구 – 진도 씻김굿을 중심으로 –」, 앞의 책(1997), 14쪽.

42) 물론 이것은 <진도토요민속여행>의 공연 전반에 대한 가치평가가 전제되어야 부분 콘텐츠로 기능한 씻김굿의 평가를 온전히 내릴 수 있겠다. 그러나 전술했듯이 그것은 본고의 한계를 넘어서는 것이므로 고를 달리해 고찰하도록 하겠다. 다만, 현재 관행화되어 있듯이 무형문화재 전수발표회를 공연으로 대체하는 것은 비판받아 마땅하다. 무형문화재가 문화원형을 보존해야 될 책무가 있다는 뜻에서다.

론적으로 본고에서 살펴본 현장의 씻김굿은 문화원형인 셈이고, <토요공연>에 올려진 씻김굿은 공연자원으로서의 문화콘텐츠인 셈이다.[43]

따라서 <토요공연>의 씻김굿이 망자를 잘 씻겨서 천도시키는 서사적 절차, 그리고 의뢰자 및 매개자의 소통에 대한 진정성을 살피는 것 보다는, 관광객들에게 얼마나 진정성 있는 문화콘텐츠로 다가서는가에 더 주목하게 된다. 그러나 문화원형이 제대로 복원되거나 재창조되지 않으면 문화콘텐츠는 <토요공연> 혹은 기타의 콘텐츠자원에 대응할 수 없게 된다. 문화원형이 OSMU의 산업화를 전제하고 있는 용어이긴 하지만, 원형을 잘 복원하는 것이야말로 산업화의 척도를 높이는 첩경이기 때문이다.[44] 결국, 공연문화콘텐츠로서의 <토요공연>은 진도씻김굿의 문화원형에 대한 충실도에 따라 그 성과가 갈릴 것으로 본다. 이는 문화론적 진정성이나 산업자원으로서의 문화원형의 진정성이 크게 다르지 않음을 말해준다고 본다.

이같은 문화콘텐츠와 문화원형 간의 관계를 전제하게 되면, 앞서 분석했던 <토요공연>의 문화원형성의 충실도는 현장의 감각을 잃었다는 측면에서 좋은 점수를 줄 수가 없다. 그 대표적인 것은 대체로 쌍방의 소통 즉, 스토리텔링이 결여되었다는 점에 초점이 맞춰질 수 있다. 원론적으로 말하면, 진도씻김굿의 문화원형성은 의뢰자(가족) 및 당골, 그리고 천도의식을 결과적으로 추인하는 마을 사람들에 의해 쌍방 혹은 하이퍼텍스트적으로 공유하는 이야기라고 할 수 있다. 굿의 연행은 이것을 극대화시키는 의례적, 음악적 장치라는

---

43) 문화원형과 문화콘텐츠와의 상관성은 상호 유기적이다. 여기서의 문화원형은 근본으로서의 원형이라가보다는 유형이나 목적형으로서의 원형을 말하는 것이고, 이것의 유기적 구성을 통해 문화콘텐츠화 된다.
이윤선, 「강강술래의 디지털콘텐츠화에 대한 민속학적 연구」(목포대학교 대학원 박사학위논문, 2004), 46~52쪽 참고.

44) 애니메이션 <원더풀 데이즈>가 시나리오의 부재 때문에 흥행에 실패를 한 점이나, 영화 <반지의 제왕>, <헤리포터>가 신화의 원형을 활용해 블록버스터 영화의 대명사가 된 점 등을 참고할 필요가 있다.

뜻이다. 그런데 <토요공연>에서는 이러한 문화원형성을 제대로 담보해 내지 못한 것으로 분석된다는 것이다. 따라서 <토요공연>이 선율과 이미지의 전달에 치중한 것에 반해 향후에는 관객과의 소통에 무게 중심을 두고 공연되어야 할 것으로 본다. 이것이 진도씻김굿의 문화원형성에 충실한 콘텐츠화라고 보는 것이다.

다시 말하면 <토요공연>의 진도씻김에서는 사회성의 결여뿐만 아니라, 종교성이 와해되었으며, 정서적 기능 또한 분화되거나 약화되었다고 할 수 있다. 사회성의 결여는 의뢰자 및 청중으로서의 관객과 매개자(당골)로서의 배우 간에 쌍방 혹은 다중 관계적 커뮤니케이션이 이루어지지 못하고 일방 전달 중심으로 공연됨을 말하는 것이다. 종교성의 와해는 상징으로 이루어지는 종교적 절차들이 의미를 갖지 못하고, 각색된 춤이나 무대배경으로 치중되어 이미지화되었다는 점이다. 정서적 기능의 분화와 약화는 비공식구적 사설이나 즉흥적 음악이 거의 도태되어 진도씻김굿의 미학이라고 일컬어지는 시나위성이 담보되지 못했다는 점이다.

또 한편으로는 관객과의 사회적 관계 복원을 위해서 진도씻김굿의 당골판을 주목할 필요가 있다. 고객을 관리하고 반대급부를 제공받는 당골판의 제도적 장점을 활용할 수 있는 까닭이다. 당골은 의뢰자나 마을 사람들 그리고 망자에 대한 정보를 이미 공유하고 있다. 당골판을 통해서 지속적으로 수요자의 정보를 축적해 왔고 또 지속적인 관리를 통해 기본정보들을 축적해 나가기 때문이다. 대신 당골은 도부제를[45] 통해 경제적 반대급부를 제공 받는다. 이 시스템은 진도향토문화회관의 <토요공연>에도 매우 유용한 것이다. 이 정보는 기본적으로 가족과 가족, 가족과 마을 사람들 간의 관계를 조정하며, 갈등과 화해를 유도할 장치로 사용되었던 바, 이를 관객 관리의 문화원형

45) 당골들이 자신의 소유인 당골판 소속 가정에서 보리와 벼 수확 시기마다 1년에 두 번 곡식을 거두어 가는 제도를 말한다.

으로 도입할 필요가 있다는 뜻이다.

재창조적 작업은 본래의 씻김굿이 가지고 있는 '문화원형'을 전제하고, 또 근거로 삼는 것이 필요하다. 그것이 많은 수요자들에게 재미를 부여할 수 있는 까닭이다. 씻김굿이 원형적으로는 망자를 천도하는 의식음악이지만, 문화콘텐츠적 입장에서는 엔터테인먼트라고 할 수 있다. 엔터테인먼트적 요소, 나아가 관객들에게 재미를 배가시킬 수 있는 게임적 요소는 사실 비공식구와 즉흥적 선율 속에 들어 있다. 따라서 기왕의 공식구와 고정선율의 틀 속에 즉흥적이고 가변적인 놀이 요소를 가미하는 방안을 강구할 필요가 있다. 즉흥적이고 창조적인 가사와 선율의 진행, 바꾸어 말하면 진도씻김굿의 백미라고 할 수 있는 시나위성은 이러한 즉흥적 교감을 통해 이루어져 온 것이다. 역설적으로 이것은 현재 씻김굿 현장을 강신무들이 독점하는 현상도 설명해줄 수 있는 논리가 된다. 탁월한 음악적 질과 효용을 가진 세습무의 연행에도 불구하고 음악적 감성이 그다지 높지 않은 강신무들의 현장 연행이 환영받는 이유를 알 수 있는 까닭이다. 즉, 세습무의 장점이던 비고정적이고 즉흥적인 사설과 선율 운용방식이 점차 도태되고 엄선된 고정적 사설과 선율만이 연행된다는 점이다. 따라서 이 시나위성의 복원과 더불어 긴장과 이완이 반복되는 구조 및 돌발적인 공수를 통해서 극적 긴장감을 높이는 전통을 복원하는 것은 진도씻김굿 서사구성의 기본요소를 복원하는 것이라고 할 수 있다.

이상의 <토요공연> 분석을 통해서, 엔터테인먼트적 요소를 강화 혹은 재창조해나가는 것, 음악적 개입요소를 강화해 나가는 것, 즉, 즉흥성과 변조성를 강화해나가는 것, 이미지들의 상징을 새롭게 창조해 가는 것이 진도씻김굿의 문화원형을 공연의 자원으로서 문화콘텐츠화하는 논리로 삼을 수 있다는 결론을 얻게 되었다.

6) 결론

본고는 무대공연화된 진도씻김굿을 통해 씻김굿이라는 문화자원이 지니고 있는 문화원형과 문화콘텐츠를 살펴보고자 시도되었다. 소재는 진도씻김굿이 가장 왕성하게 무대공연으로 올려지는 <진도토요민속여행>으로 삼았다. 따라서 본래의 진도씻김굿이 가지고 있는 제 절차와 그 서사 구성에 대해 살펴보고 무대공연에 나타난 양상을 분석한 공연 문화콘텐츠로서의 씻김굿을 고찰하였다.

현장의 씻김굿 연행은 망자亡者와 의뢰자(가족)의 단절 혹은 갈등을 풀어냈다는 사실을 사회구성원들(마을 사람들)에게 공지하는 절차인 셈이며 이것을 고도의 음악성이 곁들여진 예술적 양식으로 풀어내는 기능을 한다고 보았다. 그러나 <진도토요민속여행> 중의 진도씻김굿 무대공연 작품은 현장의 연행과는 다른 양상을 보여주었다.

연행 환경에 있어서는, 사회구성원들이 자유롭게 소통하는 마당으로서의 공간이, 삼면이 차단된 박스 무대로 바뀌었기 때문에, 노랫말과 음악이 일방적으로 전달되게 된다. 음악에 있어서는, 악사와 당골이 상호 교감하면서 이루어지던 즉흥성의 약화로 관객과 자유롭게 호흡하던 변수가 사라져 시나위성(즉흥성) 또한 약화되었다. 망자亡者와 사제자의 역할과 권위를 상징하는 굿물(굿에 쓰이는 물품)은 상징이 약화된 이미지물로 기능하였다. 공수(죽은자의 이야기를 전해주는 일)를 통해 죽은자와 산자의 소통 공간에 직접 참여하던 쌍방의 스토리텔링은, 무대공연의 일방적 전달 방식에 의해 본래적 의미가 상실되었다.

곧, 진도씻김굿이 가지고 있던 사회적 기능이 결여되었고, 음악으로서의 정서적 기능이 분화되었으며, 의례로서의 종교적 기능이 약화되었다. 따라서 무대 환경에 있어서는 의례적 상징의 전달 보다 정서적 이미지의 전달 방식을 중요하게 여기게 되었다. 무대음악은 신과의 소통, 나아가 참여자들과의 소통에 의미를 두기 보다는 예술적 포장 혹은 승화를 목적으로 삼게 되었다. 상징물로서의 굿물은 이미지물로서의 소품으로 여기게 되었다.

본고에서는 <진도토요민속여행>에 활용된 진도씻김굿의 각편들을 통해 위와 같은 진단을 도출하였다. 이것은 진도씻김굿이 가지고 있던 현장의 맥락을 잃어버린 측면이 강하다. 그러나 본고에서 문제 삼는 것은 전승 환경이 아니라 공연 환경인 까닭에, 진도씻김굿은 문화원형과 문화콘텐츠로서의 무대 자원화라는 측면에서 재조명될 필요가 있다고 보았다. 곧, 엔터테인먼트적 요소를 강화 혹은 재창조해나가는 것, 음악적 개입요소를 강화해 나가는 것, 즉, 즉흥성과 변조성를 강화해나가는 것, 이미지들의 상징을 새롭게 창조해 가는 것이 진도씻김굿의 문화원형을 공연의 자원으로서 문화콘텐츠화하는 논리로 삼을 수 있다는 결론을 얻게 되었다. 따라서 무대공연에서 추구해야 될 교감과 소통의 맥락을 재창조하면서 공연 문화콘텐츠로서의 진도씻김굿을 조망해가야 한다고 보았다.

—『한국무속학』 제10집, 한국무속학회, 2005

2. 민요창극과 지역문화콘텐츠 포지셔닝

1) 서론

바야흐로 문화를 경영하는 시대가 되었다. 문화가 경제의 한 축을 담당하고 있다는 논리 때문이다. 실제로 IT 기반의 제 하드웨어에 담길 콘텐츠를 문화콘텐츠라는 이름으로 부르기 시작했고, 그 중요성이 크게 강조되고 있는 것이 현실이다. 이같은 경향은 비단 디지털기반의 영역으로 제한되는 것만은 아니다. 소위 오프라인 영역, 특히 전통문화를 중심으로 하는 지역문화 영역에서도 전반적으로 발견되기 때문이다. 즉, 관광산업을 목적으로 하는 축제, 공연, 이벤트 등도 사실은 각 시·군의 문화자원들을 경영하겠다는 논리로 접근하고 있는 것이다. 이것은 축제 및 전통적인 지역문화 연행이 가지고 있는 본연의 기능이 소홀하게 다루어질 수밖에 없는 근본적인 원인으로 기능하기도 한다. 그럼에도 불구하고 지역의 축제나 전통연희들은 나름대로의 장점을 지니고 있다고 본다. 이러한 기획이 이루어지지 않는다면 사장되어버릴 전통문화가 너무 많다는 점 때문이다. 결국 지역을 기반으로 하는 전통문화는 문화원형이라는 측면에서 대단히 중요한 맥락을 지니고 있다고 판단된다. 따라서 지역문화와 전통문화가 어떤 형태로든 연행되고 재창조된다는 점에 대하여 순기능과 역기능을 따져 물어야 하는 것이 오늘날 나에게 혹은 나와 동류의 고민을 가진 사람들에게 주어진 숙제가 아닌가 생각한다.

민요창극 <진도에 또 하나 고려있었네>는 진도의 역사적 사건과 인물들의 행적을 근거로 만든 노래극 혹은 종합연희극이다. 이것은 특히 지역민들에 의해 실험된 극이라는 점과 진도의 각종 민속연희들이 포함되어 있다는 점에서 역사적 인물과 지역문화자원을 활용한 민속문화콘텐츠 개발사례로 접근하는 것이 가능하다고 본다. 결국 본고는 진도와 관련된 삼별초의 역사를 비롯한 유적 등의 '장소'와,[46] 민요창극 공연에서 드러난 형상화 과정을 중심으로 진도 지역사회가 포지셔닝하고자[47] 하는 의도와 맥락을 분석하는 것을 목적으로 삼고 있다고 말할 수 있겠다.

따라서 이같은 시대적 트랜드를 염두에 두면서, 진도지역의 민속 문화, 특히 민속연희가 민요창극이라는 종합 연희극 속에서 삼별초라는 역사적 사건과 만나 이루게 된 성과에 대해 해석해보고자 한다. 대개 두 가지 논의틀이 본고를 풀어 가는데 유용하다고 생각한다. 하나는 '삼별초'가 지니고 있는 역사성이고, 다른 하나는 진도의 전통적인 무형문화들이 전반적으로 활용된 민속연희성이 될 것이다. 전자를 살피기 위해서 사실로서의 삼별초에 대한 역사와, 이 역사가 사람들 속에서 수용되거나 혹은 거부되는 민속문화적 맥락을 점검하고자 한다. 특히 나는 실증사학이 아닌 민속학적 관점을 견지하므로 역사적 기록을 물론 중요시 하겠지만 그것뿐만이 아닌 향토사적 기록, 혹은 전해오는 이야기에 비중을 두게 될 것이다. 후자를 살피기 위해서는 예능민속들이 민요창극 안에서 어떤 기능으로 작동하였는가를 점검하는 것이 필요하다고 생각한다. 각각 무형문화재로 지정되었거나, 혹은 동호인들에 의해 향유되고 연행되는 민속연희들이 민요창극이라는 노래극 속에서 한데 어우러져 연출되었기 때문이다.[48]

---

46) 장소는 지리학적 개념인 '공간'에 특정 활동이 지속적으로 장기간 발생하였을 때의 개념(Relph E, *Place and Placelessness*, London : Pion, 1976)이거나, 가치가 기재된 공간(Tuan, Yi-Fu, *Space and Place*, Minneapolice; University of Minesota, 1979), 혹은 의미가 부여된 공간(Carter, E, Donald, J. and Squires, J., *Space and Place: Theories of Identity and Location*, London: Lawrence & Wishart) 등으로 해석된다.

47) 포지셔닝은 본래 상품의 판매에 있어 자사의 상품이 소비자의 마음에 가장 유리한 포지션에 있도록 노력하는 과정을 이르는 말인데, 본고에서는 지역의 역사문화자원을 관광자원화하는 맥락으로 전용하여 사용코자 한다.

48) 이 민요창극은 필자와 진도문화원(원장 박문규)이 기획 및 제작을 하였으며 작가 곽의진이 대본을 쓰고, 연출 박병도, 작창 및 음악 유장영, 진행은 '진도민속예술연구회(회장 허산)'이 맡았다.
제작기간 : 약 1년
공연 : 전체공연 3회, 부분공연 약 5회

어쨌든 전통시대와는 다르게, 역사적 사실이나 설화 또는 인물을 소재로 한 지역축제, 혹은 영상콘텐츠가 보편화되고 있는 지금은 소수 기획자들의 의도에 따라 그것이 재단되는 경우들이 많아 보인다. 물론 본고의 민요창극은 다수의 참여자들에 의해 이루어졌음을 뒤에서 살펴보게 되겠지만, 지자체의 강력한 의지에 따라 개최되는 역사인물의 축제화 과정이나, 한편의 드라마가 역사인물을 민족의 영웅으로 회자되게 하는 경향들을 보면 소수의 기획에 의지하는 바가 비중이 있음을 알 수 있다. 이처럼 지금은 역사문화가 드라마나 연극, 영화, 애니메이션, 게임 등의 온라인을 중심으로 하는 콘텐츠와 지역축제 이벤트 등의 오프라인 콘텐츠로 활용되는 사례가 빈번해지고 있는 것이다. 그러나 이것이 역사적 진정성을 가지고 있는가의 문제 혹은 포괄적으로 말해 민속문화적 진정성을 가지고 있는가의 문제에 봉착하면 해석이 구구해질 수 있다. 때때로 민중들의 의지와는 상반된 형태로 형상화 작업이 이루어지는 예가 있는 까닭이다.

본고에서 다루고자 하는 주인공격의 배중손이나 삼별초도 이런 맥락과 크게 다르지 않다고 본다. 역사적 사실로서의 인물 형상화에 비해 관광 목적의 일련의 작업이나 민요창극 속에서의 형상화가 다르게 나타나는 까닭이다. 물론 민요창극은 시나리오 작업에 의해 연출된 창작극이므로 픽션에 불과하다고 말할 수 있다. 그럼에도 불구하고 진도군의 예산지원과 진도문화원의 집행, 그리고 진도사람들의 자발적 참여의지를 전제해본다면 결국 진도의 역사와 문화라고 하는 '장소' 마케팅의 맥락이 강조되지 않을 수 없다. 동시에 역

2000년 12월 2회(진도향토문화회관) 2001년 3월 1회(국립국악원 예악당) 2002년~2005년 약 5회(토요민속여행/진도군립민속예술단) 중에서 일부 장면을 부분 공연함.

출연진 : 진도현지민들 약 100여 명

예산 : 약 1억(군비)

의상 및 소품 : 약 4천, 당시 제작되었던 의상 및 소품이 이후 진도군 토요민속여행에서 중요 소품으로 활용되고 있다.

사인물을 통해 진도라는 '장소'를 포지셔닝하는 까닭에 사실로서의 역사와 민속문화로서의 진정성을 논픽션의 차원에서 따져 묻지 않을 수 없다고 생각된다.

2) 역사로서의 '삼별초'와 장소로서의 '진도'

논의를 전개하기 위해서는 '삼별초'의 역사와 그들이 기거했던 '진도'를 먼저 살펴보는 것이 필요하다. 알려져 있듯이, 삼별초가 진도에서 몽고와 개경 정부에 항전한 것은 1270년 8월부터 1271년 5월까지 약 10개월이다. 여기서 두 가지의 접근이 가능하다고 본다. 하나는 사실로서의 삼별초 역사에 관한 것이고, 다른 하나는 그 삼별초가 1년여 진을 쳤던 진도라는 '장소'에 관련된 것이다. 삼별초의 역사는 역사적 사건과 인물의 향방을 추적하는 데에, '장소'는 진도 지역사회가 부여하고 있는 의미를 추적하는 데 분석자료로 활용될 수 있을 것이다. 삼별초에 관한 자세한 내용은 선학들이 이미 논의한 바 있으므로 본고에서 재론하지는 않겠다.[49] 다만, 유적지로 남아있

49) 삼별초에 관한 자료는 많으나 대개 아래의 자료들을 통해 정보를 얻을 수 있다(연도별 정리).
金庠基, 「삼별초와 그의 난에 대하여」, 『진단학보』 9 · 10 · 13(1939~1941); 『동방문화교류사논고』(을유문화사, 1948).
金潤坤, 「삼별초의 대몽항전과 지방군현민」, 『동방문화』 20 · 21 合(영남대 동양문화연구소, 1981).
金塘澤, 「최씨정권과 그 군사적 기반」, 『고려무인정권연구』(새문사, 1987).
윤용혁, 「삼별초의 봉기와 남천에 관하여」, 『이기백교수고희기념 한국사학논총』(일조각, 1994).
윤용혁, 「삼별초 진도정권의 성립과 그 전개」, 『한국사연구』 84집(한국사 연구회, 1994).
윤용혁, 「고려 삼별초의 제주 항전」, 『제주도 연구』 11집(제주학회, 1994).
윤용혁, 『고려 삼별초의 대몽항쟁』(일지사, 2000).
김수미, 「고려무인정권기의 야별초」, 『고려무인정권연구』(홍승기 편)(서강대학교 출판부, 1995).
김윤곤, 「고려시대의 사회변동–삼별초의 반몽항전과 군현민의 동향」, 『민족문화연구총서』 25집(영남대학교 민족문화연구소, 2001).
김윤곤, 「삼별초정부의 대몽항전과 국내외 정세 변화」, 『한국중세사연구』 제17호(한국중세사학회, 2004).

는 '장소'를 이야기하기 위해서는 진도와 관련된 역사를 간단히 언급하는 것이 필요하다.

1270년(원종 11) 5월 23일 강화도에서 개경환도 결정에 반대하며 처음 반의를 드러낸 삼별초는 5월 29일의 삼별초 해산 조치에 맞서 6월 초하루에 승화후 온을 왕으로 추대하고 관부 설치 및 관원을 임명하는 등 신정부 수립에 착수하였고,[50] 급기야 인원과 재물을 선박에 싣고 두 달이 지난 8월 19일 진도로 입거하게 된다. 용장사에 본거지를 정한 삼별초는 우세한 해군력을 바탕으로 나주 및 서남해안 일대의 섬, 제주도는 물론 내륙까지 장악할 목적을 가지고 활동한다. 그러나 나주와 전주 지역의 방어진을 뚫지 못하고 결국 좌절하게 되는데, 그 이유로는 개경 정부에서 파견한 김방경의 1만 군대 뿐 아니라 전통적으로 친정부 세력이었던 나주 토호세력을 장악하지 못한 때문으로 알려지고 있다.

원래 진도에서의 활동은 3단계의 목표를 가지고 이루어졌다.[51] 초기에는 전라도 연해 지역의 세력 확보, 2단계로는 후방의 배후지가 되는 제주도의 확보, 3단계는 경상도 남부 연해 지역 일대에 대한 지배권의 확보였다. 그러나 여몽연합군과의 싸움에서 밀리게 되자 장악력이 급속하게 떨어지는 등 내륙 거점화 공략이 실패하면서 전라, 경상의 남부 해안지역 확보망을 잃게 되고, 진도만으로 포위되는 상황을 맞이하게 된다. 다급해진 삼별초는 일본에 사신을 보내 대몽항전의 공동보조를 요구하기에 이르렀으나 응답받지 못한 채, 결국 패망하게 되고 김통정을 비롯한 그 일부가 제주도로 건너가 다시 항몽의 일전을 하게 되었던 것이다.

윤종명, 「문명견문기 – 삼별초를 따라(상, 하)」, 『문명연지』(한국문명학회, 2003).
김정호 외, 『제17회 향토문화연구심포지움 – 삼별초와 전남』(전국문화원연합회 전남지회, 2005).

50) 윤용혁, 「삼별초 정권의 성립과 전남 지역사회의 대응」, 『제17회 향토문화연구심포지움 – 삼별초와 전남』(전국문화원연합회 전남지회, 2005).

51) 윤용혁, 위의 글, 5쪽.

여기서 주목할 것은 삼별초가 왜 진도를 선택했는가에 있다. 여러 설들이 있지만, 그 중에서 다음 네 가지 해석을 제시코자 한다. 첫째, 강화도에서 남하하기가 용이했다는 점, 둘째, 몽고군이 유리한 내륙전에 비해 해상전이 유리한 도서島嶼라는 점, 셋째, 강화도처럼 섬이 크고 내륙과 근접해 있어, 유사시의 방비나 내륙진출을 도모할 수 있고 자급자족이 가능하다는 점, 넷째, 이전에 용장사에 주지로 있던 최항이 진도의 지리와 사정을 잘 알고 있었을 것이라는 점 등이다.[52] 바꾸어 말해 이것은 진도민이 대몽항전의 의지를 가지고 삼별초를 선택한 것이 아니라, 삼별초가 전략상의 요충지로 진도를 선택한 것이라는 역사적 사실을 증거해 주는 것이다. 또한 제주도에 비해 당시의 진도가 무인정권의 기반이 이미 형성되어 있던 지역으로 해석되는 경향은[53] 무인정권의 3기 지도자였던 최항과 용장사와의 관계를[54] 근거로 삼고 있다. 이것은 제주도 삼별초의 입성과 토호세력들과의 관계와 비교되어 논거 되고 있기는 하지만,[55] 제주도에 비해 지명유래 이외의 삼별초 관련 설화가 진도에서 채록되지 않은 점을 설명해야 하는 또 다른 여지는 남겨놓고 있다고 할 수 있다.

진도에서 삼별초관련 인물로 가장 주목받는 인물은 배중손과 승화후 온이다. 배중손은 끝까지 항전을 거듭하다 남도석성에서 장렬한 최후를 맞았다고 전해지기도 하고,[56] 진도 공함 이전에 내부 분란에 의해서 숙청되었다고 주

52) 진도군지편찬위원회, 『진도군지』(진도군, 1976), 89쪽 참고. 여기서는 다섯 가지의 이유가 제시되고 있다.

53) 윤용혁, 「삼별초 진도정권의 성립과 그 전개」, 앞의 책(1994), 3쪽.

54) 『高麗史』 102 金之岱傳의 다음 내용을 근거로 주장되는 내용이다. 여기서 一寺를 용장사로 해석하는 것이다.

(金之岱) 入拜寶文閣校勘 後爲全羅道按察使 崔怡子僧萬全 住珍島一寺 其徒橫恣…… 萬全卽(崔)沆也……

55) 윤용혁, 「고려 삼별초의 제주 항전」, 앞의 책(1994). 전반적인 내용을 참고 할 것. 이 글에서는 제주도 항파두리에 삼별초가 입거하는 이유를 제주도 토호세력들과의 관계 설정에서 찾고 있다.

56) 진도군지편찬위원회, 앞의 책(1976), 95쪽.

장되기도 한다.[57] 배중손이 진도에서 최후를 맞았다는 것은 제주도에서의 항쟁이 김통정이라는 새로운 인물 중심으로 이루어져 배중손이 나타나지 않는 점을 근거로 한 것이며, 내부분란으로 숙청되었다는 것은 삼별초가 무장 흔도에게 보낸 "전라도를 얻어 살게 하면 (몽고)조정에 속하도록 하겠다."[58]는 타협안을 근거로 한 것이다.

승화후 온에 대해서는 그 행적이 부각되어 있지 않은 편이다. 그러나 민간에서 전해오는 왕무덤재라는 지명유래와는 달리 왕이 아닌 황제로 칭해졌다는 보고도 있다. 이는 삼별초가 "진도에 입거하여 주군(州郡)을 침략하며 황제의 명(帝旨)이라 거짓꾸며……."라는 기록과[59] 삼별초 당시 '오랑五浪'이라는 연호를 사용했던 점을[60] 근거로 내세운다. 어쨌든 승화후 온은 10개월 동안 진도왕국의 주인이었다가 아들(桓)과 함께 참살당하는 비운의 주인공이 되었다. 그러나 정부군의 입장에서 반역의 주인공이었음에도 불구하고 무덤이 현존하는 것은 삼별초에 의한 희생자라는 개경 정부의 평가와 희熙, 옹雍 등의[61] 배려가 있었기 때문이라는 주장도 있다.[62]

삼별초는 이처럼 짧은 기간 동안 주둔하였지만 진도의 곳곳에 유적을 남기고 있다. 유적은 삼별초가 입거하고 패퇴하는 경로를 따라 형성되어 있다. 대개 본거지인 용장성을 포함하여 장항(원포 뒷골짜기), 군직기미(軍直仇味), 두시난골, 도적골, 난골(亂谷), 대투개재(大鬪峙), 왕무덤재, 다근투골(논수골), 우항천(女妓及唱두멍), 금갑진, 남도성 등이 거론된다. 이외 고군면 짐섬(金島), 지산면 길은

57) 村井章介, 「진도삼별초 해상왕국의 꿈」, 『제2회 진도국제학술대회 - 진도문화와 지역발전』(진도학회 설립준비위원회, 2002), 1~3쪽.

58) 『元史』 世祖本紀至元8年條.

59) 『高麗史』 26, 원종세가 11년 8월.

60) 김정호, 「진도의 연혁」, 『진도군의 문화유적』(목포대박물관, 1987), 22쪽.
진도문화원, 『옥주의 얼』(진도문화원, 1982), 68쪽.

61) 여기서 熙와 雍은 온왕의 형제인 永寧公의 아들로 당시 온왕을 살리기 위해 애를 썼다고 한다.

62) 윤용혁, 「삼별초의 민족성 - 진도 삼별초, 그들의 꿈과 한」, 『17회 향토문화연구 심포지움 - 삼별초와 전남』(전국문화원연합회 전남도지회, 2005), 9쪽.

리(찬물내기, 眞泉洞), 의신면 사천리(핏기내) 등이 삼별초와 관련된 마을의 유래와 역사를 보여준다.[63)]

벽파정은 개성정부 원외랑 박천주를 맞아 연회를 베푼 곳으로 알려지고 있다.[64)] 용장성은 삼별초가 들어오면서 궁전을 크게 지어,[65)] 왕궁으로 삼았던 본거지이기도 하다. 원래 삼별초가 들어오기 이전부터 용장사라는 절이 있었다고 알려져 있는데,[66)] 무인 집정자 최항이 이전 주지로 있었던 절로 추정하고 있다.[67)] 삼별초가 입거하기 전부터 진도와 교감이 있었을 것임을 짐작하게 하는 대목이다. 망금산성은 현재 강강술래터로 더 잘 알려져 있는 곳으로 『조선보물고적 조사자료』에서는 삼별초성이라고 부르는 등[68)] 삼별초군이 벽파진과 망금산성을 활용하여 대몽항전을 했을 것으로 추정되고 있다.[69)] 고군면 연동의 도적골(적골) 및 군직구미(軍直仇味)는 몽고장수 고을마가 상륙했던 곳이라 하고, 노루목은 몽고장수 홍다구가 상륙한 곳이라고 한다. 금갑성은 김통정 일행이 제주도로 건너간 포구로 알려져 있다. 남도성은 왜구 방어용인 것은 분명해 보이나, <南桃鎭 赴任圖卷>의 기록을 들어, 배중손이 최후를 맞이한 장소로[70)] 주장되고 있다.

현재의 배중손 사당은 뒤에서 밝히겠지만, 임회면 굴포리 당집을 없애고 교체한 건물을 말한다. 왕온의 무덤은 진도읍에서 의신면으로 넘어가는 고개

---

63) 진도군지편찬위원회, 앞의 책(1976), 88~99쪽.
진도문화원, 앞의 책(1982), 59~71쪽.

64) 김정호, 「삼별초와 진도 정부」, 『제17회 향토문화연구심포지움 – 삼별초와 전남』(전국문화원연합회 전남도지회, 2005), 15쪽.

65) 『新增東國輿地勝覽』 37, 진도 고적조.

66) 『沃州誌』 고적.

67) 윤용혁, 「삼별초 진도정권의 성립과 그 전개」, 앞의 책(1994), 4쪽.

68) 김정호, 「삼별초와 진도 정부」, 앞의 책(2005), 15~16쪽.

69) 최성락 · 고용규, 「망금산성 지표조사보고」, 『망금산성과 강강술래』(목포대박물관 · 진도군, 1998), 54쪽.

70) 진도군지편찬위원회, 앞의 책(1976), 85쪽.

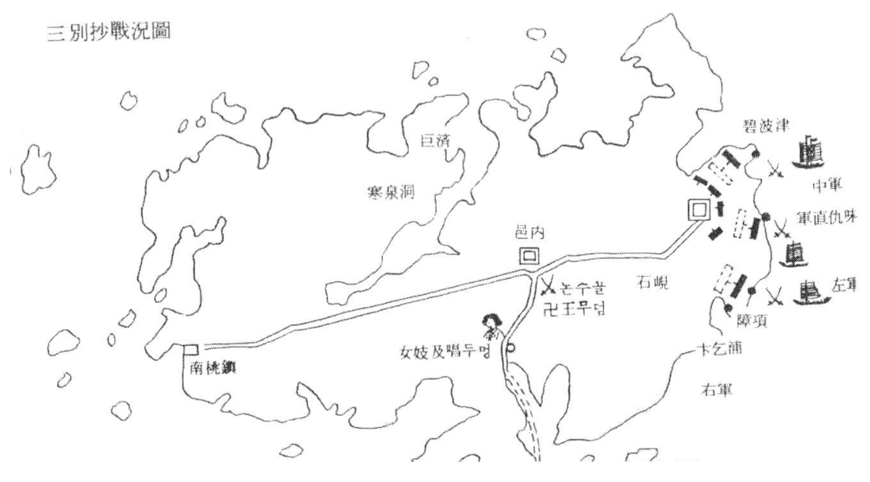

〈그림 1〉 삼별초 전황도(진도군지편찬위원회, 『진도군지』, 1976, 99쪽)

에 위치하고 있으며, '왕무덤재'라고 불린다. 이곳이 황제로 등극했던 승화후 온이 홍다구에 의해서 죽음을 당하여 묻힌 곳이라고 하고, 아래쪽으로는 그의 죽음을 논하였던 곳이라 하여 논수골 혹은 다근투골(다근두골)이라고 부른다. 쌍계사가 있는 사천리는 본래 두 개의 계곡이 빗겨 흐른다 하여 빗기내라고 부르는데, 삼별초군의 피가 내를 이루어 흘렀다고 해서 핏기내라고도 한다. 삼별초의 패퇴로를 따라가다 보면 의신면 돈지리 우황천이 나온다. 급창 궁녀가 몸을 던져 자살한 곳이라고 하여 여기급창둥벙이라고도 부른다. 또 같은 마을의 떼무덤 혹은 대분통은 삼별초 군사들의 합장무덤이라고 전해 온다.

이외에도 고군면 짐섬(金島)과 지산면 길은리(고명칭 勿隱里)가 삼별초와 관련된 지명전설을 가지고 있는데, 전자는 삼별초에 피납되어 왔던 김시중金侍中이 은거했던 지역으로 '대랑묘待郎墓'라는 묘가 전해온다. 후자는 정상서鄭尙書 혹은 라상서羅尙書가 은거하였다는 곳으로 범호산에 그의 묘가 전해온다. 양자 모두 피납되었다는 사실이 강조되고 있으며, 삼별초난이 평정된 후에도 이들은 그 숭고함 때문에 화를 면하였다고 한다.[71]

여기서의 '장소'들은 모두 삼별초 관련 인물들과 연관이 되어 거론됨을 알 수 있다. 따라서 '장소'는 삼별초라는 역사뿐만 아니라 해당 인물의 배경으로 진도사람들에게 인식되고 있는 셈이고, 이 '인물'에 대한 의미부여는 곧 '장소'를 통해서 이루어지고 있다고 말할 수 있다. 이것을 역으로 말하면 본 민요창극의 주인공격인 배중손이나 기타 인물 혹은 사건들은 단편적인 지명전설에 그치고 있을 뿐 적극적인 민담류로 스토리텔링되지 못했음을 확인할 수가 있다. 따라서 주인공으로서의 배중손과 역사유적으로서의 삼별초는 관광의 목적이든 역사문화 자체의 복원이든, 진도 당국이 지향하고 있는 만큼의 민속문화적 배경을 전제하고 있지 못하다고 볼 수 있을 것 같다.

3) 역사인물 포지셔닝 전략과 한계

일반적으로 한 지역의 역사적 사건과 역사적 인물, 혹은 특기할만한 쟁점들은 민속문화 속에 적절하게 수용되거나 상징화되어 나타난다. 실존인물이나 설화 속의 인물들이 당신격으로 좌정하거나[72] 고을의 축제로 진행되는 예들이[73] 이를 말해 준다. 물론 역사적 인물이나 사건을 민속문화 속에 용해시키거나 지역사회의 문화콘텐츠로 부상시키는 이면에는 그에 알맞은 수용 배경이 전제되어 있다고 할 수 있다. 전자의 경우는 역사 인물의 영웅화 과정이나 신격화 과정을 통해 드러난다. 여기서, 역사인물은 영웅이 되기도 하고 신이 되기도 하지만 사실은 민중들의 눈높이와 수용 태도에 따라 재단되기도

71) 진도군지편찬위원회, 위의 책, 96쪽.
72) 대체로 임경업, 남이장군, 최영장군 장보고(송징) 등을 예로 들 수 있다.
73) 장보고, 이순신, 단종, 왕인 축제 등은 역사적 실존 인물을 소재로 한 경우이고, 홍길동, 심청, 홍부 관련 축제 등은 소설이나 설화적 인물을 소재로 한 경우이다.

하고 상징화되기도 한다. 이는 민중들이 자신들의 삶을 투사시켜 대리만족을 추구하고자 하는 염원이 습합되어 표출된 것으로, 민담의 본질적 특성 중의 하나이기도 하다. 후자의 경우는 대개 역사적 사건이나 인물을 중심으로 한 현대사회의 축제 이벤트 과정을 통해 드러난다고 본다. 이때는 역사인물이 지역사회의 관광자원화라는 목적에 따라 다양한 형태로 나타난다. 그러나 이 경우, 역사적 사건이나 인물의 지역성 및 정체성을 확보해내지 못하면 문화자원으로서의 기능을 지속할 수 없는 한계를 드러내기도 한다. 다시 말하면 역사적 사건과 인물이 지역사회에 수용되는 맥락은 민중들이 처한 환경과 밀접한 관련을 맺고 있다고 할 수 있다. 곧, 해당 지역과 당대의 민중들이 역사인물과 사건을 어떻게 인식하고 받아들이는가에 따라서 역사인물은 영웅화되기도 하고, 사장되어버리기도 한다. 여기서 주목할 것은 소수의 기획자들에 의해서가 아니라 다수 민중이 그것을 수용해낼 때 그 담론의 폭은 넓고 깊어진다는 점이다.

전통시대의 민중들은 영웅담의 스토리텔링, 혹은 민속의례 등의 비일상적 장치를 통해 역사인물을 수용해 왔다. 이야기가 고정되어 있지 않은 까닭에 민중들의 수용 의지에 따라 갖가지 버전으로 스토리텔링 될 수 있었다. 여기서 영웅은 탁월한 능력을 가진 사람으로 묘사되거나 신출귀몰한 행적으로 이적을 보여준다. 의례 속으로 좌정된 영웅은 신격화되는 것이 보통이다. 민중들은 자신들의 염원을 영웅담에 지속적으로 투사시키면서 담론화해 나간다. 영웅담은 시대라는 시간적 씨줄과 지역이라는 공간의 날줄이 교차되면서 그 형상이 바뀌기도 하고 관련 의례의 형태가 변하기도 한다. 따라서 당대 민중들의 수용태도에 따라 이 민속문화적 '구성'은 언제든지 변할 수 있게 된다.

역사인물이나 사건은 시대와 미디어에 따라 다양한 형태로 구현되어 왔다. 전통시대에는 주로 구현되었던 민담과 의례 등이 현대에 와서는 드라마, 영화, 애니메이션, 게임 등의 디지털콘텐츠물로 혹은 출판, 캐릭터, 축제, 공연 등의 문화콘텐츠물로 구현됨을 볼 수 있다.[74] 이 미디어들은 각각 고유한 매체적 특성을 지니고 있는 까닭에 역사적 인물은 또 다른 내용으로 구현될 수도 있다. 매체가 다르다는 것은 그 안에 담길 내용물의 형태가 달라진다는 점을 전제한다. 따라서 <진도에 또 하나 고려있었네>는 민요창극이라는 매체의 성격에 알맞은 요소들이 선택되었음과 이것이 그러한 형태로 가공되었음을 의미한다.

여기서 전제해야 할 점은 내용의 바탕이 되는 역사적 사실 혹은 민속적 원형에 관한 것이다. 이것을, 가공 후의 것이든 가공 전의 것이든 총괄적인 개념으로 문화원형이라고 말할 수 있다.[75] 결국 문화원형도 내용물의 토대가 되는 것이므로 매체에 따라 그 형태가 달라질 수 있다. 예를 들어 픽션의 영역이 강조되는 영화, 애니메이션 특히 게임 등의 콘텐츠물은 원형의 재구를 크게 요구하지 않기 때문에 가공의 형태가 급진적일 수 있다. 다큐가 아닌 이상 역사적 복원 보다는 엔터테인먼트적 요소에 초점을 두기 때문이다. 연극이나 축제, 공연도 크게 달라 보이지는 않는다. 픽션의 영역이 동일하게 강조되는 까닭이다. 그러나 이것이 역사적 '장소'와 관련되면 문제는 달라진다. 역사적 '장소'는 허구적 구성이 아닌 역사적 사실을 근거로 재현되는 공간적 성격이 강하다. 특히 이 민요창극처럼 지자체에서 의도하거나 후원 혹은 주문하는 콘텐츠물은 거의 대부분 '장소'와 맞물려 진행된다. 장소 마케팅을 통

74) 디지털콘텐츠화 문화콘텐츠의 상관성에 대한 집중적인 논의는 고를 달리하기로 한다. 논의 자체가 분분할 뿐 아니라 간단한 문제가 아닌 까닭이다. 따라서 본고에서는 두 영역을 나누는 것은 편의적 구분에 지나지 않는다.

75) 이윤선, 「강강술래의 디지털콘텐츠화에 대한 민속학적 연구」, 목포대학교 대학원 박사학위 논문(2004. 8), 47~48쪽.
이윤선, 「서남해 전래 어구어법의 문화원형성」, 『도서문화』 24집(경인문화사, 2004).
문화원형에 대해서 필자는 임재해 등의 논의를 빌려, 문화유형, 문화 목적형 등으로 접근한 바 있다.

해 지역문화의 관광자원화를 유도하고 그것이 지역주민들의 소득으로 연결된다는 단순논리를 지향하고 있기 때문이다. 곧, 지역관광자원으로서 '장소'를 포지셔닝하는 것인데, 여기서 '장소'가 픽션화된다면 역사 왜곡을 불러 올 수 있다.

본 민요창극에서 구현된 배중손 혹은 삼별초의 형상화가 진정성을 가지고 있는가의 문제에 있어서는 민요창극 내에서의 형상화와 실제 역사공간으로서의 '장소'가 동시에 고려되어야 하고, 나아가 지역민들의 의지가 고찰되어야 할 것으로 보인다. 왜냐하면 민중들은 자신들이 택한 인물에 속성을 부여하되, 그 인물이 원래 가지고 있던 성격 보다는 자신들에게 가장 필요한 성격만을 강조하여 그 인물의 성격을 부여하기 때문이다.[76] 따라서 배중손을 역사 영웅으로 수용하기 위해서는 개인의 능력이나 개인적 존재 가치보다는 사회와 집단구성원의 욕구를 충족시켜주는[77] 역할이 먼저 고려될 필요가 있는 것이다.

또 일련의 삼별초 관련 논의에 상관없이 그것이 역사적 사실이라고 하더라도, 진도 내의 민담이나 민속연희들 속에 삼별초나 배중손 관련 일화들이 남아 있지 않음에 주목할 필요가 있다. 남아있는 관련 '공간'은 지명설화 정도의 단계에서 전승될 뿐, 적극적인 민담이나 의례 속으로 파고 들어오지 못했음을 앞서 살펴 본 바 있다. 이것은 배중손이 진도민들에 의해 스토리텔링되지 못했다는 것이며 삼별초 관련 '장소'의 의미부여도 충분하지 못했음을 반증해주는 것으로 보인다.

진도 이후 제주도에서 삼별초를 이끌었던 김통정이 제주 내에서 적극적으로 스토리텔링되었던 점에 비교되는 부분이다. 김통정이 제주도에서 신격화

76) 홍태한, 「설화와 민간신앙에서의 실존인물의 신격화 과정－남이장군과 임경업 장군의 경우－」, 『한국민속학보』 3집(1994), 46쪽.

77) 한소진, 「21세기 TV 드라마에 반영된 설화의 세계관 고찰－드라마 <대장금>에 나타난 '영웅설화'를 중심으로－」, 『문학과 영상』 5권 2호(문학과 영상학회, 2004), 280쪽.

되고 신비화된 사례는 민담에서 다수 발견된다. 설화 중에서, 그의 출생이 중국 조정승의 외손자, 혹은 과부의 아들, 지렁이의 아들 등으로 나타나기 때문이다. 이외 김통정에 관한 무녀들의 주술 내용도 있다.[78] 완도군 장좌리 당신으로 모셔져 있는 송징장군도 비슷한 맥락에서 검토될 수 있다. 무용이 절륜한 송징은 삼별초의 장군이었다고 전해지고 있으며, 이미 조선시대에 호국신으로 모셔져 현재까지 전통이 이어지고 있다는 것이다.[79] 물론 송징이 장보고일 것으로 추정되는 학설도 있지만,[80] 일단은 지역민들을 통해 삼별초의 장군으로 회자되었다는 사실에 주목할 필요가 있다. 이들을 종합해 보면, 삼별초 및 배중손은 신화화 과정을 거치지도 않았고, 역사 영웅으로 추대되지도 않았다고 볼 수 있다.

의례나 민간신앙 부분에서도 크게 다르지 않다. 배중손이 임회면 굴포리 당堂의 신격으로 좌정된 것은 사실이지만 그 일련의 과정은 심각한 문제를 야기한 바 있기 때문이다. 배중손에 대한 역사 영웅화 작업이 시작된 것은 근래의 일이다. 1976년 진도군지 작업에서부터 1986년 굴포 당에 신격으로 좌정하는 등 일련의 작업이 진행되었고 급기야 1999년 배중손 사당이 건립되고, 이듬 해 민요창극 <진도에 또 하나 고려있었네>를 통해 화려하게 다시 등장한 셈이다. 그러나 앞서 확인했듯이, 배중손이 남도석성에서 최후를 맞았다는 것은 추론에 지나지 않을 뿐 아니라 배중손 사당이 건립된 굴포는 남도성과 인근에 위치한 마을이라는 점 외에는 관련성이 거의 없어 보인다. 배중손이 1986년 굴포 당堂의 신격으로 좌정하는 것도, 백포 곽남배 화백이 당시 태풍으로 쓰러진 당집의 재건을 주도한 까닭이다.[81] 이때는 굴포 짝별

78) 김윤곤, 「고려시대의 사회변동－삼별초의 반몽항전과 군현민의 동향」, 앞의 책(2001), 351쪽.
79) 윤용혁, 「삼별초 정권의 성립과 전남 지역사회의 대응」, 앞의 책(2005), 5쪽.
80) 나경수, 「완도 장좌리 당제의 제의구조」, 『호남문화연구』 19(경인문화사, 1990), 34~44쪽 참고.
81) 백포 곽남배는 굴포출신 한국화가로 국내에서도 명망가로 알려진 인물이다. 본인의 고향이기 때문에 마을의 제당인 당집 재건 자금을 희사하여 당집이 신축된 바 있다.

둑 축조의[82] 계시자로 알려진 윤선도와 삼별초를 포함하여 세 위패가 동시에 봉안된 바 있다. 이때까지만 해도 배중손은 큰 무리 없이 당의 신격으로 좌정될 수 있었다. 그러나 1999년 당집을 허물고 배중손 사당이 군 당국에 의해 선립되면서 마을과 극심한 대립이 일어나게 되었다.[83] 원래 당신격이었던 당할아버지, 당할머니, 그리고 1986년에 좌정된 윤선도의 신적 위치가 사라져버린 까닭이다. 급기야 마을 제사인 당제를 중지하는 사태가 발생하였으며 이후 해남 윤씨 일가와 법정분쟁까지 일어나는 초유의 사태를 맞이하게 되었다.[84] 이 사건은 무리한 역사 영웅 만들기가 실패한다는 전형적인 사례로 보고 될 만하다. 결국 역사인물 영웅화 작업을 통해서 문화자원을 포지셔닝하고자 했던 의도와는 달리 그 진정성을 오히려 훼손하게 되었다고 볼 수 있다.

4) 민요창극의 실험과 진도민속연희의 형상화

민요창극의 전개에서는 앞서 전제한 대로 두 가지 관점의 접근이 가능하다. 하나는 스토리가 가지고 있는 픽션 혹은 논픽션에 관한 것이고 다른 하나

82) 굴포리 앞 바다의 둑을 말하는데, 윤선도가 이를 주도하였다고 한다. 둑은 굴포의 농토를 확보하는 맥락에서 경제소득과 직접 연결되어 있어, 윤선도는 마을 사람들의 우호적 인식을 기반으로 하고 있는 셈이다.

83) 이때 당시 필자는 진도문화원 사무국장으로 재직하고 있었는데, 굴포주민들과 진도 군 당국과의 갈등을 조정하고자 수차례 시도하였으나 결국 실패한 바 있다.

84) 이 문제는 2001년 12월 7일 광주지법 해남지원에 진도 군수를 상대로 제기되어 2003년 7월 15일 법정조정 과정을 거쳐 아래와 같이 일단락 된 바 있다.
첫째, 배중손의 사당을 별도의 장소로 이설하기로 하고 그때까지 고산 윤선도 선생, 배중손 장군, 삼별초군의 세 위패를 봉안한다.
둘째, 굴포 사당을 무형문화재로 지정되도록 진두군에서 적극 노력한다.
셋째, 굴포마을 사람들에게 정월 대보름 당제에 제찬대로 200만원을 지급한다.
김재정, 「진도 굴포리 당집 유래설화와 윤선도·배중손」, 『서남해 지역 역사와 설화의 만남』(목포대학교 역사문화학부 역사학 전공, 2004), 133~144쪽 참고. 이 글은 강봉룡 교수의 지도와 고증을 거쳐 쓰여졌다.

는 민요창극이라는 공연구성에 관한 것이다. 전자는 삼별초의 역사를 이야기로 만들어 무대에 올렸다는 점에서, 후자는 민요창극이라는 공연양식을 시도한 점, 진도민속 연희들을 대거 아우르고 있는 구성이라는 점, 전문예인들이 아닌 진도주민들이 주도적으로 공연에 참여했다는 점 등의 공연 구성적 관점에서 주목할 필요가 있다는 것이다. 흔히 역사인물이 드라마나 영화 등으로 각색되는 것에 비하면 콘텐츠적 비중이 떨어진다고 볼 수도 있으나 '주민 중심의 극 만들기'라는 관점에서는[85] 오히려 소중한 공연콘텐츠작업의 사례로 거론할 수 있다.

민요창극의 스토리는 삼별초가 진도에 입거하는 때로부터 제주로 나가기까지의 일련의 과정을 담고 있다. 배중손 등의 주요 인물들의 행적과 진도사람들로 형상화된 '동백', '시바', '귄단이' 등의 갈등이 대립되거나 응축되어 진도의 민속연희 속에서 드러나고 있다. 물론 상기의 진도사람들은 가상인물에 불과하지만 이 민요창극을 통해 진도민들의 의지를 접목시켰다는 점에서는 주목할 부분이다. 등장인물을 보면 삼별초 관련으로는 배중손, 김통정, 승화후 온, 노영희, 유존혁, 김방경, 홍다구, 흔도, 박천주를 들 수 있고, 진도사람으로는 동백, 궁녀들, 동백의 어머니, 농부들, 아이들, 시바를 들 수 있다. 전자는 삼별초와 관련된 실존 인물이고 후자는 진도사람으로 분장된 허구적 인물들이다. 바꾸어 말하면 실존인물로서의 진도사람들은 없는 셈이다. 전개과정을 간단하게 언급하면서 이 맥락을 검토해 보기로 하겠다.[86]

85) 대본 집필은 소설가 곽의진이 맡았지만 끊임없이 진도문화원 및 민속예술연구회와 역사성 및 민속예능성에 대해 토론의 과정을 거친 바 있다. 공연구성원들의 의사가 적극 반영되었다고 볼 수 있는 대목이다.

86) 본 민요창극관련 자료는 대본과 실황 촬영테잎을 들 수 있다.
곽의진, 「민요창극 대본 – 진도에 또 하나 고려있었네」(진도문화원, 2000).
이윤선, 「민요창극 실연영상자료 – 진도에 또 하나 고려있었네」(민속예술연구회, 2000).

1막 <1장>

민요창극은 평화로운 진도농촌과 들녘에서 일하는 마을 사람들의 남도들노래 소리에서부터 시작된다. 이윽고 삼별초군이 들어오면서 진도는 전쟁의 소용돌이에 휘말리게 된다.

1막 <2장>

용장성에 본거지를 정한 삼별초는 배중손, 유존혁, 노영희 등을 중심으로 자주고려국을 세우기 위해 진도에 입거했다는 주장을 펼치면서 진도민들을 설득한다. 배중손이 이끄는 삼별초군은 용장사에 본거지를 두고 왕궁을 만들어 세력을 확산해 나간다. 또 승화 후 온을 왕으로 추대하고 자주독립의 고려임을 주장하자, 진도민들이 모여들어 호응한다. 중중모리 합창에서 '고려, 고려 여기가 진정 고려라네, 자주독립으로 오랑캐를 몰아내세…' 등이 노래된다.

2막 <1장>

진도 낭자인 동백은 배중손을 짝사랑하게 되고, 동백을 짝사랑하던 총각 시바와 또 시바를 짝사랑하는 권단이와 서로 갈등을 겪게 된다. 이 와중에서 고려의 추밀부사 김방경과 몽고군이 연합하여 수차례 진도를 공격했으나 실패하게 된다. 이에 힘입어 삼별초군은 승승장구함을 자랑하다 전략이 해이해지고 방심하게 된다. 그 틈을 타서 여몽연합군은 김방경과 흔도가 이끄는 중군, 홍다구가 이끄는 좌군, 김석만과 고을마가 이끄는 우군으로 나누어 좌군은 지막리, 오산 방면을 거쳐 용장성 후곡으로 진격하고 우군은 용장성 동편을 돌파, 중군은 벽파진으로 상륙하게 된다. 결국 삼별초는 퇴각하게 된다.

2막 <2장>

승화후 온왕이 정부군에 밀려 도망 가다가 논수골 싸움에서 홍다구에게 잡혀 아들 환과 함께 참사를 당하게 된다.

2막 <3장>

돈지 벌판에서 피비린내 나는 격전을 벌인 삼별초군이 금갑으로 밀려나가자 몽고군에 욕을 당하지 않겠다는 여기와 급창들이 앞다투어 둠벙에 몸을 던진다. 배중손의 여인이 된 동백도 여기서 몸을 던진다. 이때 동백꽃을 노래한 육자배기, 살풀이 구음이 울려퍼진다. 몽고군에 끌려가지 않으려는 사람들이 너도나도 몸을 던져 여기급창둠벙을 역사에 남긴다. 몸 던지는 장면은 진도북춤으로 안무된다.

3막 <1장>

대장 배중손은 김통정이 이끌던 삼별초군을 금갑에서 제주로 후퇴하라 명령한다. 끝까지 싸우라는 당부를 하고 그는 자신의 군사를 이끌고 남도진으로 후퇴하여 남도석성에서 최후의 일전을 맞아 장렬히 전사한다. 장엄한 시나위 음악과 마을 사람들의 안무가 이어진다.

3막 <2장>

김통정이 제주로 떠나고 배중손과 동백의 씻김굿이 열린다.

3막 <3장>

배중손과 죽은 이들의 상여가 나간다. 여인들이 흰 광목을 끌고 무대 뒤로 사라지면서 긴 여운을 남기는 만가를 끝으로 서서히 대단원의 막이 내린다.

이 민요창극에서 삼별초는 철저하게 구국의 군대로 그려지고 있다. 배중손은 "오랑캐꽃 만발하고 황야의 바람 분다. 개성의 불쌍한 백성들을 구하고…" 등의 노래를 불러 우국열사의 전형으로 나온다. 시종일관 몽고군을 맞아 장렬히 싸우거나 일사분란하게 지휘하는 대장의 모습으로 그려진다. 결국에는 남도성에서 "하늘이시여 불쌍한 백성 보살피소서…" 등의 노래를 마지막으로 숨을 거둔다.

동백은 배중손을 사랑하는 처자로 그려지는데, "큰칼 휘두르며 그대 뜻 따르는 이 마음 누가 알리…" 등의 노래를 통해 삼별초와 배중손의 뜻을 따르고 있음을 강조한다. 남자로 분장한 동백이 몰래 엿들은 김방경의 연합군 공격 소식을 배중손에게 알리는 사건을 계기로 삼별초군의 일원으로 활약한다.

이어 배중손과 사랑하는 사이가 되는데, '진정한 고려 여인, 진도 여인' 등으로 미화된다. 동백은 삼별초와 함께 퇴각하면서 급창여기둠병에 몸을 던져 최후를 맞는데, "사랑 사랑 님이시여…" 등의 노래를 통해 배중손과의 사랑이 끊어짐을 애석해하는 모습으로 그려진다. 승화후 온왕을 처형한 홍다구는 마을 사람들의 대화를 통해 몽고인들보다 더 잔악하게 표현된다. 마지막으로 열리는 배중손 및 동백의 씻김굿과 만가에서는 "누가 당신들더러 역적이라 한다요…" 등의 당골 소리를 통해 삼별초가 역적이 아닌 구국의 군대였음을 말하고자 한다.

결국 삼별초라는 역사적 사실 위에 진도사람들의 적극적인 호응을 부가시키고자 하는 의도가 역력히 드러난다. 특히 배중손이라는 인물에 전적인 초점이 맞춰져 있음을 살펴볼 수 있다. 동백, 시바, 권단이 등을 통해 드러나는 진도사람들의 형상화도 배중손의 논리로 풀어내고 있다. 진도민들 스스로의 자유의지를 드러내어 주체적으로 항쟁에 참여하는 것 보다는 배중손과 동백과의 연정, 그리고 삼각관계로 드러나는 구성 속에서 항쟁에 참여하는 것으로 그려지기 때문이다.

'장소'와 관련해서도 인물에 대한 논점과 크게 다르지는 않은 듯 보인다. 용장성이 주 무대로 나오는 점이나, 금갑성과 남도성이 마지막 항전지 및 퇴로로 그려지고 있는 까닭이다. 특히 남도성에서의 배중손을 의미심장하게 그려내고 있음을 볼 수 있다. 이외에 왕무덤재와 여기급창둠병이 등장하는데, 여기급창둠병은 삼별초와 관련이 없는 진도의 여인들까지 몸을 던져 죽었다고 그림으로써 진도사람들의 항몽 이미지를 부각시키려고 애쓴 흔적이 엿보인다. 이것은 허구적 인물들이 창조되거나, 실존인물들이 미화되는 것과 비교하여 '장소'가 새롭게 창조 혹은 미화되는 관계를 살펴볼 수 있게 해준다.

그러나 이 스토리에 비해 더 중요한 점은 중요무형문화재를 중심으로 한 민속연희들이 대거 포함된 예능민속으로서의 공연 구성이라고 할 수 있다.

본 민요창극의 주된 컨셉은 배중손이라는 역사인물과 진도민속연희라는 두 가지 지향점을 가지고 있었기 때문이다. 후자의 컨셉을 크게 세 가지로 구분해서 살펴보면 다음과 같다.

첫 번째는 민요창극이라는 공연양식을 실험 혹은 도입했다는 점이다. 여기서의 민요창극은 '민요+창극+연극'의 개념으로 이해할 수 있다.[87] 이는 창극이 가지고 있는 절충주의를 재도입한 사례로 거론될 수 있으며 경우에 따라서는 '창극'의 또 다른 형태로도 거론 가능하다. 이것은 창극 자체가 절충주의를 바탕으로 생성되어 온 양식이라는 주장에[88] 근거한 논리인데, 1986년 국립창극단의 '용마골 장사'등에서 이런 점들이 극명하게 나타난 바 있다. 강원지역의 민요, 무가, 농요뿐만이 아니라, 궁중음악, 가곡 창법, 탈춤의 움직임 등이 대거 도입되었던 것이다.[89] 그럼에도 불구하고 창극이 판소리창을 적극적으로 계승하고 있는 양식이라는 점에서,[90] 이 민요창극을 '창극'이라고 단순 규정하기는 곤란하다. 따라서 진도민속연희를 대거 도입한 '민속 음악극'의 한 양식이라는 점에서 '민요창극'으로 이름 할 수 있으며, 지역민속연희들을 아우른 종합극 형태로 시도했다는 점에서 '종합연희극적'인 의의가 있다고 할 수 있다.

87) 민요창극이라는 공연 양식이 따로 존재한다고 볼 수는 없다. 왜냐하면 창극의 아류 양식으로 거론 가능하기 때문이다. 이 극의 기획당시에 필자가 붙인 이름이므로 학계의 검증과정을 거친 용어는 아니라고 할 수 있다. 곧, <창극>과 <민요극>의 중간 개념 정도로 이해될 수 있는데, <창극>은 절충주의에도 불구하고 판소리를 중심으로 하는 극의 형태를 말하고, <민요극>은 전래 민요와 창작곡들을 중심으로 연행되는 마당극 성격이 강하다.

88) 앤드류 킬릭, 임혜정 역, 「국악과 국극: 창극의 음악적 절충주의」, 『동양음악』 23집(서울대학교 동양음악 연구소, 2001), 191쪽.
창극은 주변적인 위치에도 불구하고 어느 면에서는 비정상적으로 한국을 잘 표현하고 있다. 창극이 논란을 일으키며 지역이나 계층적 기원의 구분을 중시하지 않고 국악의 전 영역을 접목시킨 첫 장르가 되었는데 이는 극적 내용을 위해 사용코자 국악 레퍼토리의 어떤 것이라도 사용될 수 있는 지점까지 판소리의 음악적 절충주의가 확장한 것이다.

89) 백현미, 「국립창극단 공연을 통해 본 창극공연대본의 양상」, 『한국극예술연구』 제3집(한국극예술학회, 1993), 188~189쪽.

90) 백현미, 「한국 창극의 역사와 민족극적 특성」, 『공연문화연구』 제3집(한국공연문화학회, 2001), 201쪽.

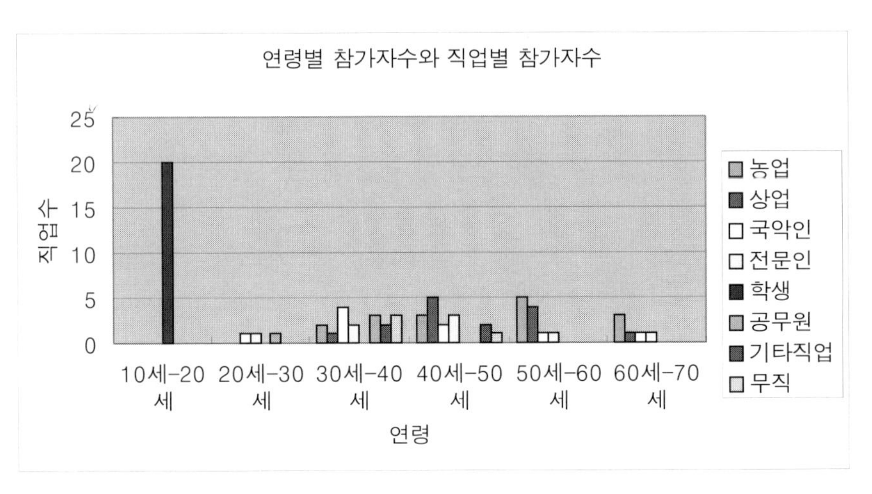

〈그림 2〉 민요창극에 참여한 진도 현지민들의 연령과 직업 분포도

두 번째는 역사적 사실의 진위여부를 떠나서 실제 민요창극을 만드는 일에 진도의 현지민들이 주체적으로 참여했다는 점에 있다. 이것은 민요창극에서 활용된 민속연희와도 불가분의 관련성을 가지고 있다. 민속연행의 실제 담당자들이 민요창극에 배우로 출연한 셈이 되었기 때문이다. 극에 투입된 사람들만 83명으로 파악되므로 실제는 100여 명이 훨씬 넘는 현지인들이 이 극에 투입되었다고 볼 수 있다. 특히 학생들의 자발적 참여는 이 민요창극을 한층 더 의미 있게 만드는 요건 중의 하나가 되었다고 본다.

세 번째로는, 진도민속연희물이 민요창극에 대거 활용되었다는 점을 들 수 있다. 직접 활용된 진도민속연희들은 대개 남도들노래를 비롯한 남도민요, 시나위 구음과 살풀이, 진도북춤, 진도씻김굿, 진도 만가 등이고 대사와 안무를 포함하면 거의 극 전체에 진도민속연희가 녹아들어 있다고 볼 수도 있다. 남도들노래는 극이 시작되면서 울려 퍼지는데, 일부 가사가 개사되었을 뿐 들노래 원형이 그대로 활용되었다. 시나위 구음은 노랫말 자체가 없기 때문에 변형을 거치지 않고 그대로 사용된 경우이고 죽은 동백의 춤으로 안무된 살풀이나 마을사람들의 영혼으로 분장된 북춤의 군무 또한 진도북놀이 원형에서 크게 벗어나지 않았다. 씻김굿이나 만가의 경우도 망자를 배중손과 동백으로 설정한 이외에는 전자의 민속연희들과 크게 다르지 않다. 결국 시나리오 곧 스토리보드가 배중손의 항거에 초점을 두고 있다면 음악적 구성 곧, 뮤직보드는 진도민속연희들이 고스란히 극의 흐름을 구성한 셈이 된다.

5) 민속문화의 콘텐츠화와 포지셔닝의 함수

이상의 사실을 통해 민요창극 <진도에 또 하나 고려있었네>는 삼별초의 배중손이라는 인물을 구국의 영웅으로, 또 진도민속연희를 민요극이라는 극적 양식으로 포지셔닝코자 하는 두개의 전략이 숨어 있음을 살펴볼 수 있었다.[91] 전자는 기록되거나 이야기되어 온 역사인물 그리고 역사적 사건을 드러내고자 한 것이다. 후자는 진도에 전통적으로 전승되어 오는 민속연희들을 종합극으로 꾸민 낸 것이다. 특히 전자가 역사적 기록을 통해 전승되어 왔다면 후자의 경우에는 민담 혹은 민속연희물이나 마을의례 등의 제의장치로 스토리텔링되거나[92] 연행되어 왔다고 할 수 있다. 이 둘이 단적으로 나뉘는 것은 아니지만 굳이 대별하자면 전자는 향토사라고 할 수 있고, 후자는 예능민속이라고 할 수 있다. 곧, 이 민요창극은 삼별초와 배중손의 역사를 다룸과 동시에 민요창극이라는 민속극의 양식을 따른 것이므로 '역사・민속연희물'이라고 부를 수도 있다.

91) 여기서 전략이라 함은 '그렇게 의도하거나 시도하는' 사람들의 적극적 개입이 전제되어 있다는 점을 근거로 사용되는 용어라고 할 수 있다.
92) 이윤선, 「진도아리랑의 기원 스토리텔링과 문화마케팅」, 앞의 책(2005).
필자는 스토리텔링의 개념을 '열린 이야기의 구조'라는 맥락에서 접근한 바 있다.

그렇다면 민요창극의 형식이든 개별적인 민속연희의 형식이든 진도 당국 혹은 진도사람들이 자신들의 향토사를 문화적으로 포지셔닝하고자 하는 이면에는 어떤 함수가 있는 것일까? 여기에는 앞서 말한 두 가지의 분석틀 즉, 역사인물의 형상화와 민속문화의 형상화에 대한 관계성은, 사실 진도지역문화를 총체적으로 이해하는 데서 분석되는 것이 합당하다고 생각한다. 한 지역의 역사와 전통을 기반으로 하는 지역문화는 특정의 역사적 조건에서 그 지방이 처한 내적, 외적 영향력에 대한 저항과 적응이라는 끊임없는 변동과정이며 따라서 그 지역의 역사적 경험은 대단히 역동적으로 분석되고 또 적용되어야 하는 까닭이다.[93] 이것은 한편으로 배중손과 삼별초의 진정성을 총체적으로 따져 묻기 위해서는 역사적 사실로서만이 아니라 진도가 가진 민속문화적 배경 속에서 읽혀지고 해석되어야 함을 암시하는 말이기도 하다. 적어도 진도지역이 역사적 고장이라는 점을 앞세우기 보다는 민속문화의 본향임을[94] 앞세우는 경향이 많은 까닭이다. 다시 말하면 진도에서의 역사인물이나 사건은 여러 가지 민속 문화 특히 예능민속 속에 적절하게 수용되거나 갈무리되어 있을 가능성이 높기 때문이다.

앞서 살펴본 바와 같이 민요창극 내에서 삼별초 및 배중손은 영웅화되어 있다. 진도사람들의 대표격으로 분장한 동백, 시바, 권단이, 그리고 마을 사람들은 배중손의 뜻과 의지에 감복하거나 움직이는 피동적 주체로 그려진다. 부분적인 갈등이나 고민이 드러나기는 하지만 그것 또한 역사적 의지나 사건

93) 추명희,「역사적 인물을 이용한 지역의 상징성과 정체성 형성 전략-영암 구림리의 도기문화마을 만들기를 사례로-」,『한국지역지리학회지』 제8권 제3호(한국역사지리학회, 2002), 327쪽. Marcus G. E. & M. J. Fisher, *Anthropology as Cultural Critique*, Chicago & London: The University of Chicago Press, 1986, 재인용.

94) 물론 이견이 있을 수 있지만, 2005년 현재 인구 3만의 작은 군에서 중요무형문화재 4종(강강술래, 씻김굿, 남도들노래, 다시래기)을 비롯해 무형문화재 4종(진도만가, 진도북놀이, 진도홍주, 진도잡가)등의 무형문화재 그룹들을 포함하여 약 20여개의 민속단체가 활발하게 활동하고 있다는 점을 근거로 제시할 수 있다.

을 중심으로 갈등하는 것이 아니라, 연정의 삼각관계에 묻혀버린다. 결국 진도라는 지역과 진도사람들은 배중손과 삼별초에 의해 선택된 피동적 존재로 그려지는 것이다. 바꾸어 말하면 배중손은 극 속에서 주인공으로 우뚝 서 있고 또 장엄한 죽음을 당하게 되지만 결국 진도민중들의 민속문화적 투사가 이루어지지 않은 까닭에 논픽션적 민요창극 속에서의 영웅화의 진정성도 약하다고 할 수밖에 없다. 이러한 영웅을 만드는 것 또한 설화나 의례 등을 통해서 진도사람들 스스로 구축해 왔어야 하는 까닭이다. 이것은 굴포리 등의 '장소'가 지역민들에게 강하게 거부되는 예를 통해서도 증거 된다. 민요창극의 스토리 속에서 진도사람들의 투사가 이루어졌다면 필경 극의 형태는 투사시킨 유형에 따라 달라졌을 것으로 보인다.

그러나 이 극을 위해 투입된 진도 현지민들의 의지를 보면 민요창극 만들기 전략은 일단의 성공을 거둔 것으로 보인다. 이 극을 만들기 위해 100여 명이 넘는 사람들이 투입되었을뿐만 아니라, 기획에서 연출, 공연에 이르기까지 관내의 수많은 사람들이 격려하고 응원한 까닭이다. 특히 일정한 수당이 있는 것도 아닌데도 자발적 혹은 반자발적으로 참여한 사람들의 의지는 마치 주체적 참여를 통해 이루어지는 축제적 양상을 보여준다. 바꾸어 말해 참여한 진도사람들에게 이것이 한편의 축제였다고 말할 수 있다. 왜냐하면 거의 대부분의 참여자들이 진도민속연희의 실제 연행자들이었기 때문이다. 앞의 표에서 농업, 상업, 기타 직업, 무직, 심지어 공무원까지도 진도민속연희의 연행자 속에 포함된다. 국가지정 중요무형문화재 및 도지정 무형문화재, 나아가 민속연희 단체의 기능보유자, 후보자, 전수생들로 구성되어 있는 까닭이다.[95] 따라서 스스로 활동하고 있는 민속연희가 본 민요창극에서 활용되었고, 그 주요한 담당자적 측면에서 참여한 의미가 더 강하다고 볼 수 있는 것이다. 물론 이것은

95) 주지하듯이, 진도에는 4개의 국가지정 무형문화재와 4개의 도지정 무형문화재가 있고, 예능보유자만 20여 명에 이른다.

민속연희를 중심으로 한 공연 구성의 문제와 직결되어 있다.

공연의 구성과 관련해서는 노래극으로서의 민요창극의 실험성, 진도민속의 전적인 활용을 보여준 지역문화 활용성, 그리고 현지민들의 적극적 참여가 가지는 문화적 재해석 등으로 나누어 거론해볼 수 있겠다. 민요창극의 실험성은 창극의 아류 양식으로 설정하여도 무리가 아니라는 점을 앞서 살펴본 바 있다. 다시 말해 민요창극이라고 했을 때, '민요+창극(판소리)'이나 '민요+극'의 형태가 아니라 북춤과 씻김굿, 만가 등이 대거 투입되는 종합적 양식을 띠고 있다는 점에 주목할 필요가 있다는 것이다. 국악 내의 어떤 것이든 창극음악을 위한 정당한 수단이 된다는 허규의 원리에 입각한[96] 논리이다. 심지어 어느 면에서는 한국에서 처음으로 진정한 국악 장르로 만들어진 것이 창극이라는 주장도 제기된다. 창극 자체의 절충주의가 이미 오래전 판소리에서 유래된 절충주의의 전통을 유지하고 있다는 점을 전제한 발언이다. 다시 말하면 창극은 지역이나 계층적 기원에 대한 구분 없이 국악 형식의 전 영역에 걸친 첫 단일 장르라는 것이다.[97] 이 논리에 따르면 장르에 상관없이 춤과 민요와 노래, 그리고 의식 절차와 음악 등을 종합한 민요창극 <진도에 또 하나 고려있었네>의 실험은 진도민속연희의 전 영역에 걸친 첫 단일 장르라고 말할 수 있겠다.

구성의 흐름은 남도들노래에서 남도민요와 구음, 살풀이 및 진도북춤, 씻김굿, 만가로 이어졌다. 그런데 자세히 살펴보면 일정한 통과 의례적[98] 스타일을 가지고 있다는 점을 알 수 있다. 사람의 일생과 관련된 스토리라인을 따라서 구성되어 있기 때문이다. 즉, 사람이 태어나(홍그레타령, 곧 구음) 생업에 종

96) 백현미, 「국립창극단 공연을 통해 본 창극공연대본의 양상」, 앞의 책(1993), 188~189쪽. 1980년대 허규가 국립창극단을 지휘하였는데, 이때 여러 가지 양식들이 도입되었다.

97) 앤드류 킬릭, 임혜정 역, 「국악과 국극: 창극의 음악적 절충주의」, 앞의 책(2001), 188쪽.

98) 통과의례(rites of passage)는 사회인류학 용어로 사람의 일생에 가장 중요한 출생, 성년, 결혼, 장례를 말한다. 일생의례, 관혼상제 등과 유사한 개념으로 사용된다.

사하다가(들노래) 희로애락을 느끼고(북춤, 구음, 살풀이) 죽어서(만가) 극락에 이르는 (씻김굿) 절차로 구성되어 있다. 이는 민요창극이 의도하는 전략이 삼별초와 배중손에 있었음에도 불구하고 사실은 진도민속의 종합적 양식을 드러내는 한 편의 역할을 수행한 결과를 보여주게 되었다고 말할 수 있다. 바꾸어 말하면 배중손이 아닌 다른 역사 인물이나 역사적 사건을 이 공연 틀에 대입해도 유사한 공연 결과를 가져올 수 있다는 것이다. 즉, 본 민요창극에서 도입되었던 통과의례적 진도민속연희의 구성은 어떤 인물이든 일생의 이야기를 담아낼 수 있는 전개 양식임을 알 수 있는 것이다.[99] 따라서 민요창극의 실험이 배중손이라는 역사인물의 포지셔닝에 대한 전략이었음에도 불구하고 그 이면에는 오히려 진도민속연희를 통과제의적 공연틀로 구성하는 전략으로 구현되었다고 말할 수 있다.

따라서 이상의 내용을 두 가지의 관점으로 다시 정리해 볼 수 있을 것 같다. 하나는 배중손과 삼별초를 영웅화시키기 위한 전략으로 민요창극이라는 종합연희물이 만들어졌고, 그 소재로 진도민속연희물이 사용되었다는 현상적인 관점이다. 다른 하나는 진도민속연희의 종합적 양식인 민요창극을 드러내기 위해 배중손과 삼별초가 소재로 사용되었다는 해석적인 관점이다. 이것은 개별적인 진도민속연희들이 구현할 수 있는 장르는 분명히 있지만, 역사인물의 일대기를 담아내거나 역사적 사건을 극화하기에는 충분하지 않다는 점이 전제된 해석이다.

그러나 두 가지 관점 모두 개별적 포지셔닝으로는 지역사회가 의도하는 전략을 구현하기에 한계를 지니고 있다고 말할 수 있다. 특히 현장의 민속문화적 배경이 없는 스토리만으로 한 지역의 '장소'를 포지셔닝한다는 것의 한계가 크다고 할 수 있다. 그것이 역사적 혹은 향토사적 진정성을 가지고 있을

99) 실제로 2003년 내가 연출했던 작품 중에, '아리아리랑 날 다려가오'의 경우도 사실은 아리랑을 소재로 했지만 진도민속연희의 일련의 통과의례적 전개양식을 활용했다고 말할 수 있다.

때라야만 가능하다는 점 때문이다. 이것은 굴포리 당제 사건을 통해서 드러나듯이, 역사적 사실에 위배되거나 지역주민들의 공감대를 형성하지 못하면 배척되거나 강하게 거부된 사건을 통해 확인한 바 있다. 나아가 선부른 극화 또한 진정성의 구현이라는 측면에서는 해석이 구구해질 소지가 커질 수밖에 없을 것으로 보인다.

따라서 '민요창극'이라고 하는 종합적 연희물 속에서 구현되었던 것은 결과적으로는 진도라는 '장소'와 진도의 문화라는 '민속연희'가 포지셔닝되었다고 말할 수 있다. 보다 중요한 것은 여기에 지역민들의 자발적인 참여의지가 포함되었다는 것이다. 바꾸어 말하면 배중손이라고 하는 역사인물이 현장의 민속문화 속에서는 크게 형상화된 것이 아니지만, 진도민속연희와 만나면서 시너지 효과를 거두었다고 볼 수 있고, 여기에 지역민들의 자발적 참여의지가 보태지면서 일정한 성과를 거두게 되었다고 말할 수 있다는 것이다. 이를 단순하게 도식하면 <그림 3>과 같이 나타낼 수 있다.

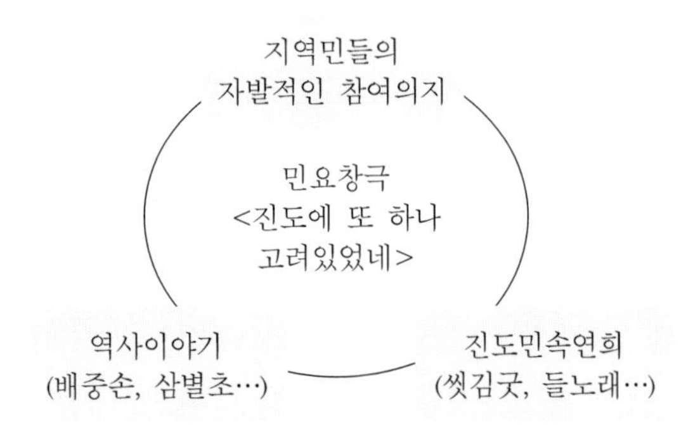

〈그림 3〉 민요창극의 상호 관련도

위 도식을 종합해보면 배중손과 삼별초의 역사는 진도민속연희와 습합되어 '역사이야기+민속연희'의 민요창극이라는 양식으로 재구성되어 개별적

단점들을 보완했다고 말할 수 있다. 여기서 배중손과 관련된 역사 이야기가 진정성을 가지기 위해서는 진도사람들이 의미를 부여하거나 적어도 공감하는 '장소'가 다시 고증되어야 할 것이고, 불문명한 삼별초 역사의 재정리 작업이 선행되어야 할 것으로 보인다.

6) 결론

본고는 진도와 관련된 삼별초의 역사를 비롯한 유적 등의 '장소'와, 민요창극 공연에서 드러난 형상화 과정을 중심으로 진도 지역사회가 포지셔닝하고자 하는 의도와 맥락을 분석해본 글이었다. 물론 시나리오를 기반으로 창작된 극이기 때문에 픽션에 불과하지만, 역사인물과 역사적 사건이라는 점에서 논픽션의 의미로 판단하였다. 따라서 역사적, 그리고 민속문화적 진정성을 따져 묻기 위해 삼별초의 역사와 '장소'로서의 삼별초 관련 지명들을 살펴보았다.

삼별초가 진도에서 부각된 것은 역사적 사실의 재조명이나 발현에 있다기보다는 관광을 목적으로 한 문화관광 자원으로서의 맥락이 더 강함을 살펴볼 수 있었다. 배중손과 삼별초의 영웅화 작업을 통해 진도라는 '장소'를 포지셔닝하는 것도 역사 바로 세우기 차원이라기보다는 관광 이익을 지역의 소득으로 이어지게 한다는 단순논리를 따르고 있다고 해석하였다.

본고에서는 두 가지 맥락의 분석을 하였다. 하나는 사실로서의 역사와 관련된 삼별초 이야기이고 다른 하나는 종합적으로 갈무리된 진도민속연희의 구성이었다. 전자의 경우, 사실로서의 역사보다는 픽션으로서의 과장된 이야기가 민요창극에서 다루어지고 있음을 보았다. 역사인물이나 사건을 역사적 '장소'와 관련하여 포지셔닝한다는 것은 민속문화적 배경을 무시하고는 역부족임도 살펴보았다. 후자의 경우 개별 민속연희들이 민요창극이라는 종합적

연희물로 재구성됨을 살펴보았다. 특히 민속연희는 통과의례적 구성을 지니고 있어서 삼별초가 아닌 다른 역사이야기들도 담아낼 수 있는 공연틀임을 확인할 수 있었다. 어쨌든 양자는 진도사람들의 적극적인 참여의지에 의해 소기의 목적을 달성하고 있다고 판단하였는데, 역사 이야기가 진도민속연희의 통과의례적 종합극인 <진도에 또 하나 고려있었네>에 담기면서 시너지 효과를 발휘하게 되었다고 보았다. 결국은 표면적으로 역사인물의 포지셔닝을 목적하였지만 이면적으로는 진도의 민속연희들을 포지셔닝하는 효과를 거두게 된 것으로 판단하였다.

—『공연문화연구』 제12집, 공연문화학회, 2006.

3. 민속공연과 노스탤지어 연출론

1) 서론

문화콘텐츠라는 말이 일상적인 시대가 되었다. 이것은 문화를 소스, 혹은 매개로 하는 콘텐츠가 그만큼 중요한 의미를 가지는 시대가 되었다는 뜻이다. 2006년 초에 영화 <왕의 남자>가 관객 1,200만을 넘는 큰 기록을 세워 한국영화사를 다시 쓴 것도 이러한 시대적 추이를 드러내준다. 이것은 물론 다양한 미디어적 전략과 시대적 트렌드가 총체적으로 습합된 결과라고 할 수 있겠지만, 익히 알려져 있는 경복궁 3D 외에도 '사당패'라고 하는 원천소스 즉, 문화원형이 전제된 성과임을 간과해서는 안 된다고 본다. 전통을 무기삼아 전국을 유랑했던 예능인들의 이야기가 중요한 소재가 되었기 때문이다. 이처럼 전통문화를 소재로 하여 성과를 올리는 콘텐츠들은 의외로 많다. 한국문화콘텐츠진흥원에서 주관하는 '문화원형'사업의 성과들이 그러한 소스로 제공되는 예들을 통해서도 이를 엿볼 수 있다.[100)]

흔히 문화콘텐츠는 디지털 기반의 미디어가 전제되어 논의되는 것이 보편적이다. 온에어On Air콘텐츠나[101)] 온라인On line콘텐츠가[102)] 주된 플랫폼의 기반이 되는 까닭이다. 그러나 오프라인Off line 콘텐츠의 영역으로 논의를 확대해보면, 테마파크, 이벤트, 축제, 공연 등 굳이 디지털을 기반으로 하지 않고도 존재하는 장르들이 많음을 보게 된다. 문화콘텐츠라는 용어의 탄생 자체가 재화의 창출을 목적으로 하는 자원의 의미에서 출발했다는 점을 전제한다

100) 한국문화콘텐츠 진흥원 사이트 참조 http://www.kocca.or.kr/index.jsp

101) On Air 콘텐츠는 흔히 방송, 영화, 애니메이션, 캐릭터, 음악 등 전파를 타고 유통되는 콘텐츠의 범주를 지칭한다.

102) On line 콘텐츠는 게임, 모바일, 에듀테인먼트 등 주로 컴퓨터 시스템을 통해 유통되는 콘텐츠의 범주를 지칭한다.

면, 문화콘텐츠의 영역을 굳이 디지털기반에 제한시킬 필요가 없음을 보여주는 사례들이다. 바꾸어 말하면, 본고에서 다루고자 하는 공연 또한 전통문화를 소재로 하는 문화콘텐츠 중의 하나라는 사실이다.

이러한 경향은 이미 관광산업을 굴뚝 없는 공장으로 비유했던 근래의 경향과 크게 다르지 않아 보인다. 지역문화와 자연자원 등이 소스, 혹은 매개가 되는 문화 사업을 거의 모든 지자체에서 경쟁하듯이 추진해오고 있기 때문이다. 이 또한 관광소득 창출이라는 재화가치에 초점을 두었다는 점에서 문화콘텐츠적 시각에서 접근 가능한 사례들이다. 결국 영역과 장르를 초월하여, 문화자원을 통해 재화를 창출하고자 하는 이러한 일련의 흐름들은, 단기적 유행이 아닌 시대적 트렌드라고 볼 수 있겠다.

진도군에서 추진하고 있는 민속전통의 문화자원화 사례도 이런 범주 속에서 논의될 수 있다. 특히 <진도토요민속여행>이라는 전통연희의 상설 공연화는 군단위로는 보기 드문 사례라는 점에서 주목해볼만 하다. <진도토요민속여행>은 진도군의 각종 민속음악 혹은 민속연희들을 한군데 모으고 재편성해서,[103] 주로 관광객들을 상대로 공연하는 상설공연프로그램이다. 연중 매주 토요일에 공연하고 있으며, 연간 약 13,000명 이상의 관광객들을 모으는 성과를 창출해 내기도 한다.[104] 이는 전통문화자원을 관광자원화 시키는 것은 물론 이를 통해 잠재적 진도산물의 소비자로 유도하는 성과로도 이어진다. 다시 말해 진도 민속문화의 전통성 혹은 의미를 널리 알리는 것에 그치지 않고 진도산 농수산품을 포함한 문화상품의 가치를 고양시키는 즉, 진도문화라는 브랜드를 포지셔닝하고 있다는 것이다.[105] 결국 <진도토요민속여행>

103) 본고에서는 <민속음악>과 <민속연희(演戱, play)>를 <민속공연>이라는 의미에서 혼용하게 될 것이다. <토요공연>에서 공연되는 종목들이라는 의미에서다.

104) 겨울철인 12월에서 3월까지는 난방비 때문에 공연하지 않는 것으로 되어 있다. 이 기간에는 대체로 부정기적인 특집공연이 이루어진다.

105) 포지셔닝이란 용어는 Al Ries, Jack Trout(1972)가, '포지셔닝은 상품에 대한 총체적인 개념으로

은 관광객을 겨냥한 목적형 공연일 뿐만 아니라, 잠재적 관광소득을 겨냥하고 있다는 점, 특히 진도의 민속연희들을 활용하고 있다는 점에서 문화콘텐츠적 관점으로 분석 가능하다고 할 수 있겠다.

전통연희의 재창조, 특히 문화콘텐츠학에 대한 공부를 하고 있는 필자로서는 이러한 콘텐츠적 측면을 염두에 두고, 진도민속연희에 주목하고자 하였다.[106] 그래서 본고는 <진도토요민속여행>에 올리는 진도의 민속연희 혹은 민속음악들이 어떤 성격을 가지고 있으며, 관광객들을 유인하고 있는 요소들은 무엇일 것인지 생각해 볼 필요가 있다는 점에서 마련되었다. 바꾸어 말하면 <진도토요민속여행>을 통해 사람들에게 인지되는 진도민속연희의 성격이 무엇이고, 또 그것을 의도하거나 유도하는 맥락은 무엇인지에 대해서 살펴보는 것이 본고의 목적이 된다고 할 수 있다.

<진도토요민속여행>을 분석하는 방법은 시각에 따라 다양할 수 있다. 그러나 본고에서는 두 가지 관점에서 접근해 보고자 한다. 하나는 공연에 올리는 진도의 민속연희들이 가지고 있는 성격을 분석하는 일이다. 주로 구비성과 연희성, 나아가 음악성 등에 초점이 주어질 것이다. 다른 하나는 공연 형태와 구성에 대한 분석이다. 공연 형태나 구성을 통해 사람들에게 전달되는 의미체계 속에서 중요한 요소들을 읽어낼 수 있을 것으로 생각한다. 이 두 가지 맥락을 점검하면 토요민속공연에 대한 성격이 어느 정도 드러날 것으로 보기 때문이다.

서 경쟁자에 비교되는 상품의 가격, 형태, 규모 등을 의미하며, 상품의 이미지, 소비자 지각 등에 관한 의미를 확대하여 경쟁자에 대하여 상품이 가지는 주관적 속성'이라고 정의한데에서 시작되었다.

106) 필자는 2002년부터 2006년까지 진도군립민속예술단의 초대 연출단장으로 재임해 왔고, <토요민속여행> 공연과 연출을 총괄해 왔다.

2) '진도군립민속예술단'과 〈토요민속여행〉의 전개

진도는 널리 알려져 있듯이, 국가지정 중요문형문화재 4종과 도지정무형무문화재 3종을 비롯해[107] 다양한 무형의 민속문화자원이 보존 전승되고 있는 지역이다. 민속문화와 관련해서는 다른 지역에 비해 비교우위를 가질 수 있는 문화자원이라고 할 수 있다. 진도군은 이러한 무형문화자원을 활용해 관광산업에 활력을 넣고자 하는 노력을 오랫동안 지속시켜왔다. 그 중에서 가장 두드러지는 성과라면 단연 <진도토요민속여행>을 꼽을 수 있을 것이다.[108] 공연 횟수뿐만이 아니라, 관람객의 수, 그리고 공연 참여의 구성 및 현지주민들로 이루어진 네트워크까지, 주목받을 수 있는 장점을 고루 갖추었다고 보기 때문이다.

<토요공연>은 진도군의 지원을 받아 '진도군립민속예술단'에서 주관한다.[109] 따라서 <토요공연>을 살펴보기 위해서는 '예술단'의 역사와 진도민속음악 혹은 연희에 대해 간략하게 언급하는 것이 필요하다고 생각한다. <토요공연>이든 '예술단'이든 사실 진도의 민속문화적 기반 속에서 태동되었다고 볼 수 있기 때문이다. 이러한 기반이 없었다면 '예술단'의 조직이나 <토요공연>이라는 민속공연이 불가능했을 것으로 본다.

<토요공연>이 시작된 것은 1997년이다. 그러나 그 이전부터 지속적으로 준비되어 온 것이나 다름없다. 역사적 연원을 따져 묻자면 훨씬 이전으로 거슬러 올라갈 수도 있다. 음악적 측면에 한정해서 본다면, 1759년(영조 35) 『여지도서』에 장악원 악공 1명, 악공보 10명, 악생 2명이 진도의 관속으로 있었다는 기록을 참고해 볼 수 있다. 1871년(고종 8) 『진도부읍지』에는 취수吹手 12명,

107) 국가지정 중요문형문화재로는 강강술래, 남도들노래, 진도씻김굿, 진도다시래기 등이 있고, 도지정 무형문화재로는 진도북놀이, 진도만가, 남도잡가 등이 있다.

108) <진도토요민속여행>을 <토요공연>으로 약칭하겠다.

109) '진도군립민속예술단'을 '예술단'으로 약칭하겠다.

기녀 4명이 관속으로 있었다는 기록도 보인다. 물론 이것이 현재의 '예술단'이나 <토요공연>과 직접적인 관련이 있는 것은 아니다. 다만, 삼현육각으로 대표되는 음악그룹이 적어도 16세기 이전부터 진도 내에 존재하고 있었음을 알려주는 대목이라고 할 수 있다.

일제강점기의 신청과 예기원도 눈여겨 볼 대목이다. 진도에서 흔히 거론되는 박종기,[110] 최상준, 박동준 등이 이곳 예기원 출신으로 알려지고 있다. 해방 후에 1957년에는 송일 정의현이[111] 진도 최초로 사설 국악원을 설립하고,[112] 군단위에서는 전국 최초로 국악협회 지회를 승인받기도 한다. 이외 사당패의 영향을 받은 대시래기패나[113] 협률단의 활약도 눈여겨 볼만하다. 1908년 진도읍 한명이韓明履가 꾸린 진도협률단은 제주도까지 공연을 나갔던 것으로 보고, 이후 박보아・박옥진이[114] 주도한 아성창극단의 성과는 국악계에도 널리 알려져 있는 편이다. 한편 일제강점기를 거치면서 진도의 명인들은 목포, 혹은 중앙으로 진출하게 되지만, 진도 내에서는 이병기나[115] 김득수,[116] 신치선[117] 등에 의해 창작 연극 혹은 창극이 정기적으로 행해지기도 한다.[118] 이 시기 극단으로는 8・15 이후 창단된 '공화창극단'이 재민동포 구

110) 박종기(朴鍾基, 1879~ 1939), 흔히 젓대의 명인, 대금산조의 시조 등으로 불린다.

111) 정의현은 일제 강점기에 배제학당에서 서양음악을 공부한 경험으로 진도국악원 설립 이후 국악교재를 만드는 등의 정리를 하였고, 진도 최초의 사설 국악원을 설립하여 운영하였다.

112) 이때 진도국악원의 강사로는 김활량(고흥출신), 최일원(전주 출신), 이병기(진도 판소리 선생으로 큰 활약을 함)이, 김득수(고법 예능보유자가 됨), 시조에에는 이정식, 무용에는 양태옥(진도북놀이 보유자가 됨) 등을 자비로 초빙하였고 가야금은 정의현이 맡아 후진양성을 하였다. 이곳을 통해 이임례(광주시 판소리 예능보유자), 손판기 명창, 한순자 명창, 안득윤 명창, 함양옥 명창, 강숙자 명창(한승호의 부인), 박옥진(중앙대 김성녀의 모친) 등이 배출되었다.

113) 진도대시래기 혹은 다시래기에 대해서는 이경엽의 글에서 자세하게 논의된 바 있다. 이경엽, 「진도다시래기 연희본의 비교연구」, 『공연문화연구』 제11집(한국공연문화학회, 2005. 8).

114) 김성녀의 모친이다.

115) 진도 판소리 선생으로 큰 업적을 남겼다. 광주시 판소리 예능보유자 이임례의 남편이자, 아쟁연주가 이태백의 부친이다.

116) 고법 예능보유자이다. 부친 김행원이 진도 양북의 명인 겸 시조격으로 거론되고 있다.

117) 명창 신영희의 부친이다.

제에 기여했다고 알려져 있으며, <돌아오라 반도야>라는 연극단이 창단되어 민요, 창극을 공연하기도 했다.[119]

이후 소강상태를 거쳐 1961년 진도문화원이 설립되면서 다시 국악 그룹화의 계기가 마련되는데, 1965년 제 4대 원상에 조남환曺淡煥이 취임하면서 민속음악 및 활동에 동력을 받게 된다.[120] 사실 '예술단'의 단초는 1983년 문화원에서 창단하여 1985년부터 활동한 '진도민속예술단'이라고 할 수 있다. 당시에는 중요무형문화재 보존회에 소속된 사람들을 중심으로 시연공연에 임하였다. 민속음악의 활용이라는 측면에서는 1967년부터 시작된 소치문화제와 1974년부터의 옥주문화제도[121] 간과할 수 없다.

그러던 중 1986년 2월 28일에 '진도군립 민속예술단 설치조례'가 설치되었다. 그러나 곧바로 조직구성으로 이어지지는 못했다. 이후 1992년 4월 6일에는 필자가 주도한 진도 사물놀이패가 조직되어 활동하였다.[122] 이듬해인 1993년 6월 3일 진도군립민속예술단이 조직되어 30여 명의 운영위원과 단원들을 모집하고, 10월 18일 정식적으로 '진도군립민속예술단'을 창단하였다. '예술단'의 첫 공연으로는 1994년 2월 2일 서울 리틀 엔젤스회관에서 행한 진도민속공연이었다. 국가지정 중요무형문화재 시연 중심의 공연이었는데, 호응이 매우 좋았다. 이후 약간의 소강기를 거쳐 1997년 3월 26일 진도향토문화회관이 준공되면서 동년 4월 5일부터 <토요공연>이 첫 막을 올리게 되었다.[123]

---

118) 졸저, 『구술진도민속음악사 1』(이소북, 2004), 전반적인 내용 참고.

119) 허옥인, 『진도속요와 보존』(진도민요보존회, 1986), 전반적인 내용 참고.

120) 졸고, 「진도민속음악의 회고와 새시대 전망」, 『예향진도』 제34호(진도문화원, 1999), 38쪽~59쪽 참고.

121) 소치문화제를 명칭 변경하였으므로 동일한 행사라고 할 수 있다.

122) (회장 이원태, 총무 박동천) 당시 필자는 진도씻김굿 가락을 활용한 사물놀이 가락을 만들어 동호인들을 학습시켜 공연화하였는데, 동호회를 조직화할 필요를 느껴 사물놀이팀을 만들게 되었다. 사물놀이 연구보존회로 시작한 이 그룹은 이후 진도가락보존회, 진도민속예술보존회(민예연)로 명칭을 바꾸면서 활발한 활동을 이어가게 된다.

123) 진도민속음악사와 관련된 자세한 사항은 대개 다음 글들을 참고하면 도움이 된다.

이러한 일련의 과정을 살펴보면, 역사적으로 특별한 관련은 없어 보이지만 '예술단'은 16세기 악공의 전통, 혹은 그 이전의 전통으로 이어질 수 있지 않을까 생각된다. 맥락으로 본다면 그러한 전통들이 이후 여러 단계와 변화를 거치고, 성숙되면서 현재의 '예술단'으로 정착되는데 뿌리 역할을 했을 것이라는 뜻이다. 이러한 전통과 역사 속에서 출범한 '예술단'은 2005년까지 9년 연속 매주 주말 상설공연을 해오고 있다. 필자는 이 공연의 형태를 대략 3기로 구분하고자 한다.124) 기수 구분의 전제는 공연형태의 변화와 차이에 근거한 것이다.

물론 1기 이전의 시기에도 산발적인 공연활동이 없었던 것은 아니지만 공식적인 '예술단'의 조례 개정 이전이므로 기수에서 제외한다. 예를 들어, 1951년 이후부터의 강강술래 경연대회라든가,125) 1965년 2월 15일에 강강술래가 중요무형문화재로 지정된 이후부터 산발적으로 이루어진 시연 중심의 공연 등이 이에 해당한다.126) 묶음공연을 예로 보면, 1969년 진도문화원에서 주관한 소치문화제로부터 1974년 이후의 옥주문화제로 이어지는 일련의 행사를 예로 들 수 있다.127) 1977년 4월부터 시작된 진도문화원 주관의 영등축

허옥인, 앞의 책(1986).
박병훈, 『鄕田 朴秉訓 鄕土史資料 論 · 文集』(진도문화원, 2005).
허옥인 · 의신면 노인회, 『의신면향토지』(도서출판 사람들, 2005).
『예향진도』 全篇(진도문화원, 1984~2003). 2004년부터 『진도문화』로 제호가 바뀌었음.
졸고, 「진도민속음악의 회고와 새시대 전망」, 앞의 책(1999), 38~59쪽.
졸저, 앞의 책(2004).

124) 졸고, 「토요민속여행 스토리텔링 전략과 '진도문화 브랜드 포지셔닝'」, 『도서 · 해양문화 활성화 방안 학술대회 발표문』(목포대도서문화연구소, 2005). 이 발표에서는 4기로 구분하였는데, 본고에서는 이를 수정하여 3기로 설정하고자 한다.

125) 1951년 양승언(梁承彦) 군수 때 서울 수복 기념으로 각 면 대항 강강술래 경연대회가 진도중학교(현 진도군청) 교정에서 열렸다.

126) 마을에서 이루어지던 강강술래, 매굿 등의 민속연희들은 공연이라기보다는 세시의례나 절기 행사로 볼 수 있으므로 논외로 한다.

127) 맥락으로 보면 이 행사가 훗날 진도군민의 날로 이어지고 2004년 이후의 아리랑축제로 이어진다고 할 수 있다.

제도 빼놓을 수 없는 묶음공연 형태의 사례에 속한다. 시연형태의 공연은 강강술래 이후로 1971년의 진도들노래의 발굴부터[128] 시작된 개별 보존회의 활동들이 주류를 이룬다. 각 보존회들은 진도아리랑 보존회와 조도닻배노래 보존회, 소포농악 등을 제외하면 거의 이 시기에 중요무형문화재나 무형문화재로 지정받게 된다.[129]

따라서 1기는 이러한 전통 속에 개정된 1986년의 '군립예술단 설치조례'기부터 1997년 <토요공연>이 막을 올리기 전까지라고 할 수 있다. 조례는 개정했지만 '예술단'이 움직이는 특별한 공연활동이 없었던 시기라고 할 수 있다. 이 시기는 주로 민속놀이 보존회들이 독자적으로 공연활동을 한 시기에 속한다. 구성원들도 개별적이고 산발적인 시연 중심의 공연에 임했던 시기이다. 개별적인 공연이라고 하면, 주로 씻김굿 보존회의 진도씻김굿 시연활동, 남도들노래 보존회의 남도들노래 시연 활동, 강강술래 보존회의 강강술래 시연 활동 등을 들 수 있다. 1994년의 리틀엔젤스 공연에서 중요무형문화재 중심의 묶음 공연을 선보였던 것도 사실은 이전 시대의 묶음 공연 전통에 힘입은 바 크다고 말할 수 있다.

2기는 1997년 4월 5일부터 시작된 <토요공연>부터 2001년까지로 잡았다. 1997년에는 일부 조례개정을 통해 부단장제 신설[130] 및 17명의 비상임단원을 선임하고, 상설공연을 시작하게 되는 시기다.[131] 이 시기부터 공식적으로

128) 1973년 남도들노래가 국가지정 중요무형문화재 제51호로 지정되었다.

129) 조도닻배노래(라배도 닻배노래)가 1972년 남도문화제에서 우수상을 수상했다. 1975년 珍島輓歌(생이소리)가 남도문화제에서 우수상을 수상하고, 진도만가(珍島輓歌)라는 이름으로 1979년 제14회 전국민속경연대회에서 문공부장관상을 수상한 후, 1987년 8월 25일 같은 이름으로 전남도지정 무형문화재 제19호로 지정되었다. 1980년 진도 씻김굿이 국가지정 중요무형문화재 제72호로 지정되었다. 1985년 11월 17일 진도다시래기가 국가지정 무형문화재로 지정되었다. 1985년 7월 13일 진도아리랑보존회가 결성되었다. 1987년 8월 25일 진도 북놀이를 전남도지정 무형문화재 제18호로 지정하였다.

130) 단장은 부군수가 맡았다.

131) 시작기에는 부단장을 박칠만(당시 국악협회장)이 맡았고, 1999년 이후 조오환(당시 진도사물놀

무대공연이 이루어진다고 볼 수 있다. 앞 시기가 개별 공연이든 묶음공연이든 마당 중심의 연행 형태를 보여준 것에 비해, 이 시기부터는 소위 서양식 무대에서 민속연희를 선보이는 공연형태를 취하게 되었기 때문이다. 따라서 민속연행이 아닌, 공식적인 의미의 '공연'이 시작된 시기라고 할 수 있다. 그러나 특별한 공연기획이나 연출이 가미된 형태는 아니었다. 대체로 이 시기는 4종의 국가지정 중요무형문화재와 2종의 도지정 무형문화재를 순번으로 출연시키는 형태를 취했다. 특이한 것은 다른 연희 종목들이 순번에 의해 출연되었던 점에 비해, 당시까지 문화재로 지정되지 않았던 남도민요가 한 번도 빠지지 않고 무대에 올랐다는 점이다.

3기는 2002년부터 2005년까지로 잡았다. 2002년부터는 연출단장직이 신설되고 공연의 형태가 테마 중심으로 바뀌게 된다. 2기까지의 총괄 업무를 진도군 행정 당국에서 주도한 것에 비해 '예술단'으로 그 업무가 이관되었다는 점도 이 시기의 특징이라고 할 수 있다. 또한 지정 문화재 중심의 순환 공연에서 탈피해, 진도의 향토민요와 연희종목들을 포함시킨 기획주제 중심으로 공연을 꾸렸다는 특징이 있다. 단원 구성은 30여 명으로 늘어나지만, 오히려 진도 내의 향토 민요꾼들을 공연에 참여시키게 되는 내·외연의 확장이 일어난 시기이기도 하다. 공연된 테마들은 15개 정도로 나눠볼 수 있다. 그 중 대표적인 것은 <圓舞, 그 原型의 소리전>, <再生의 꿈, 다시래기전>, <내삶의 마지막 여행지 진도>, <진도, 그 오래된 미래>, <西方淨土로 가는 길>, <남도의 귄과 징한 신명전>, <왕생의 門 상생의 巫>, <옥주골의 북소리>, <진도쌀, 그 생태와 신명전>, <다도해 갱번의 꿈> 등을 들 수 있다. 한편으로는 3기 중에서도 상반기 2년과 하반기 2년으로 나눠볼 수 있는데, 상반기가 주로 테마 중심의 공연을 도입하고 실험하는 단계였다면, 하반기는 테마

이의 후신인 진도가락보존회장)이 맡았다. 17명의 단원으로 활동하였으며, 1999년의 경우 1회 출연 수당은 5만원이었다.

중심의 공연에서 스토리텔링과 노스탤지어 지향성을 가지고 공연을 구성한 시기라고 할 수 있다.

3) 〈토요민속여행〉 공연종목의 성격 분석

<토요공연>에 올리는 진도민속음악 혹은 연희들을 크게 나눠보면, 대개 <남도들노래> 등의 일노래, 향토민요와 남도민요로 대표되는 각종 민요, <강강술래> 등의 집단 놀이, <다시래기> 등의 연극성이 강한 놀이, <진도씻김굿> 등의 의례음악 등으로 구분할 수 있다. 의례음악을 제외하고는 이들 대부분이 사실 옛사람들에게 생활 속의 음악이자 놀이였던 경우가 많다. 이 종목들은 거슬러 올라갈수록 종합연희 형태와 성격을 지녔을 것으로 보인다. <토요공연>에서 소요되는 종목들을 보더라도, <진도씻김굿>에서 <살풀이>, <지전살풀이>, <고풀이> 등의 춤이 분화되어 공연되거나, 본래 구분 없이 다양하게 불려졌을 향토민요들이 개별 이름을 달고 공연으로 구성되는 예들이 나타난다. 이를 참고하면 아마도 의례와 놀이 및 음악이 총체적으로 습합된 종합연희 형태가, 후대로 올수록 장르적 분화를 이루었을 것이고, 연행 환경 등의 수많은 변화 과정을 거쳐 오늘날의 형태로 고정되었을 것으로 짐작해 볼 수 있다.

이 종목들을 큰 구성으로만 간단하게 살펴보겠다. 먼저 2기 공연에서 보이듯이, 약방의 감초처럼 빠지지 않고 구성되는 것이 <남도민요>다. 물론 여기에는 <흥그레타령>, <둥덩애타령>, <진도아리랑> 등의 향토민요와 육자배기 및 흥타령을 중심으로 하는 <남도잡가>가 포함되어 있다. 주로 2기의 공연은 신민요를 포함한 <남도잡가> 중심으로 편성되었지만, 3기에 이르러 향토민요가 공연 구성에 삽입되기 시작하였고, 테마에 따라서는 향토민요가 공연 전반의 주제가 되기도 한다. 일노래는 주로 <남도들노래>와 <조도

닻배노래>가 편성되었다. 둘 다 내륙과 바다를 배경으로 하고 있다는 점만 다를 뿐, 노동을 할 때 부르던 노래라는 점에서는 동일하다. 이외에 일반적으로 의신면 <대동두레놀이>로 알려진 <하중밭들노래>가 전승되고 있긴 하지만 공연 종목으로 편성된 적은 없다.

<강강술래>와 <북놀이>는 민속놀이 중에서 빠지지 않고 편성되는 종목에 해당한다. <강강술래>는 주로 보존회 회원들을 활용하고 <북놀이>는 단원들을 활용한다. 특히 <강강술래>는 문화재로 지정된 예능보유자들의 출신지에 따라 <둔전강강술래>와 <동외리강강술래>로 부르는 것이 보통이다.[132] 이외에 문화재로 지정되지 않았지만 그 역동성을 살려 공연에 올리는 강강술래가 <소포강강술래>와 <인지리강강술래>다. 이외에 <소포농악>이 간헐적으로 편성된다. 의례 음악은 주로 <진도씻김굿> 중심으로 편성된다. 주로 해당 테마와 관련 있는 거리를 뽑아내어 편성한다. 의례연희 중에서 빠질 수 없는 것이 <진도만가> 혹은 <진도상여소리>다. 물론 만가가 공연될 경우는 테마 <서방정토로 가는 길>처럼 공연 전체의 주제였을 경우가 많다. <다시래기>는 민속연희 중에서 유독 연극성을 띄고 있는 종목에 해당한다. 그러나 <다시래기> 공연 보다는 단편창극 공연이 주로 편성되었다. 이것은 연극적 의미 보다 강준섭이라는 인물에 의존하는 바가 크기 때문이다.[133] 문화재로 지정되지 않은 김양은본의 <대시래기>가 있긴 하지만,[134] <토요공연>의 공연무대에 올린 적은 없다. 이외에 판소리가 주로 편성된다. 판소리는 외부에서 명창을 초청해 오기도 하고, 단

132) 예능보유자 박용순을 중심으로 둔전강강술래팀으로 나누고, 예능보유자 박종숙, 김종심을 중심으로 동외리 강강술래 혹은 진도읍 강강술래로 나눈다.

133) 임회면 출신으로 다시래기 예능보유자이다. 무계출신으로 어렸을 때부터 연극생활을 한 진도의 대표적 민속극계 인물이며, 눈먼 봉사역할이 장기이다.

134) 이경엽, 「진도다시래기 연희본의 비교연구」, 『공연문화연구』 제11집(한국공연문화학회, 2005), 전반적인 내용 참고.

원 중심으로 편성하기도 했다. 이를 공동분모를 표시하기 위한 그림으로 나타내 보면 <그림 1>과 같다.

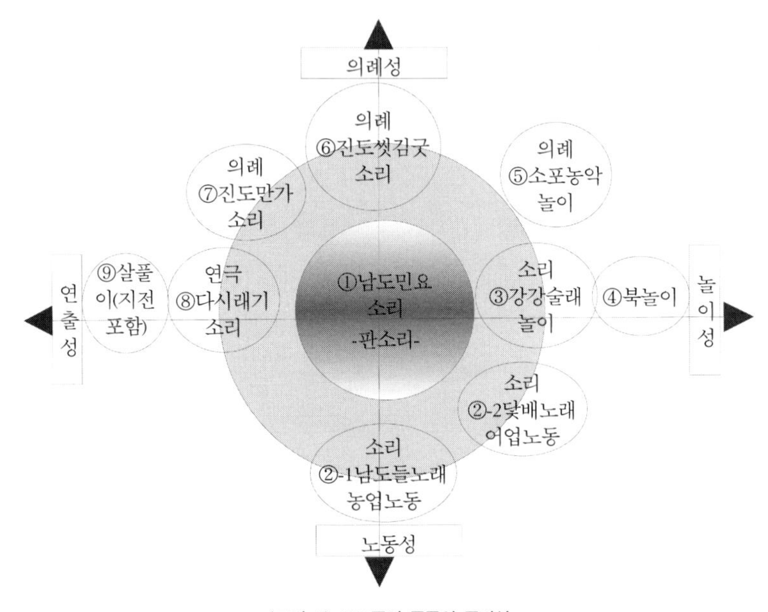

〈그림 1〉 토요공연 종목의 구비성

앞의 그림을 보면, 공통분모가 남도민요 혹은 소리라는 점이 한눈에 나타난다. 다시 말하면 <토요공연>에 올리는 대부분의 종목이 소리 곧, 노래를 기반으로 구성되어 있음을 나타내 준다고 하겠다. 위 그림을 근거로 소리 외의 성격을 종목별로 나누어 보면, ②-1<남도들노래>와 ②-2<닻배노래>에는 노동적 요소가, ③<강강술래>에는 놀이적 요소가, ⑥<진도씻김굿>과 ⑦<진도만가>에는 의례적 요소가, ⑧<다시래기>에는 연극적 요소들이 남게 된다. 공통요소인 소리 이외의 역할들이 구체적으로 드러난 셈인데, 바꾸어 말하면 <토요공연>의 연희요소에 각각 노동성, 놀이성, 의례성, 연극성

(연출성)이 들어 있다고 말할 수 있게 된다.[135)]

한편, 소리적 요소를 가지고 있지 않은 종목들은 ④<북놀이>와 ⑤<소포농악>, ⑨<살풀이>(지전춤 포함)춤이다. 이 종목들은 소리와 습합된 연희 종목들이 복합적 즉, 소리를 통해 놀이를 하는 등의 성격을 갖는 데 비해 단편적 성격이 훨씬 두드러진다고 말할 수 있다. 다시 말하면 ④<북놀이>의 경우, 다른 종목에 비해 놀이 요소가 지니고 있는 신명성을 훨씬 크게 담보하고 있다고 말할 수 있고, ⑨<살풀이>(지전춤 포함)춤은 씻김굿 중에서도 고도의 테크닉을 요구하는 연출성을 지니고 있다고 말할 수 있다. ⑤<소포농악>은 의례성을 포함하고 있기 때문에, 북놀이에 비해 놀이적 요소 곧, 신명성은 떨어진다고 말할 수 있다. 어쨌든 예시한 종목 중에서 문화재로 지정되지 않은 종목은, 판소리를 비롯해,[136)] ②-2<닻배노래>, ⑤<소포농악>, ⑨<살풀이>인 까닭에, 큰 구성 맥락으로 보면 지정문화재 중심으로 공연이 편성된다는 점은 확실해 보인다.

여기서 연주형태를 중심으로 하는 음악적 요소를 살펴볼 필요가 있다. '소리+연희적' 종목이건 '연희'만의 종목이건 일정한 연주의 틀을 갖고 있기 때문이다. 위와 마찬가지 방법으로 연주형태 및 음악성을 나타내 보면 <그림 2>와 같다.

135) 여기서 연극성은 다른 종목에 비해, 본래 연출된 작품에서 출발한 것이므로 연출성이라고 이름을 붙여봤다.

136) 진도출신 신영희가 판소리 예능보유자 후보이고, 이임례가 광주시 예능보유자로 지정되어 있기 때문에, 맥락으로 보면 판소리도 진도의 지정 문화재격이라고 볼 수 있다.

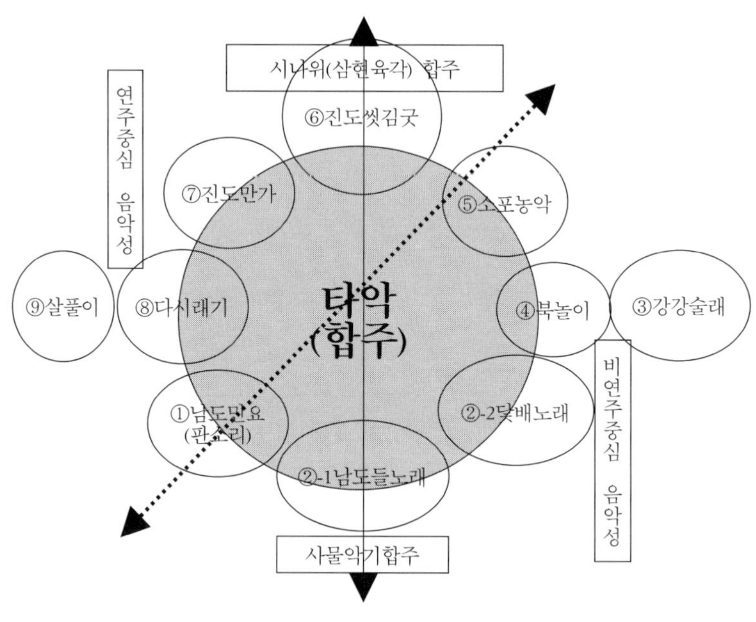

〈그림 2〉 토요공연 종목의 연주형태

위 그림에서 ⑨<살풀이>와 ③<강강술래>를 제외한 모든 종목이 타악 합주를 공통분모로 갖고 있음을 살펴볼 수 있다. 물론 <토요공연>의 연희 자체가 장단을 필요로 하는 음악인 까닭에 장단 악기인 북과 장구를 중심으로 사물이 편성되는 것은 지극히 당연한 것으로 보인다. 대신 점선 화살표로 표시한 영역의 왼쪽은 연주중심 음악성이 강한 종목들이고 점선 오른쪽은 비연주중심 음악성이 강한 종목들이다. 횡선의 구분에 비해 제시한 원형의 면적이 넓을수록 해당 음악성이 강하다고 볼 수 있다. 대신 남도민요는 무반주 장단의 향토민요들이 속해 있어 아래쪽에 배치시켰다. 또한 일노래도 사물반주를 겸하기 때문에 악기연주가 없는 것은 아니나, 여기서는 삼현육각을 중심으로 한 반주를 연주중심이라고 보았다. <그림 1>의 구성에서 변경한 점은 소리분석이 아니기 때문에 ①<남도민요>(판소리)를 원의 중심으로부터 옮겼고, 연주형태를 갖고 있지 않은 ③<강강술래>를 타악 연주 중심인 ④<북놀이>와 위치 바꿈 했다. 그러나 위치나 성격적 맥락으로는 <그림 1>과 크게 다르지 않다.

여기서 살펴볼 수 있는 것은 대체로 비연주중심 음악성을 가지고 있는 종목들은 <그림 1>의 노동성과 놀이성을 지향한다는 사실이다. 또 연주중심 음악성을 가지고 있는 종목들은 <그림 1>의 의례성과 연출성을 지향한다는 사실을 확인해 볼 수 있다. 원래 각각의 연희종목들이 가지고 있는 성격들이 <토요공연>에서도 그대로 드러나고 있음을 쉽게 알 수 있다. 다만, <진도씻김굿>과 여기서 파생된 <살풀이>는 삼현육각을 중심으로 한 연주형태로 연행되었음이 주지의 사실이지만, <진도만가>와 <다시래기> 연주에 관해서는 오해의 소지가 있을 수도 있다. 왜냐하면 <토요공연>이외의 현장에서는 연주중심의 악기편성으로 연행되는 것이 아닌 까닭이다. 그러나 몇 가지 사실을 통해 씻김굿을 포함한 이 종목들이 연주행위를 수반했었음을 생각해 볼 수 있다.

<진도만가>는 두 가지 유형으로 나눠진다. <진도씻김굿>의 길닦음곡을 차용한 연희집단의 유장한 만가輓歌 즉, 신청집단의 <상여소리>가 있는가 하면, 일반적으로 서민들에게 행해지던 <상여소리>가 있다. 전자는 전남도 지정 무형문화재 제19호로 지정되어 있는 <진도만가>를 지칭하는 것이고, 후자는 <애소리>와 <가난보살>소리를 위주로 하는 일반적인 <상여소리>를 지칭한다. 신청집단의 <상여소리>는 재산이 넉넉한 집에서 전문연희패들을 불러서 행하는 것이므로 전자의 특수한 경우에 해당된다. 삼현육각의 반주가 곁들여지는 것이 이런 경우다.[137]

137) 1999년경 필자가 박병천(씻김굿 예능보유자)을 통해 얻은 정보에 의하면, 부자집 상여가 나갈 때는 예인들을 불러, 백마를 앞세우고 피리와 악기를 여러 대 잡혀 만가를 했다고 한다.

신청집단의 악기연주 기술은 고도로 발달해 있었다고 전해진다.[138] 1896년에 무정 정만조가[139] 기록한 『恩波遺筆』에 언급된 박덕인朴德寅도[140] 신청집단과 밀접한 관련이 있다는 점에서 주목할 만하다. 그래서 다시래기가 주로 신청과 관련된 무계를 통해 계승되어 왔던 점을 고려하면, 민가와 마찬가지 관점에서 해석할 여지가 생긴다. 특히 경제적으로 여유가 있는 부자집에서 신청집단을 불러들여 다시래기를 했다는 점이 이를 뒷받침해준다. 결국 <다시래기>공연에 삼현육각의 반주를 넣는 것이 <토요공연>에서 시도된 것이 아니라, 일정한 전통 속에서 행해져 왔다고 볼 수 있는 것이다.

한편 각각의 종목들이 공연된 횟수 점검을 통해 공연 성격을 진단해보고자 한다. 아무래도 더 필요한 종목을 무대에 많이 올렸을 것이기 때문이다. 물론

---

138) 기악은 신청조직을 비롯한 예능인들을 통해 익혀지고 전수되었던 것으로 보인다. 가야금은 예기조합의 김진권(1892)을 중심으로 장통일(1916), 김해천(1902), 임태호(1914), 박경준(1892), 박석주(1900), 양태옥(1919), 정의현(1920), 장성천(1922), 박만흠(1926), 이추월(임례)(1931) 등 상당한 기량을 가진 이들이 활동했던 것으로 전해진다. 산조아쟁은 이병기 등을 중심으로 채다인(1912), 양태옥(1919), 강한수(1927), 채계만(1914), 이해룡(1940)등이 잘 다루었다고 한다. 해금은 남사당 노랑쇠를 통해 전해졌다고 하는데 사실은 삼현육각의 대표적 악기임을 고려할 때 훨씬 이전부터 사용되었을 것으로 보이며 이덕순(1897) 등이 거론된다. 통소는 '퉁수'라고 불리기도 했는데 박종기와 동시대인인 허자선(1881~1956)을 중심으로 허장수 등 10여명이 거론된다. 피리는 무속음악에서만 활용해 오고 있는데 의신면 김대언을 중심으로 김해천(1902), 강한수(1929)등이 거론되며 다시래기 예능보유자 김규봉과 씻김굿 준보유자 박병원 등이 계승하고 있다.'
졸고, 「진도민속음악의 회고와 새시대 전망」, 앞의 책(1999), 38~59쪽.

139) 무정 정만조(茂亭 鄭萬朝, 1858~1936) 1895년 八月逆變, 十月誣獄에 연루되어 1896년 진도에 유배되었다가 1907년 12월 사면되었다.
정만조, 「은파유필」(1907) 번역본(광주 : 진도문화원, 1980).

140) 박종기(朴鍾基, 1879~1939, 대금산조의 시조로 알려져 있음)의 부친은 박덕인(朴德寅)이다. 박헌영(朴憲永)이 덕희(德禧), 덕인(德寅), 덕춘(德春) 3형제를 두었고, 다시 덕인(德寅)이 종현(鍾現, 씻김굿문화재 박병천의 조부), 종기(鍾基, 젓대의 명인) 두 형제를 두었다. 당시 무정이 박덕인을 만난 감회를 십여 수의 노래로 남기고 있다. 그 중의 첫머리를 보면 아래와 같다.
"노래를 불러준 이는 박덕인이다. 그는 당 70여 세인데, 모든 가곡에 능하며 노래하는 곡조가 맑고 탁한(수리성이) 애원성이 족하여 듣는 이로 하여금 애상을 느끼게 하는 데 한이 없다. 노래를 부르지 않은지 20여 년 만이라는데, 춤에도 능하고 가야금을 잘 타며 퉁소와 젓대도 잘 불렀다[贈歌者 朴德寅 歌者年七十餘凡歌曲雅俗淸濁媛促哀愉無不極善 廢之二十年餘爲余始發云又能舞工於伽倻琴及吹莆笛]."

3기 이후로는 테마 중심의 공연 구성을 꾀했기 때문에 개별적인 종목의 공연 횟수만으로 <토요공연>의 성격을 진단하는 것은 무리라고 본다. 그러나 종목간의 횟수와 전자의 분석들을 총괄하게 되면 어느 정도 성격을 따져 물을 수 있을 것으로 본다. 다음은 테마공연을 시작한 3기 공연과 관련된 종목의 공연 횟수다.[141)]

〈표 1〉 3기 토요공연 종목별 공연 횟수

종목	소 종목	연도별				합계	비고
		2002	2003	2004	2005		
향토민요 및 남도민요	남도잡가류 / 성주풀이 등	18	18	24	18	78	199
	자장가	2	1	1		4	
	흥그레타령	4	4	6	3	17	
	진도아리랑	13	10	17	24	54	
	육자배기		1	13	6	20	
	흥타령		1	6	3	10	
	진도산타령	2	2	4	2	10	
	진도엿타령	1	3	1	1	6	
판소리	초청 및 단원 판소리	16	19	27	22	84	84
강강술래류	둔전, 서외리, 소포리, 인지리 등	5	8	5	4	22	26
	남원선선도척놀이				4	4	
북놀이	북춤 포함	18	21	27	25	91	91
일노래	남도들노래	5	3	3	2	13	20
	닻배노래		2	1	4	7	
단막창극 및 다시래기	단막창극	6	7	23	13	49	61
	다시래기	4	3	1	1	9	
	창작극	1	1		1	3	

141) 1기 및 2기 공연 자료는 아직 확보하지 못했다.
「토요민속공연 월별 계획」(진도군립민속예술단, 2002~2005).

종목	소 종목	연도별				합계	비고
		2002	2003	2004	2005		
진도씻김굿 무용	길닦음 등	6	5	15	7	33	87
	살풀이(지전춤 포함)	12	10	7	5	34	
	비나리		7	8	5	20	
진도만가	상여소리 포함	5	7	2	1	15	15
사물놀이	모듬북 등 포함	4	3	23	6	35	35
매굿 및 걸궁	소포 농악 포함	1	1	1	3	6	6
연주	대금, 가야금, 거문고 등	17	5	2	3	27	37
	가야금 병창	1	3		2	6	
	구음 시나위	1	1	1	1	4	

이 표에서는 2회 미만의 공연횟수를 가지고 있는 약 30여 종의 개별 종목들을 생략하였다. 개별 총계수와 실제 공연 횟수와는 차이가 있다는 뜻이다.[142] 어쨌든 약간의 오차를 전제하더라도, <표 1>에서 나타난 바와 같이 공연 편성 종목에서 가장 두드러진 것은 향토민요를 포함한 <남도민요>임을 알 수 있다. 특히 다른 어떤 종목에 비해서도 월등한 편성수를 가지고 있음이 드러난다. 판소리도 소리 공연의 범주로 넣을 수 있기 때문에 <그림 1>에서 보았듯이, 결국은 소리 중심의 공연임이 이 편성표를 통해서도 증명되는 셈이다. 소리 분야를 제외하고는 <북놀이>, <씻김굿> 순으로 강세를 보인다. <그림 1>을 다시 참고하면, <북놀이>가 가지고 있는 놀이 요소, 즉 신명의 요소와 <씻김굿>이 가지고 있는 의례적 요소가 <토요공연>에서 중심이 되었음을 <표 1>를 통해서도 확인해 볼 수 있다. 즉, 개별 종목들의 횟수를 통해서 알 수 있는 것은 소리(노래)를 중심으로 <북놀이>의 놀이적 요소와 <씻김굿의 의례적 요소가 가장 중심이 되는 '구성체'라고 말할 수 있겠다.

142) 생략한 종목 중에서 대표적인 것은 장화홍련전, 모듬북 연주, 합주, 베틀노래 등이 있다.

4) 토요민속여행의 기획·연출과 스토리텔링

지금까지 <토요공연>에 소요된 개별 종목들의 성격과 공연 빈도 등에 대해 공연자료를 통해 살펴보았다. 남도민요는 문화재 순환 공연이었던 1기의 공연구성에 있어서도 기본적으로 편성될 만큼 중요한 맥락을 차지하고 있음을 볼 수 있었다. 이것은 공연구성의 중심에 남도민요가 있음을 알 수 있게 해 주었다. 이것은 구비성을 가지고 있는 '소리'가 거의 대부분의 종목에 교집합을 이루고 있다는 사실을 비롯해 다른 종목보다 월등하게 공연 횟수가 많다는 점을 통해 확인된다.

또 <토요공연>의 공연종목들은 대체로 타악기가 기본악기로 편성되어 있으며, 의례음악에 가까울수록 삼현육각 중심의 연주음악을 활용하고, 노동요에 가까울수록 사물합주 중심의 음악을 활용하고 있음을 알 수 있었다. 따라서 이 두 가지 사항을 종합해 보면, 구비적 성격과 타악(리듬)악기 편성이 두드러진다고 말할 수 있으므로 소리(노래)+연희(노동성, 놀이성, 의례성, 연극성)가 총체적으로 연결된 하나의 공연구성이라고 할 수 있겠다. 다시 말하면 구비성과 연희성을 가진 한 편의 소리극이라고 표현할 수 있다는 뜻이다.[143)]

그렇다면 3기 들어 각 종목들을 재구성하여 한 편의 큰 소리극으로 기획했던 의도와 연출 방향에 대해 살펴볼 차례가 되었다. 1기 및 2기 공연에서처럼 개별 종목들을 순환 구성하거나 단순 배치하지는 않았기 때문이다. 여기서는 앞서 예시한 테마들 중에 전반기 2년을 상징할 수 있는 테마와 후반기 2년을 상징할 수 있는 테마를 선택하여 그 구성의 원칙과 기획 의도를 살펴보겠다.

먼저, 3기의 전반기 2년 동안 연출되었던 테마 중에서 <圓舞, 그 原型의

---

143) <소리극>이라는 용어는 <창극>과 구별하기 위해서 사용하는 것으로, <민요극> 혹은 <민요창극>의 개념으로 이해될 수 있다고 본다.

소리전>을 사례로 예시해 보겠다. <그림 1>에 나타난 바를 참고하면 소리 중심 공연이 되겠다. 공연에 소요된 개별 종목들은 홍그레타령, 육자배기, 판소리, 강강술래 등이다. 물론 매회 때 마다 동일한 종목들이 구성되는 것은 아니나. 예를 들어 홍그레타령이 자장가로 바뀔 수도 있고 둥덩애타령으로 이어질 수도 있다. 육자배기가 흥타령으로 바뀔 수도 있다. 판소리의 대상이 바뀌는 것은 물론이다. 개별 종목의 편성을 보면 아래와 같다.

홍그레타령(혹은 자장가)→둥덩애타령(혹은 진도산타령)→육자배기(혹은 흥타령)→판소리(테마에 따라 심청전, 흥부전 등의 관련 대목을 선택하기도 하고, 단편창극 중에서 선택)→강강술래(때때로 진도북놀이와 진도아리랑 추가)

이 편성의 원칙은 소리 발생의 경로 및 변화의 맥락을 담아낸다는 기획에 있다. 물론 이것은 일정한 서사구조를 취하고 있기도 하다. 이 서사구조는 민속음악 특히 장단의 구성을 논할 때 인용되는 '기－경－결－해'의 논리나 '춘－하－추－동' 즉, '시작하고－달고－맺고－푸는' 논리를 적용한 것이다. 이는 다시 '출생 스토리－성장과 고난 스토리－고난 극복의 성취 스토리－대단원'이라는 서사구조에 대입해 볼 수 있다. 소요되는 종목의 가사 중에서 관련 가사를 유도할 수 있는 부분을 적극 고려해야 함을 의미한다. 특히 육자배기, 흥타령, 판소리 및 단편창극 등에서 이를 유도할 수 있다고 보았다. 이 구성은 점진적이고 가속적인 단계로 편성되는데, 특히 이 리듬 전달의 가속 구성은 관객들에게 신명성을 이입하는 적절한 장치로 기능하게 된다. 애잔한 향토민요로 시작하여 역동적인 강강술래 혹은 진도북놀이로 이어지는 점진적 긴장감은 리듬과 템포의 조화를 전제한 것이다. 사실 연출 작업에 있어, 이 박진성(Verisimilitude)의 창조는 여러 요소에 의해 달성될 수 있지만 그 중에서도 리듬Rhythm과 템포Tempo는 결정적인 것이라고 할 것이다.[144] 이것은 마무리 단계인 강강술래와 진도아리랑 등에서 관객들과 함께 하는 마당을 유도하는데, 거의 모든 관객들이 함께 일어나 박수치고 같이 노래하는 바를 통해서 확인해 볼 수 있다.

〈표 2〉 소리 중심 테마에 따른 토요공연 종목 편성의 예

서사단계	소요 종목	소리구성	관련 논리			
발단	흥그레타령, 자장가 등	소리발생	춘	기	시작하고	출생스토리
전개	둥덩애타령, 진도산타령 등	소리발전	하	경	달고	성장스토리
	육자배기, 흥타령 등					
절정	판소리, 단편창극 등	소리극치	추	결	맺고	고난극복스토리
	진도북놀이 등					
마무리	강강술래(때때로 진도북놀이, 진도아리랑 등 추가)	소리절정	동	해	풀고	대단원
관련테마	圓舞, 그 原型의 소리전(진도 그 오래된 미래/ 圓舞, 그 恨과 신명전 등)					
소요시간	약 1시간 20분~1시간 30분					
기획의도	소리 발생의 경로와 변화의 맥락을 묶음공연으로 표현하고 관객들에게 점진적이고 가속적인 신명의 감정 이입을 유도함					

다음으로 3기의 후반기 2년 동안 연출되었던 테마 중에서 <내 삶의 마지막 여행지 진도>를 사례로 예시해 보겠다. <그림 1>을 참고해보면, 의례 중심 공연이 되겠다. 이 공연에 소요되는 종목들은 산조 혹은 향토민요, 들노래, 닻배노래, 진도북놀이, 씻김굿, 만가 등이다. 물론 해당 종목들이 유사 종목으로 바뀔 수 있는 것은 마찬가지다. 이를 순서에 의해 편성해보면 다음과 같다.

산조(혹은 향토민요 중에서)→들노래, 흥그레타령, 둥덩애타령, 닻배노래, 단편창극 등→진도북춤, 농악 등→진도씻김굿, 만가 등

144) 김대현, 「연극연출에 있어서 한 장면의 리듬과 템포에 관한 고찰(1)」, 『연극교육연구』(2000), 54쪽.

이 테마의 편성 원칙은 사람의 일생 혹은 생애사를 소리와 춤과 의식을 통해 스토리화하는 단계로 구성한다는 것이다. <표 2>에서 볼 수 있는 서사단계를 적용하기는 매 마찬가지다. 특히 앞서 적용하였던 '출생 스토리–성장과 고난 스토리–고난 극복의 성취 스토리–대단원'이라는 서사구조를 출생의례 혹은 평생의례에 대입해 볼 수 있다. 의례중심 공연의 연출에서 고려될 사항은 가속적인 리듬 구성을 전제한 시나위음악의 심화라고 볼 수 있다. 관객들에게 극적 자기동화를 유발시키고, 그것을 통한 감정 분출을 유도하기 위해서는 시나위 선율의 점진적 심화가 고려될 필요가 있기 때문이다.[145] 따라서 이 리듬 가속과 시나위 선율의 심화를 전제로 한 생애사적 스토리 구성은 스토리텔링기법의 활용이라고 말할 수 있다.[146] 따라서 관객들에게 의식적 또는 무의식적 동화를 유발시켜 궁극적으로는 노스탤지어를 이입하는 장치로 기능하게 된다고 본다.

〈표 3〉 의례 중심 테마에 따른 토요공연 종목 편성의 예

서사단계	소요 종목	의례구성	관련 논리			
발단	산조(혹은 향토민요 중에서)	출생	춘	기	시작	출생스토리
전개	들노래, 흥그레타령, 둥덩애타령 등	관례	하	경	달고	성장스토리
	닻배노래, 단편창극 등					
절정	진도북춤	혼례	추	결	맺고	고난극복스토리
	소포농악					
마무리	진도씻김굿 진도만가	상례 제례	동	해	풀고	대단원

145) 일반화 시킬 수는 없지만, 대체로 시나위 음악 특히 <진도씻김굿>이나 <진도만가> 등의 음악을 접했을 때는 '슬프다'는 감정이 이입되어 '애상성'을 느낀다고 볼 수 있다.

146) 스토리텔링에 대해서는 이미 많은 학자들이 얘기하고 있지만, 필자의 견해를 다음 논문에서 밝힌 바 있다.
졸고, 「진도아리랑의 기원과 스토리텔링 전략」, 『도서문화』 25집(목포대 도서문화연구소, 2005).

관련테마	내 삶의 마지막 여행지 진도(西方淨土로 가는 길, 왕생의 門 상생의 巫 등)
소요시간	약 1시간 20분~1시간 30분
기획의도	사람들의 생애사를 소리와 춤, 의식을 통해 스토리화하고 단계적 심화 구성을 통해 관객들에게 자기동화를 이끌어 냄

위 테마 중심 공연 사례를 통해서 확인할 수 있는 것은 3기 공연 이후부터 기획의도가 분명해졌고, 개별 종목들을 해당 테마에 알맞게 재구성하여 전체 주제에 맞는 폼으로 연출했다는 점이다. 따라서 <토요공연>의 목적이, '사라져 가는 민속문화를 복원 계승'하는데 있다기보다는 '전통적인 소재를 활용하여 하나의 소리극으로 재창조하고 이를 통해 관객들에게 향수를 불러일으키게 하자는' 데 있다고 할 수 있다. 다시 말하면 민속문화의 전승과 복원보다는 문화콘테츠로서의 진도민속연희를 어떤 방식과 절차로 재창조해내느냐에 초점이 있다는 뜻이다. 물론 여기서의 문화콘텐츠는 문화원형을 전제한 용어이므로, 문화원형적 본질에 충실해야 할 필요에 대해서는 재론할 필요가 없다.[147]

여기서 수요자인 관객 특히 관광객들을 전제할 필요가 있다. <토요공연>을 통해 이입시키고자 하는 노스탤지어를 향수하는 것은 관객이기 때문이다.[148] 따라서 공연 기획의 입장에서 분석하는 수요자의 전제는 그들이 관광객이라는 점이다. 곧, 이들 대다수가 도시주민이거나 적어도 도시를 기반으로 활동하고 있는 사람들이라는 점이고, 또 대부분이 가족이나 문화관광을 목표로 하고 있다는 점이다.[149] 특히 진도 BI(Brand Identity)가 '민속문화의 고장'

147) 문화원형과 문화콘텐츠와의 관련성에 대해서 필자의 견해를 다음 논문에서 밝힌 바 있다. 졸고, 「무대공연을 통해서 본 진도 씻김굿의 문화원형과 문화콘텐츠」, 『한국무속학』 제10집(한국무속학회, 2005. 9).

148) 물론 본고가 수요자 분석을 통해 공연을 분석하는 데 목적이 있는 것이 아니므로 공연구성의 측면에서 필요한 부분만 전제할 수밖에 없다.

이라는 점을 상기해 보면, 잠재적으로는 '전통적인 어떤 것'을 이입 받을 준비가 되어있다고도 볼 수 있다.

이를 단순화시켜 정의해 보면, 관객은 '도시화된 현대인들'인 셈이다. 그래서 극한 대립의 경쟁사회 속에서 자신을 돌아볼 여유를 가지고 있지 못했다고 전제할 수 있고, 이것은 향수鄕愁 등 본원적 원형성을 상실했거나 그런 감정을 공유하는 사람들이라고 볼 수 있다. 노스탤지어nostalgia는 '귀향'을 뜻하는 '노스토스nostos'와 '동경'을 뜻하는 '알지아algia'라는 그리스어의 두 어원에서 유래한 말이다.[150] '더 이상 존재하지 않거나 전혀 존재하지 않았던 집에 대한 동경'을 가리킨다. 다시 말해서 노스탤지어는 자신이 태어나고 자랐던 집 혹은 친밀한 공간의 상실이나 그로부터의 이탈에서 발생하는 감정이자 정서라고 할 수 있다.[151] 따라서 이들이 토요일 휴무 등 시간적 여유가 생기면서 잃어버린 원형과 노스탤지어에 대한 강한 동기가 생기게 되었고, 입소문이나 광고 혹은 기타 사전정보를 통해서 진도를 방문하게 되었으며 <토요공연>을 접하게 되었다고 볼 수 있다.

결국 <토요공연>은 현대적 삶에 지친 관객들에게 잃어버린 고향에 대한 노스탤지어를 각인시켜주고 나아가서는 상실된 자아를 깨닫게 해주는 역할을 해준다고 할 수 있다. 특히 점진적이고 단계적인 민속연희의 편성과 재구성을 통해서 본원적 고향에 대한 동기 유발을 찾아줄 수 있다고 하는 것이다. 그러나 관객들이 노스탤지어를 느꼈는가의 문제, 혹은 자기 동화의 감정이입이 일어났는가의 문제, 또는 잃어버린 자아회복이 되었는가의 문제를 쉽게

149) 관광객을 대상으로 하는 설문조사나 수요 분석이 전제되지 않아 쉽게 단정할 수는 없지만 대부분 도시 거주자들인 점은 확실해 보인다.

150) 노스탤지어에 대한 사전적 정의는 다음과 같다. '낯선 타향에 있으면서 고향이 그리워지거나, 지난날이 그리워지는 마음. 향수(鄕愁). 회향병(懷鄕病)'.

151) 라승도, 「타르코프스키의 영화 <노스탤지어>에 나타난 공간 구성과 집의 주제」, 『노어노문학』 제17권 제1호(한국노어노문학회, 2005).
Svetlana Boym., *The Future of Nostalgia*, New York: Basic Books, 2001, Ⅷ를 인용함.

증명하기는 어렵다. 다만 본고에서 다룰 수 있는 것은, 앞서 분석되었던 구조도를 통해 관객들이 노스탤지어를 향수할 있는 '장치'가 무엇이겠는가의 문제까지만 점검해 보기로 하겠다.

앞서 분석한 결과에 의하면 <토요공연>은 타악반주 등의 장단 혹은 리듬을 전제로 하는 하나의 소리극이라고 할 수 있다. 이 소리극은 진도민속음악과 민속연희 등의 전통을 기반 삼아 그것들을 재조합하거나 재창조하여 공연문화콘텐츠로서 무대에 올렸다. 물론 각각의 공연들은 테마에 따라 노동성, 놀이성, 의례성, 연극성 등이 강조된다고 보았다. 그렇다면 점진적인 가속 단계로 구성되는 연출 방법과 시나위선율을 단계적으로 심화시켜 나가는 연출 방법 외에 관객들이 노스탤지어를 향수하는 성격들이 무엇일 것인가를 살펴볼 필요가 있다.

앞서 분석한 도식을 이 논리에 맞춰보면, 대개 노동, 놀이, 의례, 유희의 장르로 구분해볼 수 있다. 각각의 장르들은 단편적인 종목들을 거느리고 있는 셈이고, 기획의도에 따라 세부적인 종목들을 재구성하게 되는 셈이다. 특히 소리극이라는 점을 전제한다면 이 장르 구분을 다시 노동요, 놀이요, 의례요, 유희요로 구분을 할 수도 있다. 이 구성안에 따르게 되면, 민요의 발생사를 노래하든, 한 사람의 생애사를 노래하든 네 범주의 노래들이 불려지는 것이고 테마에 알맞은 노래가 특별하게 강조되는 구성을 취하게 되는 것이다. 특히 소리극이라는 관점에서 보면 큰 소리굿에 의례, 놀이, 연희 들이 삽입장치로 기능한다고 해석할 수도 있다. 이것을 도식화해 보면 <그림 3>과 같다.

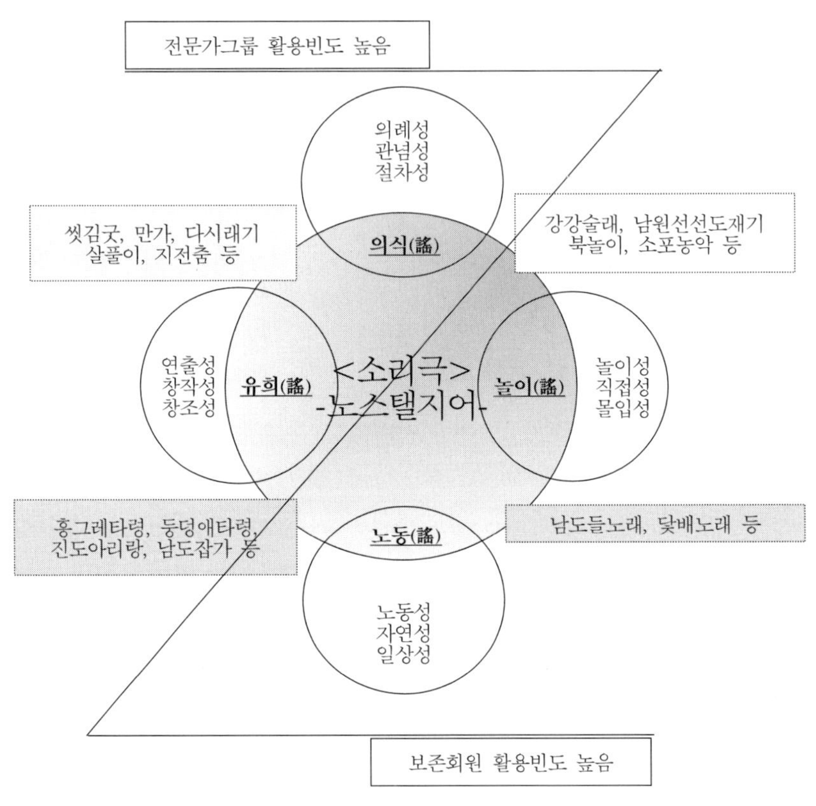

〈그림 3〉 토요공연 전체 구성의 성격

이 그림의 전체적인 구성은 놀이와 유희로 구성된 횡선과, 의례와 노동으로 구성된 종선으로 대별할 수 있다.152) 대체로 종선의 장르들은 수직적 관점의 절차와 의례들이 중심이 되고 횡선의 장르들은 수평적 관점의 놀이나 유희들이 중심이 된다고 보았다. 먼저 종선에 위치한 장르 중, 노동(요) 관련 테마 공연에서는 노동성, 자연성, 일상성 등이 비중 있게 느껴질 수 있다고

152) 이 구조도는 <토요공연> 분석 뿐 아니라, 민속연희 혹은 민속학 일반론으로 확대 적용가능하다고 보기 때문에 이를 증거할 수 있는 논고를 따로 준비하도록 하겠다.

보았다. 이에 반해 의식(요) 관련 테마 공연에서는 의례성, 관념성, 절차성 등이 비중 있게 느껴질 수 있다고 보았다. 횡적 장르 중에서, 놀이(요) 관련 테마 공연에서는 놀이성, 직접성, 몰입성 등이 비중 있게 느껴질 것으로 보았고, 유희(요) 관련 테마 공연에서는 연출성, 창작성, 창조성 등이 비중 있게 느껴질 수 있을 것으로 보았다. 해당되는 종목들은 그림에 예시한 바와 같다.

한편, 의례 장르와 유희 장르를 테마화 했을 경우에는 전문가들, 예를 들어 다시래기 전문 예능인이나 씻김굿 전문 예능인 등을 활용하는 사례가 많다. 이에 반해 노동 장르와 놀이 장르를 테마화 했을 경우에는 해당 민속놀이 보존회 등을 활용하는 사례가 많다. 물론 전체적인 주도는 '예술단'의 단원들 몫이다.

5) 결론

본고는 '진도군립민속예술단'에 의해 공연되는 <진도토요민속여행>의 공연 성격과 의미를 소요 종목의 분석 및 기획・연출의 내용 분석을 통해 살펴본 글이다. 먼저 '예술단'이 역사적이고 전통적인 맥락에서 시작되었음을 몇 가지 사례를 통해 살펴보았다. 또 <토요공연>을 대략 3기로 나누어 살펴보았는데, 1기와 2기의 민속놀이 보존회 중심의 개별 연행이나 묶음 공연에 비해 3기는 테마 중심의 기획과 연출을 시도하고 그것을 정립했다는 점을 살펴보았다.

먼저, 개별 종목들의 구성과 공연 횟수를 통해서 하나의 소리(노래)를 중심으로, 놀이적 요소와 의례적 요소, 연극적 요소들이 복합적으로 연계된 <소리극>이라고 보았다. 이 소리극은 진도민속음악과 민속연희 등의 전통을 기반 삼아 그것들을 재조합하거나 재창조하여 공연문화콘텐츠로서 무대에 올리는 형식을 취한다. 이 형식은 전통적으로 행해오던 묶음공연의 형태에서 비롯된 것이지만, 단순히 개별 거리들을 묶는 것이 아니라 일정한 서사구조를 통해서 테마 중심으로 구성함을 살펴보았다. 이 서사구조는 소리발전 경로를 테마화 하기도 하고, 한 사람의 생애사를 테마화 하기도 하여 통과의례적 구조를 갖고 있음을 확인하였다. 이러한 단계직 편성을 통한 연출은 일정한 스토리라인을 따라가며 전개된다는 의미를 포함해 관객과 함께 소통한다는 의미에서 스토리텔링기법이라고 표현하였다. 물론 각각의 공연들은 테마에 따라 노동성, 놀이성, 의례성, 연극성 등이 강조된다고 보았다.

이 <소리극>은 타악합주의 장단 또는 리듬이 중심이 되는 특성을 보여주는데, 특히 이 리듬 전달의 가속 구성은 관객들에게 신명성을 이입하는 적절한 장치로 기능하게 됨을 살펴보았다. 이에 더하여 점진적인 시나위적 음악의 점층 연출을 통하여 관객들의 감정 분출을 유도할 수 있다고 보았고, 이것이 궁극적으로 자기동화적 감정 이입으로 이어져 노스탤지어를 향수하게 된다고 보았다. 물론 여기에는 노동. 놀이, 의례, 유희가 지니고 있는 관념적 의미들을 함께 느낄 수 있다고 보았다. 따라서 <토요공연>을 통해 관객들은 본원적인 원형 즉, 노스탤지어를 회복할 수 있게 될 것이고, 진도는 민속문화의 CI(Culture contents)를 전략적으로 BI(Brand Identity)로 기능케 할 수 있다고 보았다.

—『한국민요학』 제17집, 한국민요학회, 2006.

‖ 참고문헌 ‖

강봉룡, 『장보고』, 한얼미디어, 2004.

강상택, 「해양문화의 발전적인 변화를 위하여」, 『해양과 문화』 5호, 해양문화재단, 실천문학사, 2001.

고기정, 「대학원 커리큘럼」, 『인문사회대학 교수요원 심화과정』, 한국문화콘텐츠진흥원.

곽의진, 「민요창극 대본-진도에 또 하나 고려있었네」, 진도문화원, 2000.

權寧國, 「무신집권기의 중앙군제」, 『숭실사학』 10, 1997.

김교빈, 「발상법의 이론과 실제」, 『문화콘텐츠입문』, 북코리아, 2006.

김기덕, 「문화원형의 층위와 새로운 원형 개념」, 『인문콘텐츠』 제6호, 인문콘텐츠학회, 2005.

김기덕 · 신광철, 「문화 · 콘텐츠 · 인문학」, 『문화콘텐츠입문』, 인문콘텐츠학회, 2006.

金塘澤, 「최씨정권과 그 군사적 기반」, 『고려무인정권연구』, 새문사, 1987.

김대현, 「연극연출에 있어서 한 장면의 리듬과 템포에 관한 고찰(1)」, 『연극교육연구』, 2000.

金庠基, 「삼별초와 그의 난에 대하여」, 『진단학보』 9 · 10 · 13, 1939~1941

______, 『동방문화교류사논고』, 을유문화사, 1948.

김수미, 「고려무인정권기의 야별초」, 『고려무인정권연구』(홍승기편), 서강대학교출판부, 1995.

김승현 · 노광우, 「한국 애니메이션 산업과 생산구조에 대한 분석」, 『커뮤니케이션과학』 제20호, 고려대학교 언론연구소, 2003.

金潤坤, 「삼별초의 대몽항전과 지방군현민」, 『동방문화』 20 · 21合, 영남대동양문화연구소, 1981.

______, 「고려시대의 사회변동-삼별초의 반몽항전과 군현민의 동향」, 『민족문화연구총서』 25집, 영남대학교 민족문화연구소, 2001.

______, 「삼별초정부의 대몽항전과 국내외 정세 변화」, 『한국중세사연구』 제17호, 한국중세

사학회, 2004.

김은정, 「망자천도굿에서 상징하는 무복의 특성-진도 씻김굿과 서울 진오기굿을 중심으로」, 『한국의류학회지』 27호, 한국의류학회, 2003.

김새정, 「진도 굴포리 당집 유래설화와 윤선도·배중손」, 『서남해 지역 역사와 설화의 만남』, 목포대학교 역사문화학부 역사학 전공, 2004.

김정호, 「진도의 연혁」, 『진도군의 문화유적』, 목포대박물관, 1987.

______, 「삼별초와 진도 정부」, 『제17회 향토문화연구심포지움-삼별초와 전남』, 전국문화원연합회 전남도지회, 2005.

김정호 외, 『제17회향토문화연구심포지움-삼별초와 전남』, 전국문화원연합회전남지회, 2005.

김중태, 『시맨틱웹』, 디지털미디어리서치, 2006.

김태만, 「해양문화의 의의와 역할」, 『해양과 문화』 5호, 해양문화재단, 실천문학사, 2001.

나경수, 「진도씻김굿 연구」, 『호남문화연구』 17, 전남대 호남문화연구소, 1988.

______, 「완도 장좌리 당제의 제의구조」, 『호남문화연구』 19, 1990.

Nakano Akio 지음, 나상억·김원종 옮김, 『기획서 잘 쓰는 법』, 21세기북스.

노동형, 『프로들의 기획노트』, 청년정신, 2005.

니시무라 아키라 지음, 장관진 옮김, 『아이디어가 풍부해지는 발상기술』, 2004.

다카하시 마코토 편저, 조경덕 옮김, 『창조력 사전』, 매일경제신문사, 2003.

도정일, 「인문학, 인문교육, 그리고 문화산업」, 『문화예술』 9월호, 문화예술진흥원, 1999.

라승도, 「타르코프스키의 영화 <노스탤지어>에 나타난 공간 구성과 집의 주제」, 『노어노문학』 제17권 제1호, 한국노어노문학회, 2005.

마샬 맥루한, 박정규 역, 『미디어의 이해』, 커뮤니케이션북스, 1999.

박미경, 윤화중 역, 『한국의무속과 음악-진도씻김굿 연구』, 세종출판사, 1996.

______, 「진도씻김굿의 미적 경험과 의미화」, 『미학·예술학연구』 제15집, 한국미학예술학회, 2002.

______, 「진도 당골의 즉흥성 연구 : 그 퇴화양상」, 『음악과 민족』 제24호, 민족음악학회, 2002.
______, 「한국 굿음악의 변화연구 : 진도 씻김굿을 중심으로」, 『음악과 문화』 제3호, 세계음악학회, 2002.
______, 「진도씻김굿 무가의 음악형식과 구조연구(Ⅰ)－범주와 단위양상 논의」, 『韓國音樂史學報』 제29집, 한국음악사학회, 2002.
______, 「진도씻김굿 무가의 음악형식과 구조 연구(Ⅱ)－반복, 순환, 발전, 그리고 열림의 양상－」, 『韓國音樂史學報』 제30집, 한국음악사학회, 2003.
박병훈, 『鄕田 朴秉訓 鄕土史資料 論・文集』, 진도문화원, 2005.
박상천, 「Culture Technology와 문화콘텐츠」, 『한국언어문화』 22, 한국언어문화학회, 2002.
______, 「예술의 변화와 문화콘텐츠의 의의」, 『인문콘텐츠』 제2호, 2003.
배영동, 「문화콘텐츠화 사업에서 '문화원형' 개념의 함의와 한계」, 『인문콘텐츠』 제6호, 2005.
배주영, 『디지털 애니메이션 스토리텔링』, 살림, 2005.
백현미, 「국립창극단 공연을 통해 본 창극공연대본의 양상」, 『한국극예술연구』 제3집, 한국극예술학회, 1993.
______, 「한국창극의 역사와 민족극적 특성」, 『공연문화연구』 제3집, 한국공연문화학회, 2001.
서해옥, 「멀티미디어 커뮤니케이션 요소로서의 애니메이션 역할에 관한 연구」, 『시각디자인연구』 제9호, 2002.
손상희, 「디지털 콘텐츠산업의 커뮤니케이션 연구」, 『디지털디자인학연구』 vol.4, 한국디지털디지안학회, 2002.
신동흔, 「사이버 세상과 고전문학의 길」, 『국문학과 문화 : 21세기 문화의 시대와 고전의 재창조』, 2001년 동계학술대회, 한국고전문학회, 2001.
신용하 편, 『공동체 이론』, 문학과 지성사, 1985.
심상민, 「콘텐트에 매혹된 영혼, 꿈과 현실 사이」, 『인문콘텐츠』, 인문콘텐츠학회, 2003.
양미경, 「한국 무복(巫服)의 비언어적 커뮤니케이션에 관한 연구－진도 씻김굿을 중심으로－」, 『服飾』 31호, 한국복식학회, 1997.

앤드류 킬릭, 임혜정 역, 「국악과 국극 : 창극의 음악적 절충주의」, 『동양음악』 23집, 서울대학교 동양음악 연구소, 2001.

앤드류 에드거 · 피터 세즈윅 엮음, 박명진 외 옮김, 『문화이론 사전』, 한나래, 2003.

오모토 케이치 외, 『비디의 아시아1, 바다의 패러다임』, 2003.

윤명철, 『바닷길은 문화의 고속도로였다』, 사계절, 2000.

윤용혁, 「고려 삼별초의 제주 항전」, 『제주도 연구』 11집, 1994.

______, 「삼별초의 봉기와 남천에 관하여」, 『이기백교수고희기념한국사학논총』, 일조각, 1994.

______, 「삼별초 진도정권의 성립과 그 전개」, 『한국사연구』 84집, 한국사 연구회, 1994.

______, 『고려 삼별초의 대몽항쟁』, 일지사, 2000.

______, 「삼별초의 민족성－진도 삼별초, 그들의 꿈과 한」, 『17회 향토문화연구 심포지움－삼별초와 전남』, 전국문화원연합회 전남도지회, 2005.

윤종명, 「문명견문기－삼별초를 따라(상, 하)」, 『문명연지』, 한국문명학회, 2003.

이경엽, 『전남 무가 연구』, 박이정, 1988.

______, 「씻김굿의 제의적 기능과 현세주의적 태도」, 『한국 민속학』 31집, 한국민속학회, 1999.

______, 「굿의 전승환경과 연행 현장」, 『도서문화』 19집, 목포대 도서문화연구소, 2001.

______, 「무속의 전승 주체－호남의 당골제도와 세습무계의 활동－」, 『韓國民俗學』 36, 한국민속학회, 2002.

______, 「진도씻김굿의 예술성과 연희성」, 『한국음악: 한국의 굿－진도씻김굿』 제34집, 국립국악원, 2003.

______, 「씻김굿 무가의 연행 방식과 그 특징」, 『비교민속학』 29집, 비교민속학회, 2005.

______, 「진도다시래기 연희본의 비교연구」, 『공연문화연구』 제11집, 한국공연문화학회, 2005.

이경엽 · 박정경 · 박환영, 『한국음악 : 한국의 굿－진도씻김굿』 제34집, 국립국악원, 2003.

이용배, 『애니메이션의 장르와 역사』, 살림, 2003.
이윤선, 「진도민속음악의 회고와 새시대 전망」, 『예향진도』(제34호), 진도문화원, 1999.
______, 『강강술래의 디지털콘텐츠화에 대한 민속학적 연구』, 목포대학교 대학원 박사학위논문, 2004.
______, 『구술 진도민속음악사』, 이소북, 2004.
______, 「도서지역 무속의 변천에 대한 연구」, 『남도민속연구』 10집, 남도민속학회, 2004.
______, 「서남해 전래 어구어법의 문화원형성」, 『도서문화』 24집, 2004.
______, 「무대공연을 통해서 본 진도 씻김굿의 문화원형과 문화콘텐츠」, 『한국무속학』 제10집, 한국무속학회, 2005.
______, 「진도아리랑의 기원과 스토리텔링 전략」, 『도서문화』 25집, 목포대도서문화연구소, 2005.
______, 「진도아리랑의 기원 스토리텔링과 문화마케팅 고찰」, 『도서문화』 25집, 목포대도서문화연구소, 2005.
______, 「토요민속여행 스토리텔링 전략과 '진도문화 브랜드 포지셔닝'」, 『도서・해양문화 활성화 방안 학술대회 발표문』, 목포대도서문화연구소, 2005.
이윤선, 「민요창극 실연영상자료－진도에 또 하나 고려있었네」, 민속예술연구회, 2000.
임재해, 『한국 민속과 전통의 세계』, 지식산업사, 1991.
전기철, 「해양문화에 대한 접근태도」, 『해양과 문화』 5호, 해양문화재단, 실천문학사, 2005.
정만조, 『은파유필』(1907) 번역본, 진도문화원, 1980.
정영석, 『처음 시작하는 기획서 작성법』, 해바라기, 2005.
제이슨 리치 지음, 정명진 옮김, 『브레인스토밍 100배 잘하기』, 21세기북스, 2003.
조경만, 「무의식」, 『진도무속현지조사』, 국립민속박물관, 1988.
지춘상, 「진도의 민속－진도씻김굿」, 『예향진도』 창간호~통권11호, 1984~1986.
지춘상 외, 「진도씻김굿」, 중요무형문화재 조사보고서, 전통무용연구소, 1979.
진도군지편찬위원회, 『진도군지』, 진도군, 1976.

진도문화원, 『옥주의 얼』, 1982.

村井章介, 「진도삼별초 해상왕국의 꿈」, 『제2회 진도국제학술대회—진도문화와 지역발전』, 진도학회 설립준비위원회, 2002.

최길성 외, 「민간신앙 : 무속」, 『한국민속종합조사보고서 : 전라남도편』 1, 문화재관리국, 1969.

최성락 · 고용규, 「망금산성지표조사보고」, 『망금산성과 강강술래』, 목포대박물관 · 진도군, 1998.

최진이, 「진도 씻김굿의 넋당삭(龍船)연구」, 『한국무속학』 제8집, 2004.

추명희, 「역사적 인물을 이용한 지역의 상징성과 정체성 형성 전략—영암 구림리의 도기문화마을 만들기를 사례로—」, 『한국지역지리학회지』 8권3호, 한국역사지리학회, 2002.

칼 구스타프 융 지음, 한국융연구원 C.G. 융 저작번역위원회 옮김, 『원형과 무의식』, 솔출판사, 2003.

한국부잔센터, 『반갑다, 마인드맵』, 1994.

한소진, 「21세기 TV 드라마에 반영된 설화의 세계관 고찰—드라마 <대장금>에 나타난 '영웅설화'를 중심으로—」, 『문학과 영상』 5권2호, 문학과 영상학회, 2004.

허옥인, 『진도속요와 보존』, 진도민요보존회, 1986.

허옥인 · 의신면 노인회, 『의신면향토지』, 도서출판 사람들, 2005.

홍태한, 「설화와 민간신앙에서의 실존인물의 신격화 과정—남이장군과 임경업 장군의 경우」, 『한국민속학보』 3집, 1994.

황루시, 「황해도와 평안도 넋굿의 공연예술성」, 『공연문화연구』 제8집, 2004.

히사츠네 게이이치, 『탁월한 기획자는 그림으로 사고한다』, 거름, 2004.

「아이뉴스」 2006. 1. 1일자.

「토요민속공연 월별 계획」, 진도군립민속예술단, 2002~2005.

http://kocca.or.kr/ctnews/kor/index.jsp 한국문화콘텐츠진흥원 홈페이지.

http://www.humancontent.or.kr/ 인문콘텐츠학회 홈페이지.

‖ 찾아보기 ‖

【가】

【나】

【바】

【사】

【아】

【자】

【차】

【카~파】

【하】

【영문】